MÉMOIRES D'UN PARISIEN

L'ÉCUME
de Paris

PAR

ALBERT WOLFF

PARIS

VICTOR-HAVARD, ÉDITEUR

175, BOULEVARD SAINT-GERMAIN, 175

1885

L'ÉCUME
de Paris

OUVRAGES DU MÊME AUTEUR

MÉMOIRES D'UN PARISIEN, Voyages à travers
le monde, 12ᵉ *édition*, 1 vol. in-18........ 3 fr. 50

EN PRÉPARATION :

LA HAUTE NOCE, 1 vol. in-18............. 3 fr. 50

CORBEIL. — IMPRIMERIE B. RENAUDET

AU LÉGISLATEUR

Les tableaux que je mets aujourd'hui sous les yeux du lecteur ne sont pas sortis de l'imagination de l'écrivain : ce sont, puisque le mot est à la mode, de véritables documents humains qui serviront un iour de base à ceux qui écriront l'histoire de notre civilisation; on sera peut-être et à juste titre étonné que notre temps soit demeuré aussi barbare après toutes les promesses qu'on a faites, et les gouvernants à venir, républicains ou monarchistes, pourvu que ce soient des hommes de cœur, demanderont un compte sévère aux gouvernants de nos jours du gaspillage de leur puissance dans de stériles discussions politiques ; ils les accuseront avec raison d'avoir perdu leur temps, de n'avoir consulté que leur vanité et leur ambition là où tant de questions de plus haute importance sollicitaient leur attention, et d'avoir sacrifié la question sociale, la véritable, celle du pauvre et du faible, au bavardage politique qui le plus souvent ne repose que sur l'égoïsme. Car, au milieu de toutes les déclamations de ces dernières quinze années, cette fameuse question attend en vain que vienne pour elle l'heure des discussions utiles et des progrès véritables, qui peuvent se résumer en peu de mots : extinction de la misère et du crime par la protection de l'enfance et de la vieillesse. Sans la solution de ce grand problème, il n'y aura dans l'avenir ni paix pour les heureux de la terre, ni assez de bagnes pour les autres qui, tôt ou tard, nous demanderont compte de notre cruelle indifférence.

Ces pages sombres ou douloureuses de la vie parisienne que j'ai réunies dans ce volume touchent le plus souvent à la grande question sociale sous toutes ses faces. Les pauvres gens dont on lira l'histoire navrante me pardonneront de les avoir accouplés sous ce titre « l'Écume de Paris », avec le rebut de la grande ville : j'ai voulu marquer par cette fusion le lien étroit entre la misère et le crime pour indiquer à mon temps, qui ne semble pas s'en douter, que la déchéance de la créature humaine a souvent son origine dans l'abandon où nous laissons la pauvreté, dans l'oubli de nos devoirs envers les enfants et les vieillards et dans la situation de la femme qu'à l'heure de la crise suprême nous laissons sans défense et sans appui. Ce sont là des vérités souvent affirmées, mais aussitôt oubliées; elles restent à l'état de théories; mais, que nous le voulions ou non, l'heure s'avance où il faudra les faire entrer dans la pratique et inscrire, en tête de nos Constitutions modernes, le droit à la vie avant les droits politiques.

L'écume de Paris ne se compose donc pas seulement du criminel par instinct, sorte de monstre qui surgit sous toutes les civilisations, mais encore des victimes de nos injustices qui vont peupler les bagnes, les maisons centrales et les refuges de vagabonds. C'est le vieillard qui, au bout d'une longue vie de labeur, tombe faute de pain sur le trottoir de cette ville de tous les luxes et de toutes les gaudrioles; c'est la mère que l'abandon du mari ou de l'amant pousse vers le crime dont elle demeure seule responsable devant la loi, alors que le vrai coupable poursuit sa marche triomphale à travers les mœurs qu'il a créées à son profit; c'est la jeune fille jetée dès sa naissance dans un milieu vicieux, et qui aboutit à son tour à la prostitution; c'est le fils qui grandit dans l'ignorance de l'honneur, roule de la paresse dans le crime et va rejoindre son père dans les prisons; c'est aussi le pauvre homme condamné à une misère sans issue, croupissant à deux pas de nos belles chaussées et de nos resplendissants palais dans des réduits humides, sans feu et sans lumière, et qui sont une honte pour ce beau Paris : c'est enfin toute une fraction de la société qui naît dans les bouges, grandit au milieu des hontes et aboutit forcément à la maison de répression où, en la privant de la liberté, on lui donne du moins la vie quotidienne en échange d'un labeur beaucoup moins pénible que celui auquel sa naissance l'a condamnée.

Il n'y a pas de jour sans que le crime à Paris s'enrichisse d'une recrue que, avec un peu de bonne volonté, nous aurions pu protéger contre la chute finale, l'empêchant ainsi d'augmenter la jolie société qui fait vivre les gardes-chiourmes et le bourreau. Alors Paris tressaille une heure, un jour, pas plus; car rien ne dure dans cette ville affairée et étourdie, l'émotion publique pas plus que le reste; chacun se console en pensant que ce n'est pas sa faute et continue sa route; le laborieux va à ses occupations, l'oisif à ses plaisirs et nos gouvernants sont toujours pris par les querelles des partis qui éclatent formidables et bruyantes et étouffent les appels au secours des honneurs qui s'écroulent et des consciences qui chancellent.

Et parce qu'il en a toujours été ainsi, ce n'est pas une raison pour que cela continue indéfiniment. Non il n'est pas possible que cela dure sans qu'un beau jour notre société tout entière craque de haut en bas et de long en large, sans que l'avenir, notre juge suprême, nous méprise et sans que l'ère de la civilisation que nous nous vantons de traverser perde la fausse gloire dans laquelle elle s'enveloppe. Si par hasard ce livre tombait sous les yeux d'un de ceux qui détiennent le pouvoir; si ces pages qui traitent de tous les crimes, de toutes les misères et de toutes les injustices subies par le faible sous la domination du fort; si ces scènes de la vie effroyable et cruelle de Paris pouvaient pendant un moment pousser les hommes d'État de mon temps à la méditation et leur montrer le néant de leurs querelles de boutiques à côté des questions vitales de l'humanité; si ces récits *appuyés sur la navrante réalité pouvaient les faire réfléchir et leur arracher cet aveu : « Oui, cela ne peut pas durer toujours ! » je ne croirais pas avoir gaspillé mon temps et il resterait de mes efforts une œuvre à la hauteur de mon ambition.*

ALBERT WOLFF.

Paris, 15 octobre 1884.

L'ÉCUME

DE PARIS

I

LE CRIME ET LA MISÈRE

La journée du chef de la sûreté. — Le défilé au Dépôt. — Le cabaret de la rue Galande. — Les rues crapuleuses. — Les cités des chiffonniers. — Malfaiteurs et misérables. — Les infanticides.

I

LA JOURNÉE DU CHEF DE LA SÛRETÉ

Il m'a paru intéressant pour le lecteur de lui présenter le chef de la Police de la Sûreté en tête de ce volume consacré au crime et à la misère à Paris. Avant de parler des grands criminels, avant de conduire le lecteur dans quelques bas-fonds de Paris, qui sont pour ainsi dire les antichambres des prisons, il faut qu'il fasse la connaissance du fonctionnaire toujours entouré d'un certain mystère, qui veille sur notre sécurité ; nous allons donc *filer* le chef de la police de Sûreté, depuis son réveil jusqu'à l'heure où il se couche — et ici je n'entends pas parler d'une personnalité définie. Peu nous importe son nom ; il ne s'agit ni de M. Claude, ni de M. Clément, ni de M. Jacob, ni de M. Macé, mais du fonctionnaire qui, avec deux cent trente serviteurs, pas un de plus, tient en échec les milliers de criminels qui pullulent sur le pavé de Paris. Ceux qui désirent se renseigner sur l'organisation de la police de Sûreté feraient bien de lire l'étude que M. Maxime du Camp lui a consacrée dans les *Organes de Paris*. Le présent chapitre ne vise pas si haut ; il se borne à suivre le chef de la Sûreté dans son travail d'un jour. J'ai connu tous les hommes qui, depuis vingt ans, ont occupé ce poste ; j'ai causé avec les uns et les autres ; car il y a pour l'écrivain toujours profit à s'entretenir avec les fonctionnaires qui en savent plus long que lui sur la vie parisienne ; il est donc inutile de désigner ici celui de tous les chefs de la Sûreté auquel je suis redevable des notes qu'on va lire ; peut-être les quatre susnommés y ont-ils collaboré sans le savoir dans les entretiens que, successivement, j'ai eus avec eux. Qu'on n'essaie donc point de mettre un nom sous ce croquis ; on ne trouvera pas !

On ne sait pas quand commence la journée du chef de la Sûreté et quand elle finit : il est en permanence ; il ne s'absente pas un instant de la Préfecture sans

qu'on sache où l'on pourra le trouver au besoin ; il ne
dort que d'un œil, comme on dit, toujours sur pied au
premier avertissement si le télégraphe signale quelque
événement important au poste de la Sûreté, où trente ou
quarante hommes reposent tant bien que mal sur un
lit de camp, prêts à s'élancer dehors à la première
réquisition. Ces hommes courageux n'ont pour toute
arme autorisée que la chaînette en fer dite « cabriolet ». Arme terrible en réalité, car, une fois que
le poignet du malfaiteur est mis dans cet étau,
l'homme de police peut lui briser les os à la moindre
résistance. Mais le *cabriolet* n'est pas une arme proprement dite ; il sert à maintenir le criminel une fois
qu'il est pris, mais il n'offre aucune ressource au policier
dans le cas où sa vie serait en péril ; l'agent de la
Sûreté a toujours un revolver sur lui, mais il n'a pas
la permission de le porter : il lui est défendu de s'en
servir à moins du cas de légitime défense, comme
vous ou moi, si notre vie était menacée par des
bandits. Mais ce n'est là qu'une précaution que les
agents de la Sûreté prennent comme bon nombre de
Parisiens qui habitent les quartiers déserts, avec cette
différence : que vous ou moi, si nous étions attaqués,
nous tirerions sur les malfaiteurs, quittes à nous faire
condamner à seize francs d'amende pour port illégal
d'arme prohibée, et que l'agent de la Sûreté, par coquetterie et par devoir, lutterait avec ses muscles et
recevrait un coup de couteau plutôt que de se servir
de son revolver. C'est pour cela que dans les combats .

qui souvent précèdent l'arrestation d'un malfaiteur, l'agent de la Sûreté verse son sang, là où le criminel en est quitte pour quelques horions remportés dans la bagarre.

Dans une ville comme Paris, où le crime ne désarme pas un jour, le chef de la Sûreté doit être pour ainsi dire en permanence ; il n'a pas une vie réglée comme le commun des mortels : il dort quand il peut, il mange quand il en a le temps ; il se repose quand les affaires le lui permettent : réglementairement, il est à la Préfecture à huit heures du matin pour recevoir les rapports des inspecteurs généraux ; ensuite, il assiste autant que possible à l'interrogatoire sommaire des prisonniers de la nuit au Dépôt, puis il monte dans son bureau pour recevoir les personnes qui l'attendent ou celles qu'il a fait mander chez lui. Le bureau est au premier étage de la Préfecture, dans un couloir obscur et bas de plafond. Les murs de cette petite pièce pourraient conter des choses curieuses. Mais ils sont muets comme les gens de police eux-mêmes. Le secret professionnel, chez ces hommes, est le premier devoir ; ils voient, ils agissent, ils s'en vont, ou on les met à la retraite, sans qu'ils parlent ; je sais un chef de la Sûreté, retiré aux environs de Paris, à qui on a offert des sommes considérables pour fournir les documents voulus à une publication sur la police ; il a refusé. Canler, lui, a publié jadis un volume de mémoires ; aussi est-il considéré par les hommes de police comme un traître.

Le cabinet du chef de la Sûreté est une toute petite
pièce, très basse de plafond, avec une seule fenêtre
grillée donnant sur le quai et d'où l'on aperçoit le
Pont-Neuf ; un bureau ayant déjà servi à plus d'un
gouvernement est là, chargé de dossiers ; quelques
chaises et un fauteuil ; j'ai remarqué qu'on fait
asseoir de préférence les malfaiteurs dans ce fauteuil
très bas, parce que les agents placés derrière eux
les dominent mieux en plongeant sur eux. Le chef
de la Sûreté n'a d'armes ni sur lui, ni dans ses
tiroirs ; d'ailleurs il n'en a pas besoin ; il est gardé
ou défendu par ses hommes ; ses garçons de bureau
sont des agents comme ses secrétaires. Devant le
chef de la Sûreté défile alors un public varié : des
logeurs ou gargotiers des quartiers excentriques à
qui il a un renseignement à demander, ou un avertissement à donner ; des gens de tous les coins de
Paris ayant à rechercher une personne dispa-
rue, ou des parents désireux de faire rentrer au
logis une brebis égarée, et qui aiment mieux aller
à la Préfecture que chez les commissaires, pour
éviter le bruit dans leur quartier. Le chef de la
Sûreté écoute tout le monde avec attention ; il distribue quelques bons conseils ; il admoneste pater-
nellement tel jeune garçon qui, sur la demande de
son père, en est quitte pour la peur ; il retient tel
autre qui, entré libre dans ce bureau, le quitte entre
deux agents, après avoir fait des aveux curieux ; il
voit passer tout Paris sous ses yeux ; il tient l'hon-

neur de plus d'une famille dans ses mains ; il *arrange*
pas mal d'incidents qui, sans son intervention, se dé-
noueraient devant les juges ; puis il passe aux grandes
affaires du jour. Le chef de la Sûreté agit non seulement sous les ordres du parquet, mais encore en
dehors de la justice ; ses recherches marchent à côté
de la tâche du juge d'instruction ; il a une action
directe sur les criminels ; ils sont plus accessibles aux
paroles du chef de la Sûreté qu'aux questions des
magistrats ; ils ont peur du juge d'instruction ; ils
sont plus à l'aise avec le chef de la Sûreté. Tous
ces gredins sont ferrés sur le droit et savent fort
bien que l'interrogatoire du Chef-Policier n'engage
pas comme l'autre qu'ils subissent devant un représentant officiel de la justice. Le criminel sait aussi
que le chef de la Sûreté, en échange de quelques
confidences, peut adoucir son sort ; il peut leur
fournir du tabac et du papier à cigarettes ; il peut
leur offrir quelques douceurs auxquels ils ne sont
pas insensibles. Un paquet de caporal agit souvent
avec plus d'efficacité sur l'esprit d'un assassin que
toutes les admonestations du juge d'instruction ; ils
trouvent encore à la Sûreté, le jour où ils paraissent
devant le chef, une table hospitalière où on leur
sert à déjeuner si leur séjour doit se prolonger : un
vrai régal pour des hommes habitués au régime de
Mazas. Un marchand de vin des environs de la
Préfecture fournit les déjeuners ; bien entendu, on
ne donne à ces gens que des couteaux arrondis par

le bout. C'est ainsi qu'un jour j'ai assisté, à la Préfecture, à un vrai repas de corps : une dizaine d'assassins impliqués dans une même affaire, gardés à vue par une brigade d'agents et se délectant de vraies côtelettes , en attendant leur comparution devant le chef de la Sûreté. Cependant, je dois dire qu'on n'a pas chanté au dessert et qu'aucun discours n'a été prononcé.

En général, le criminel ne déteste pas les hommes du service de la Sûreté ; s'il leur en veut au moment de l'arrestation, il leur pardonne bientôt en raison des douceurs qu'ils apportent au régime sévère de Mazas. Dans le cabinet du juge d'instruction, raide comme la justice, assisté de son greffier qui écrit, le criminel se montre réservé; chez le chef de la Sûreté, il ne pèse pas chaque parole ; ici on ne l'interroge pas sèchement ; on cause avec lui ; le chef de la Sûreté lui parle familièrement : le détenu, qui connaît son affaire, sait que l'examen qu'il subit n'est pas dans le Code d'instruction criminelle, et, que, par conséquent, il ne sera pas d'un grand poids devant la justice. J'ai vu des assassins attendre entre deux gardes dans le couloir du Parquet : ils sont mornes et silencieux; chez le chef de la Sûreté, ils causent avec abandon ; ils cherchent à s'insinuer dans ses bonnes grâces pour obtenir quelques faveurs dont il dispose : la plus enviée est le privilège d'être enfermés dans des cellules doubles avec d'autres prévenus.

Un jour, il y a déjà longtemps de cela, j'ai assisté
à la confrontation d'un grand criminel avec un ouvrier
que, par vengeance, il avait dénoncé comme son
complice.

On comprendra que je ne puis désigner l'affaire ;
ce serait donner une date certaine à mon récit. Le
chef de la Sûreté n'eut pas grand'peine à découvrir
que le criminel mentait et que l'ouvrier en question
était innocent ; cependant, pour éclaircir l'affaire
jusqu'au bout, il donna ordre à six agents de chercher au Dépôt, où ils attendaient leur comparution
devant le juge, deux autres assassins fameux, pour
les confronter avec le délateur. Je les vis bientôt
arriver entre les gardiens, libres de leurs mouvements et de fort bonne humeur, ma foi. Au bout de
cette scène, ils flairaient un petit paquet de tabac ;
ils parlaient au chef de la Sûreté comme à un ami,
le sourire aux lèvres, et s'efforçant d'être polis. Seulement, le plus âgé, en plongeant le regard à travers la fenêtre, dans la vie parisienne, pâlit horriblement ; c'était la première fois, depuis son arrestation, qu'il entrevoyait la rue, c'est-à-dire la liberté.
L'interrogatoire fut court et précis, et, lorsque le
chef de la Sûreté eut acquis la certitude que le dé-
nonciateur avait menti pour entraîner dans sa
débâcle un fort honnête ouvrier qu'il haïssait, il
adressa de sévères paroles au délateur, et dit au
pauvre homme, injustement accusé par un misérable,
de retourner à ses affaires. Jamais je n'oublierai le

regard haineux que le criminel, voyant ses projets déjoués, jeta à l'homme dont il avait voulu faire sa victime ; mû comme par un ressort, il sauta debout, fit un bond vers le chef de la Sûreté, et semblait vouloir l'étrangler. Ce fut pour moi une seconde de terreur et d'angoisse. Le policier, lui, habitué, à ces scènes, ne bougea point ; mais deux agents se précipitèrent sur le gredin, l'empoignèrent chacun par un bras, et le reconduisirent dans la prison. Ce voyant, l'un des assassins éclata de rire et s'écria :

— Est-il bête, cet animal, de se fâcher avec la Sûreté !

Et, donnant une tape familière sur le ventre de son complice, il ajouta :

— C'est pas comme nous, pas vrai ! Toujours gentil avec le bon chef ; aussi va-t-il nous donner du tabac !

Le brigadier interrogea son chef du regard. Celui-ci fit un signe d'assentiment ; ce subalterne remit aux deux assassins du tabac et du papier à cigarettes, et ils se retirèrent, escortés par les agents et adressant au chef de la Sûreté leurs plus aimables sourires.

Lorsque les grosses affaires sont liquidées, le chef de la Sûreté passe aux petites ; il distribue la besogne à ses agents ; celui-là ira aux renseignements, cet autre fera le soir une tournée dans les maisons de prostitution pour rechercher un jeune voleur qui a emporté douze cents francs à son patron ; un troisième partira pour la province, à la recherche d'un criminel dont on croit tenir les traces.

Les romanciers ont fait de l'agent de la police de Sûreté un personnage qui n'existe que dans la fiction. On se trompe fort en pensant que tout agent est un monsieur Lecoq. C'est le chef de la Sûreté qui est la tête : les agents ne sont que les bras de la police. Quelques-uns, cependant, sont fort intelligents et font de la police par passion. Tel le brigadier qui a suivi et observé Billoir, et qui finalement le conduisit à la Préfecture comme un ami, sous prétexte de le faire causer avec le chef des bruits qui couraient dans le quartier. Ce brigadier est un ancien militaire; il a quatre ou cinq mille livres de rente qui lui sont tombées du ciel à la mort d'un parent; il est donc entré dans la police par goût et non par besoin, et il rend de grands services.

Dans les recherches auxquelles il se livre, l'agent est souvent mieux servi par le hasard que par son habileté. Le jour où je fus à la Sûreté, l'un de ces agents avait, comme par miracle, découvert toute une bande de voleurs; il était entré dans un bal de barrière, où il fut reconnu par une fille qui s'approcha de lui en lui disant tout bas : « Je sais pourquoi vous êtes ici; si vous me promettez qu'on ne m'arrêtera pas, je vous le montrerai! » L'agent fit mine de tout savoir; habilement il arracha une à une toutes les confidences à cette fille; elle était la maîtresse de l'homme qu'elle croyait recherché par la police; je voleur l'avait quittée pour une autre femme; elle se vengeait. — « C'est lui, » dit-elle en désignant un individu qui venait d'entrer. L'agent s'avança vers le voleur et lui dit : « Je vous arrête. » L'autre eut un moment de fierté. « N'ayons pas l'air, murmura-t-il, je suis très bien vu dans cet établissement, il est inutile qu'on sache...! » L'agent passa son bras sous celui du voleur, et l'emmena comme un camarade: sur un signe, un second agent, stationnant devant le bal, prit l'autre bras du voleur et les voilà tous trois se promenant vers la Préfecture. Tout à coup, l'individu arrêté dit : « Et les autres, les avez-vous aussi? » — « Si nous ne les avons pas encore, nous les aurons bientôt! » répondit l'agent. — « J'ai soif! reprit le voleur, voulez-vous entrer avec moi chez le marchand de vin? »

On entra : la langue du voleur se délia tout à fait; il fallait bien que cela finît un jour où l'autre; il s'y attendait; autant tout dire. Eh bien, oui, il était l'auteur de cinquante-deux vols, pas un de moins; il nomma ses complices et désigna les lieux où on pouvait les pincer. Vers trois heures du matin, l'agent de la Sûreté qui, par hasard, était entré dans un bal, conduisit toute la bande en prison, après avoir requis l'assistance de deux autres agents et de quelques gardiens de la paix.

On aurait tort de croire qu'une telle capture est généreusement récompensée par le chef de la Sûreté. Ce n'est pas lui qui distribue les gratifications, et,

d'ailleurs, elles sont fort maigres. La prime que
le Policier en chef peut accorder à ses hommes
dépasse rarement vingt francs : l'influence du chef
de la Sûreté repose donc uniquement sur son autorité
personnelle; toujours le premier au danger et le
dernier au poste, il doit leur donner l'exemple de
tous les dévoûments. Quand le chef de la Sûreté a
liquidé les petites affaires et distribué la besogne à
chaque brigadier, qui la transmet aux agents, il va
déjeuner, s'il lui reste du temps. A deux heures, il
rend visite aux juges d'instruction, reçoit leurs ordres,
leur communique le résultat de ses recherches et les
accompagne sur le lieu d'un nouveau crime. Puis il
entreprend sa tournée quotidienne dans les prisons;
il n'a sous ses ordres aucun fonctionnaire à qui il
puisse confier le soin d'interroger des détenus. Étant
responsable de la sécurité publique vis-à-vis de
M. le préfet de police, le chef de la Sûreté paye toujours de sa personne. Devant lui s'ouvrent les portes
de toutes les maisons de détention, cela va sans dire.
Souvent il y amène des témoins, dans l'espoir qu'ils
reconnaîtront un détenu, soupçonné d'avoir participé
à un crime autre que celui pour lequel il a été arrêté.
Cette confrontation ne se fait pas dans les cellules,
où nul étranger ne pénètre, sous quelque prétexte que
ce soit. Le chef de la Sûreté, à Mazas par exemple, se
fait amener le détenu dans la chambre dite « de
l'instruction », une cellule du premier étage, près
de la bibliothèque, ornée d'une table et de deux

chaises; il s'y est fait précéder par un seul agent. Un gardien de la prison va chercher le criminel et le conduit ici. L'imagination des romanciers dénature le véritable aspect des choses. Rien de mélo-dramatique dans les entrevues du policier avec un détenu : le plus souvent, ces entretiens ont le caractère d'une causerie familière; j'y ai assisté un jour. L'homme que le chef de la Sûreté avait fait chercher, auteur d'une trentaine de vols qualifiés, un des pires malfaiteurs de Paris, ne paraissait point redoutable; le jour de son entrée en prison on avait procédé à la toilette de rigueur : il était propre et souriant : il s'accoudait sur le bureau du policier dans une attitude pleine d'abandon, et lui parlait avec respect, mais sans crainte et sans forfanterie. Invité par le chef de la Sûreté à fournir quelques éclaircissements sur un vol d'ailleurs avoué, l'homme refusa de parler en jetant sur moi un regard plein de défiance. « Quand nous serons seuls, » dit-il, je parlerai, mais pas devant monsieur. » Le monsieur c'était moi en qui il flairait soit un magistrat instructeur, soit un témoin venu pour le reconnaître. Le chef de la Sûreté n'insista pas, et le renvoya dans sa cellule après lui avoir fait donner par l'agent un paquet de tabac qui fut accueilli avec une vive reconnaissance, et qui valut au fonctionnaire le plus gracieux sourire de ce gredin.

De Mazas, le chef de la Sûreté se dirige vers la grande Roquette, puis vers la petite, où sont détenus les enfants; s'il veut faire défiler sous les yeux d'un

témoin un de ces jeunes criminels, c'est dans le
bureau du greffier que se passe la scène. Le garne-
ment arrive escorté d'un gardien ; il porte à la main
un carré de bois, sur lequel le numéro de sa cellule
est gravé et qu'il doit restituer à sa rentrée, afin
d'éviter les confusions de cellules, si plusieurs détenus
sont mandés à la fois.

De retour de ces promenades à travers les maisons
de détention, le chef de la Sûreté rentre dans son
bureau, où l'attendent les rapports de la journée. Il
lui est permis quelquefois de dîner dans sa famille,
quand il a le temps, pour revenir aussitôt à la Préfecture. Si vous passez quai de l'Horloge, vers
minuit, vous apercevrez souvent une petite fenêtre
grillée et éclairée, au premier étage. C'est là que le
chef de la Sûreté travaille plus d'une fois pendant une
partie de la nuit ; il est, après le préfet de police, le
fonctionnaire sur lequel pèse la plus lourde responsabilité ; pour remplir ce poste périlleux, il faut, on
le voit, trois qualités rares : une santé robuste pour
résister au travail excessif ; la finesse d'un magistrat
habile à débrouiller les trames d'un crime ténébreux ;
et le courage du soldat, prêt à jouer sa vie à toute
heure où la société est en péril.

II

LE DÉFILÉ AU DÉPOT

De même qu'il y a en Suisse un point central, le Righi, d'où l'œil embrasse un panorama général des Alpes, il y a dans Paris un point d'où l'on jouit d'une vue d'ensemble sur le vice, le crime et la misère parisienne ; c'est le petit bureau au rez-de-chaussée de la Préfecture où chaque matin passent les vagabonds ou malfaiteurs que la police a ramassés pendant la nuit et que les voitures cellulaires conduisent, vers neuf heures du matin, au Dépôt. L'accès de cet observatoire n'est pas facile ; cependant, un matin, le chef de la police de Sûreté voulut bien me faire assister à une scène d'un poignant intérêt qui se renouvelle chaque jour à la même heure.

Le bureau est à droite sous le vestibule du Dépôt ; pour tout mobilier une petite table, une demi-douzaine de chaises et une sorte de bibliothèque contenant des casiers judiciaires. Sur les chaises, cinq ou six agents de la Sûreté ; ils sont là pour voir si, dans le personnel qui va défiler devant le brigadier assis derrière la table, ils ne reconnaissent pas quelques forçats en rupture de ban qui se cachent sous un nom d'emprunt. Devant le brigadier, un registre, le bordereau des gens arrêtés pendant la nuit et qui, un à un, vont entrer tantôt. Ce n'est pas sans un vif intérêt que je contemple les agents en bourgeois, tous hommes aux traits énergiques, ces braves si souvent vilipendés qui, pour un salaire variant de douze à seize cents francs par an, nous protègent au péril de leur vie contre les bandits de Paris.

Dans une salle voisine tous les gens arrêtés pendant la nuit ou ramassés sur la voie publique attendent leur tour de comparaître ; ils sont gardés à vue par des agents qui les empêchent de causer pour que deux camarades de prison, qui se retrouveraient ici, ne puissent pas échanger leurs confidences et préluder à leur défense. Placé parmi les agents, je me trouvai donc au premier rang pour voir le défilé de la misère et du crime parisiens, et ce qu'on va lire est le procès-verbal exact de la séance. On verra combien le malfaiteur parisien dont les romanciers judiciaires vantent l'intelligence pour les complications de son récit, est en réalité bête, ce qui facilite la tâche de la police.

Le défilé commence par deux hideux gamins qu'on a arrêtés dans un enclos des fortifications où ils volaient des planches de bois, deux horribles types du voyou parisien, qui essayent de soutenir qu'ils n'ont volé ces planches que pour construire une balançoire, histoire de s'amuser. Le brigadier sourit d'un air incrédule et :

— Ce n'est pas la première fois que vous venez ici, dit-il. Voyons, inutile de feindre. Tous deux vous avez déjà été condamnés pour vol quatre ou cinq fois.

Ce disant, le brigadier a l'air de fouiller un dossier, mais, en réalité, il tourne les feuillets blancs d'un cahier anodin.

— Toi, dit-il à l'aîné, tu as déjà subi trois condamnations.

— C'est pas vrai, riposte le voyou, rien que deux fois.

— Toujours avec le même camarade que voici ?
— Non, une fois avec Jules.
— Où est-il Jules ?
— A la petite Roquette !
— C'est bien !

Le brigadier écrit sur son livre de rapport : « Rechercher le nommé Jules à la petite Roquette. » On reconduit les deux drôles et on fait entrer un homme de quarante ans environ, arrêté pour avoir volé un poulet chez un rôtisseur.

— Ce n'est pas la première fois que vous venez ici ! Allons, dites la vérité !

L'homme secoue sa crinière grise, jette un regard circulaire sur les assistants, prend une pose inspirée et débite un discours incohérent où il est question de tout, de l'Empire et de la République, de l'Europe et de l'Amérique, du mal que le pauvre monde a à gagner sa vie et d'une nouvelle organisation de la machine sociale, qui s'impose. Cet homme a toutes les apparences d'un fou, mais la police est méfiante par profession ; on détiendra le prisonnier jusqu'à ce que les médecins aient constaté si c'est un fou ou un fourbe.

A celui-ci succède un homme de soixante ans environ, aux cheveux coupés ras, à la face brutale et livide, le type le plus complet du bandit : d'épais sourcils, de petits yeux, la mâchoire puissante et avançant comme le menton de Polichinelle ; on l'a ramassé pendant la nuit ; il était porteur d'un paquet contenant pêle-mêle des vêtements d'homme et de femme et provenant évidemment d'un vol ; il déclare avoir été chargé par un inconnu de porter ce paquet, moyennant vingt sous, à une adresse qu'il veut avoir oubliée, mensonge ordinaire de tous les voleurs et dont la police de sûreté ne s'accommode pas facilement.

L'un des agents a attentivement contemplé cet individu et fait signe qu'il veut parler. Le brigadier lui donne la parole et le dialogue suivant s'établit entre l'agent et l'inconnu.

— Ne mentez pas, lui dit l'inspecteur de police, vous êtes un tel : vous venez de faire douze ans à Poissy. Vous avez été mis en liberté il y a un mois ; vous êtes sous la surveillance de la police : le lieu de résidence qui vous a été assigné est Saint-Denis. Vous voyez que je vous connais.

Le malfaiteur prend cette révélation gaiement ; il rit bruyamment en ouvrant sa bouche édentée outre mesure ; puis :

— C'est pas la peine de faire la bête, dit-il, je connais mon affaire ; en route chez le juge et de là à Mazas, et comme je suis en récidive, à bientôt le voyage pour la Nouvelle ; j'aime autant ça !

La Nouvelle-Calédonie, c'est-à-dire le travail en plein air, c'est un rêve commun à tous les chevaux de retour des prisons centrales. Souvent, quand ils sont menacés d'être renvoyés à la maison de détention d'où ils sortent, ils font des révélations pour aller à la Nouvelle, le pays béni des malfaiteurs de Paris. De ceci, on peut tirer des conclusions intéressantes sur le régime qui convient à ces chenapans ; mais ce n'est pas l'heure de nous arrêter à des considérations philosophiques. Il est bien rare que dans cette collection de misérables qui afflue chaque jour au Dépôt, il se trouve un être intéressant ou incurable, quelque vieillard sans pain devenu voleur par misère, quelque enfant affamé, devenu vagabond par l'abandon, quelque pauvre femme, délaissée par son mari ivrogne et qui mendie sur la voie publique, en un mot, de pauvres naufragés de la vie auxquels la justice tient toujours compte de leur égarement ; en revanche, tous les échantillons du crime et du vice parisiens se succèdent, depuis le forçat en rupture de ban, le voleur de grand chemin, l'employé infidèle jusqu'à la prostitution sous toutes ses faces ; il est im-

possible de reproduire ici tous les entretiens et tous
les aveux des prisonniers, dont quelques-uns exige-
raient le huis-clos devant les assises ; pas un jour sans
que les voitures cellulaires n'amènent au Dépôt des
jeunes gens au teint flétri, surpris en flagrant délit du
plus honteux des vices. Le mot fameux du policier
qui disait : « Cherchez la femme, » est démodé. Le
plus souvent, pour suivre les traces d'un crime, c'est
l'homme qu'il faut chercher. Si habitués que soient
les agents de la sûreté à toutes ces catégories, ce n'est
jamais sans un écœurement visible qu'ils interrogent
les jeunes voyous aux cheveux pommadés et dont les
joues portent encore les traces du fard qu'ils emploient comme des cabotines. Ce matin-là, l'ignoble
prostitué de dix-sept ans portait un veston en velours,
serré à la taille, un pantalon gris, et des souliers
vernis ; on l'avait surpris en flagrant délit sur un
banc des quais, avec un vieillard hébété, abruti, à
moitié gâteux par l'hystérie sénile et qui refusa de
dire son nom et de faire connaître son adresse. La
police aura tous ces renseignements avant quarante
huit heures et ce, sans effort, par la famille qui
s'adressera à la Préfecture pour retrouver le vieillard
disparu.

Une femme de vingt-cinq ans est introduite dans
le bureau ; tenue d'une ouvrière rangée, robe de laine
noire, bonnet blanc, enjolivé de rubans roses ; elle
appartient à une espèce des plus dangereuses, aux
prostituées mariées qui se répandent dans Paris et re-

tournent au foyer conjugal quand elles ont dévalisé le passant ; elles ne sont pas inscrites à la police, ce qui fait que lorsqu'un pauvre homme volé donne le signalement, le bureau des mœurs fouille en vain ses dossiers. C'est donc la pire catégorie des prostituées parisiennes, puisqu'elle agit sous la protection de son aimable mari ; l'honorable époux a été arrêté en engageant une montre volée et signalée à la police.

— Je vois ce que c'est, dit l'un des agents.

— Vous connaissez l'affaire ? demande le brigadier.

— Oui. Je reconnais cette femme d'après le signalement des nombreuses dupes qui sont venues se plaindre. Voilà plus d'un an que cela dure, sans que nous ayons pu mettre la main sur cette voleuse...

Ici un dialogue curieux s'établit entre le brigadier et la jeune femme. Je me garderai bien d'y changer un mot, je lui laisse toute sa saveur naturaliste.

— Allons, avouez la vérité, c'est ce que vous avez de mieux à faire, dit le brigadier.

La femme jette à l'agent qui l'a reconnue un regard haineux, qu'elle essaye en vain de cacher sous un sourire de mépris.

— Vous êtes mariée ? reprend le brigadier.

— Oui.

— Cependant vous passez la soirée dehors et votre mari ne s'inquiète pas de ces absences ?

— Oui.

— A qui avez-vous volé la chaîne et la montre ?

— A un monsieur.

— C'est-à-dire à un passant, qui, confiant en votre air honnête et votre mise discrète, ne se doutait pas de ce qui allait lui arriver. Où l'avez-vous conduit?

— C'est lui qui m'a conduite chez lui.

— Cela doit être : vous lui aurez raconté l'histoire ordinaire d'un mari jaloux et que vous commettiez ce ce soir-là, votre première faute pour payer les mois de nourrice de votre fille malade; il y a toujours des imbéciles qui se laissent prendre à ces blagues. Ce monsieur vous a donc conduite chez lui. A quel moment avez-vous volé les bijoux?

— Pendant qu'il dormait.

— En rentrant, vous avez remis la montre et la chaîne à votre mari?

— Oui, mais il est innocent.

— Comment! votre mari vous laisse libre de passer vos nuits dehors et quand, le matin, vous lui apportez des bijoux, il ne s'inquiète pas de leur provenance?

— Je lui ai dit que c'était un cadeau de mon oncle.

— Vous avez un oncle?

— En Afrique; il est dans les spahis depuis vingt-sept ans.

— Et votre mari a cru que cet oncle était revenu, dans la nuit, d'Afrique, pour vous faire cadeau d'une montre et d'une chaîne? Allons donc! Puis, se tournant vers un agent : Reconduisez cette femme, dit-il, et faites entrer le mari!

Le digne époux est un petit homme trapu, aux

cheveux blonds et épais qui se dressent sur sa tête et lui donnent l'air d'un porc-épic.

— Vous avez été arrêté en essayant d'engager une montre et une chaîne volées par votre femme?

— Oui, mais je ne savais pas. Son oncle d'Afrique...

— Allons, pas de bêtises! Vous vivez de la prostitution de votre femme?

— Si on peut dire...

— Quelle profession prétendez-vous exercer?

— Je suis musicien.

— Où faites-vous de la musique?

— Où je peux. Pendant l'Exposition, j'étais dans l'orchestre du ballon captif.

— Ce n'est pas la première fois que vous engagez des bijoux volés par votre femme?

— Si.

Ici le brigadier, employant toujours la même ruse, semble fouiller dans un dossier et :

— Cependant je vois ici que ce n'est pas la première fois, dit-il.

L'homme se trouble :

— Oui, dit-il, mais je ne savais pas...

Toujours penché sur son pseudo-dossier, le brigadier continue :

— Vous êtes un de ces maris complaisants et dangereux comme il y en a beaucoup à Paris. Votre femme n'opère pas toujours au dehors, souvent elle ramène les passants chez elle, en leur contant que son mari est en voyage. Puis, tout à coup, vous survenez et vous menacez la dupe pour la faire chanter?

— Mais. .

— Vous vous expliquerez avec le juge !

On reconduit cet Alphonse marié, et le brigadier ordonne qu'on fasse entrer un autre prisonnier.

L'agent revient avec un jeune homme haut de taille, proprement vêtu, qui a dû pleurer toute la nuit, car ses yeux sont rouges et gonflés par les larmes. Celui-ci a été arrêté sur un mandat du juge d'instruction.

— Quelle est votre profession ?

— Employé aux Postes.

— Affaire de détournements, alors ?

— Oui.

— Combien ?

— Dix à douze mille francs.

Toutes ces réponses sont faites d'une voix faible et tremblante ; ce malheureux en est à sa première affaire. D'où vient-il ? Comment a-t-il roulé si bas ? Le voici perdu à jamais. Le brigadier, quoique rompu au métier, semble partager notre impression. Le crime devient plus douloureux à mesure qu'il monte l'échelle sociale.

— Ceci est une grave affaire ! Emmenez *Monsieur !*

Cette fois, c'est encore un homme bien mis qui est introduit par un agent : il a quarante ans environ, est presque vêtu avec élégance et s'avance d'un pas assuré. Avant que le brigadier lui ait adressé la parole :

— Mon père payera tout, dit-il ; cette affaire a été mal

interprétée. J'ai acheté le fonds à crédit et je l'ai revendu au comptant, en cachant à l'acheteur qu'il était grevé.

— De l'escroquerie, alors ? Vous avez été arrêté sur mandat !

— Oui. Mais mon père désintéressera tout le monde.

— Ceci regarde le juge d'instruction.

On emmène cet escroc, qui semble tout surpris qu'on ne le traite pas avec plus de déférence ; il s'arrête à la porte, relève fièrement la tête et dit :

— J'ai passé la nuit avec des voleurs, je me plaindrai au juge de la police, sachez-le bien !

Et il fait une sortie digne d'un acteur de province.

A celui-ci succède une horrible fille de la barrière d'Italie, au teint bronzé, au nez aplati ; elle est vêtue d'une de ces robes de chambre à trois francs soixantequinze, qu'on peut voir à la devanture des magasins de nouveautés dans les quartiers populaires. Autour du cou elle porte un fichu rose et dans ses cheveux roux une fleur artificielle. C'est une vieille connaissance pour la police.

— Tiens, c'est encore vous ? dit le brigadier.

— Oui, je n'ai pas de chance.

— Encore pour vol ?

— Oui.

— Qu'est-ce que vous avez pris, cette fois ?

— Rien. C'est une vengeance d'Auguste.

— Qu'est que c'est que cet Auguste ?

— C'est un client, il est un peu toqué; il vous raconte un tas d'histoire. Il ne sait pas ce qu'il dit. Il me fait des vers; il me donne des noms d'animaux...

— Quels noms ?

— Est-ce que je sais! Béatrisse! Orphélue. Quand il n'est pas tout à fait fou, il m'appelle Juliette et il veut que je l'appelle Roméo.

— Ce n'est pas une raison pour le voler. On a retrouvé dans les cendres de la cheminée le porte-monnaie que vous lui aviez pris; il renfermait vingt-sept francs et des cheveux de femme.

— C'étaient les miens! Si je le laissais faire, il y a longtemps que je n'aurais plus un cheveu sur la tête. C'est lui qui a fourré le porte-monnaie dans la cheminée pour me perdre.

— C'est bien, on verra !

Le lecteur peut être convaincu que je ne suis qu'un sténographe fidèle. Dans ces dialogues, pas un seul mot n'est inventé. Le dernier individu que j'ai vu défiler au bureau du Dépôt était un voleur de province. L'agent qui l'a arrêté est présent ; il raconte lui-même l'arrestation au brigadier.

— Vous savez, brigadier, dit-il, c'est cet individu de Bordeaux que nous recherchions depuis longtemps. Hier, en faisant jaser un Bordelais que nous conduisions à Mazas, j'ai appris que le voleur que nous signalions logeait dans un garni du boulevard

Montparnasse, et comme il nous était signalé comme un homme des plus dangereux, nous avons pensé qu'il vaudrait mieux le surprendre au lit pour éviter toute lutte et tout scandale sur la voie publique. Nous étions deux ; mon camarade resta en observation devant un autre garni, car nous ne savions au juste lequel. « Si je ne reviens pas dans cinq minutes, c'est que notre homme sera là, » dis-je à mon camarade. Moi, à deux heures du matin, je suis entré ; j'ai réveillé le logeur. Je lui ai donné le signalement : « Avez-vous ça chez vous ? lui ai-je demandé. — Tiens ! tiens, m'a-t-il dit, ce doit être le numéro 8. — C'est bien, ai-je dit, allons voir ! » Nous montons. C'est le logeur qui frappe à la porte. « Qu'est-ce que vous voulez ? » demande une voix. — « C'est moi, votre logeur, j'ai quelque chose d'important à vous dire. — C'est bien, on y va ! » L'homme, en chemise, ouvre la porte et, en me voyant, il se doute de quelque chose ; je veux me précipiter dans la chambre, mais il referme et m'écrase la poitrine entre la porte ; je suffoque, le sang me sort par la bouche, mais je tiens bon. Heureusement le logeur était fort ; il pousse, il pousse de dehors et parvient à me dégager. Et puis, mon camarade, ne me voyant pas revenir, flaire quelque chose ; il arrive à temps pour me secourir, car je vomissais tant de sang que j'allais me trouver mal. A nous deux nous en avons eu raison et nous l'avons arrêté.

L'agent qui s'était levé pour faire sa déposition

retombe sur sa chaise ; il est horriblement pâle et un filet de sang court sur ses lèvres. Un autre le traiterait dédaigneusement de mouchard. Moi, j'ai serré la main à ce vaillant garçon, qui vraiment né vole pas les quatre francs quotidiens qu'il gagne à ce métier.

III

LE CABARET DE LA RUE GALANDE

Une des plus curieuses excursions que j'aie jamais faites avec la police est celle qui m'a conduit dans un coin de Paris, sans doute inconnu de mes lecteurs, au cœur de la ville, à deux pas de la Seine, dans un quartier resté debout au milieu des transformations que la capitale a subies. Le voyage vaut la peine d'être entrepris, je vous le jure. C'est un souvenir du vieux Paris du temps d'Eugène Sue qui revit sous les yeux dans un des coins les plus misérables de la capitale, habité sans doute par de fort honnêtes gens, mais hanté aussi par les rôdeurs, les ivrognes et les filles de la plus basse prostitution, qui s'y donnent rendez-vous. Moi-même j'ai entrepris ce voyage d'exploration un samedi de quinzaine, jour de paye, où tout le quartier est en goguette, où le vin à douze, quatorze et seize sous le litre coule à flots, où les bocaux de cerises à l'eau-de-vie se vident comme par enchantement, où une odeur de spiritueux se dégage de tous les comptoirs et envahit les ruelles étroites, sales, bordées de vieilles maisons chancelantes dans lesquelles on pénètre par l'antique *allée* sombre et noire, éclairée parfois par un vieux quinquet fumeux qui semble défier le progrès.

La rue Galande est peu connue des Parisiens. C'est là que se trouve un des plus pittoresques cabarets qu'il soit possible de voir; il est au fond d'une cour et a pour enseigne : *le Château-Rouge*. De la rue, on aperçoit le vieux comptoir du mannezingue de jadis, de forme simple, sans ornements artistiques comme les boutiques modernes des assommoirs contemporains. Sauf les becs de gaz qui, peu nombreux, éclairent cet antre de l'ivrognerie, le *Château-Rouge* est resté le cabaret populaire du temps des *Mystères de Paris*. De puissantes poutres soutiennent les plafonds chancelants sur des murs affaiblis par l'âge, couverts, à hauteur d'homme, par une épaisse couche de crasse que les vêtements des habitués y ont déposée ; près de l'entrée, deux servantes sont occupées à laver la vaisselle qu'on prête aux consommateurs, en même temps que le couteau usé et la fourchette édentée : avec le vin, c'est tout ce que fournit le propriétaire du *Château-Rouge ;* chaque client est libre d'apporter son dîner ou son souper, achetés chez le charcutier ou le fruitier voisin. A l'odeur du vin se mêlent les émanations du fromage d'Italie ou des saucissons à l'ail ; les huppés de la société panachée s'offrent seuls le luxe d'une assiette ; le plus grand nombre se contente du papier dans lequel le fournisseur a enveloppé le repas du pauvre ou de l'ivrogne. Ici la nourriture joue un rôle moins grand que la boisson ; on économise sur le dîner pour avoir de quoi absorber un litre de plus ; tout l'argent de la quinzaine disparaît en quelques heures, on le sent ; cette orgie du bas peuple, conquise par quinze jours de labeur, sera suivie par deux semaines de privations et de misère, pendant lesquelles quelques-uns rouleront sur la pente ordinaire jusqu'à la police correctionnelle ou jusqu'au bagne.

Derrière le comptoir est le marchand de vin, à la large carrure et à la figure réjouie ; sa chemise retroussée jusqu'aux épaules découvre deux bras solides, musclés comme ceux d'un Hercule de la foire, et dont la seule vue tient en respect cette foule bariolée, qui ne doit pas être commode à l'heure où les fumées du litre à douze envahissent les cerveaux. Les garçons qui circulent entre les longues tables primitives, composées de simples planches posées sur des poteaux, sont taillés à l'image de leur patron, choisis parmi les plus vigoureux ; ils sont cinq ou six qui, sous le commandement de leur chef, tiendraient au besoin tête à toute cette foule avinée qui, d'un air craintif, les voit passer, comme le regard du forçat se baisse devant le solide garde-chiourme.

Dans la première salle, la plus vaste, presque personne : hommes, femmes et enfants s'entassent dans les deux autres pièces, beaucoup moins grandes ; pêle-mêle, tout le monde s'installe devant les longues tables, couvertes de litres vides ou pleins et de papiers graisseux, les derniers vestiges du souper. Au milieu de la pièce, un vaste poêle en fonte, orné de plusieurs tuyaux, afin qu'à peu de frais la chaleur puisse se répandre partout par les froides soirées d'hiver. A côté de l'ouvrier qui fait un extra en ce jour de paye, le soiffard incorrigible, hébété par l'ivresse constante, aux yeux ternes et sans expression, avachi à ce point par la boisson, qu'un enfant de dix ans en aurait raison dans une lutte; des corps sans élasticité, branlant sur des jambes sans ressort. Quelquefois, à la même table, toute une famille : l'homme avec sa femme ou sa maîtresse, des enfants nés dans la boue et que la Centrale attend, de pauvres êtres à qui un jour ou l'autre la chaude vareuse des prisons semblera être le dernier mot du luxe, tant leurs loques sont misérables, et dont le regard est devenu singulièrement cynique dans le milieu vicieux où ils végètent. Plus loin, un Alphonse de la dernière catégorie est attablé avec une vieille drôlesse qui, en ce jour, a peut-être volé quelque part ou vendu ses dernières hardes pour fournir à son amant le petit feutre gris, ramassé sur les boulevards par un chiffonnier, et revendu par lui à un fripier du quartier.

La partie féminine qui fréquente le *Château-Rouge* donne le frisson. Il serait difficile de fixer la date de l'origine de leur vice; la moyenne a dépassé la cinquantaine; quelques-unes, près de la tombe, vont de table en table quêter un verre de vin; elles sont arri-

vées à l'âge où, repoussées des milieux les plus vicieux,
elles ne doivent plus compter que sur la générosité de
l'ivrogne, dont le litre à douze a voilé les yeux ; cependant, de ci de là, dans le tas, une fille encore jeune,
mais déjà vieille par la débauche qui a marqué le visage de ses griffes destructrices. Appuyée contre le
poêle, dans une pose qui s'éfforce d'être originale, une
femme de cinquante ans fume sa cigarette en faisant
des ronds, fort admirée par ses voisins : c'est tout ce
qui reste de cette ancienne étudiante de la Grande-
Chaumière. Avec ces débris on peut reconstituer ses
formes de jadis, quand, jeune, elle fit tourner les têtes
folles du quartier Latin ; elle revit dans la fantaisie ;
on la voit se dandiner, la cigarette aux lèvres, dans
un formidable cavalier seul, au milieu d'une galerie
électrisée par ses ébats ; ce que le temps a respecté
dénote que, dans son jeune temps, cette fille a eu la
beauté parisienne, cette beauté du diable, au nez re-
troussé, qui est le signe caractéristique des cascadeuses
dessinées autrefois par Gavarni ; maintenant encore,
sous ses haillons crasseux, elle s'impose par son *chic*
à cette population prise de vin, qui n'y regarde pas
de si près. Une femme qui a dépassé un demi-siècle
semble jalouse de l'influence de la vieille étudiante ;
personne ne fait attention à elle, qui a pourtant fait
un bout de toilette pour séduire les cœurs dans ce
bouge. Celle-ci porte un mantelet garni de franges, et
sa tête, où manque le nez ou à peu près, est surmontée
d'un chapeau en velours noir, garni d'une longue

plume blanche ; au milieu de toutes ces blouses dé-
chirées et de ces tartans fanés, cette toilette tapageuse
semble être le dernier mot de l'élégance parisienne.
L'atmosphère est empestée par l'odeur du vin ren-
versé sur les tables et qui, en filets rouges, descend
sur les vêtements des consommateurs, sans qu'on y
fasse attention. Il se fait dans ce cabaret un bruit
assourdissant d'assiettes qu'on remue, de bouteilles
qu'on renverse, de verres qui se brisent, d'*engueu-
lades* qu'on échange d'une table à l'autre ; dans un coin,
un groupe silencieux et parlant à voix basse semble
concerter un coup pour la nuit. Dans son ensemble,
cette population donne le frisson.

A notre entrée il s'est fait un mouvement dans cette
foule ; les uns nous regardent avec curiosité, les autres
contemplent avec méfiance les « messieurs » qui se
sont égarés dans le *Château-Rouge*. Le patron, avec
qui nous avons causé en passant au comptoir, daigne
nous servir en personne. Ceci produit une certaine
sensation. On nous prend peut-être pour des princes
étrangers, désireux de connaître les bas-fonds de Paris.
Conduit par un guide sûr, le prince d'Orange a parcouru un soir tous les taudis du quartier ; on a gardé
le souvenir des pièces de cent sous qu'il a semées sur
son passage, et peut-être pense-t-on que la pluie d'argent va recommencer. D'ailleurs, rien à craindre ;
nous sommes sous la sauvegarde de l'Hercule qui tient
le cabaret et de ses garçons aux bras d'acier. De plus,
quelques pièces de vingt sous jetées négligemment dans

les jupes des femmes, quelques litres que nous offrons
aux hommes, nous donnent droit de cité dans le cabaret et effacent, comme par enchantement, la répugnance que la redingote inspire aux habitués du *Château-Rouge*, comme une blouse offenserait les clients
du Café-Anglais. Bientôt la plus grande cordialité
règne entre cette foule curieuse et les explorateurs de
cette contrée inconnue aux Parisiens ; on se serre les
uns contre les autres sur les bancs en bois pour nous
faire une petite place ; les ivrognes daignent trinquer
avec nous et les femmes nous adressent leurs plus
gracieux sourires; toutefois, nous sommes peu à
notre aise : ce voyant, l'un des buveurs empoigne son
fils accoudé sur la table et dormant du sommeil du
juste, et comme il ferait d'un vieux cabas, il fourre
son rejeton sous la table, afin que nous soyons moins
gênés.

Le tableau change peu, car, une fois installés au
Château-Rouge les habitués ne le quittent qu'à l'heure
où l'on ferme, où les ivrognes vont cuver leur vin dans
les ruisseaux, en attendant que la police leur donne
l'hospitalité au poste. De temps en temps, de nouveaux venus se montrent à l'entrée, semblent fort dé-
sappointés en voyant toutes les tables occupées et
vont tristement se répandre dans les autres cabarets,
moins en vogue que celui-ci. Une vieille femme, assise
à mes côtés, paraît seule conserver une certaine défiance : elle nous prend évidemment pour des agents
de police, car elle se penche vers moi et me dit :

— Vrai de vrai, vous n'êtes pas venu pour prendre du gibier ?

Et sur mon signe négatif, elle ajoute :

— Il me semble pourtant que je vous ai déjà vu, au mois de janvier, quand on a arrêté mon homme.

Cette conversation intéressante est interrompue par la venue d'un guitariste qu'on accueille par des cris de joie. Enfin, on va donc rigoler ! C'est quelque vieux cabotin ambulant qui, jadis, a dû jouer les Buridan à la foire de Neuilly. La tête a dû être belle ; maintenant elle est ridée et fanée, mais les traits ont conservé une certaine noblesse. De longs cheveux gris, descendant jusqu'aux épaules, flottent autour du visage bronzé de ce Bohémien de Paris. Ici, il est au milieu d'un public ami ; il tutoie toutes les femmes et serre la main à tous les hommes. De tous côtés on lui tend les verres, et il en vide une douzaine pour se mettre en train ; puis il jette son feutre défoncé sur le poêle et se coiffe d'un bonnet de coton, signe qu'il va nous dire une chanson villageoise ; d'une voix éraillée, il l'entame, s'accompagnant sur les deux seules cordes de sa guitare. Le public entonne le refrain en chœur, et, après chaque couplet, le guitariste ajoute une bourrée, saluée pas des éclats de rire et des applaudissements. Au dernier couplet, un peu leste, la vieille étudiante, qui ne cesse pas de fumer des cigarettes, a un accès de pudeur ; elle se lève, administre une bonne gifle au cabotin et le traite de polisson ; mais aussitôt, pour prouver que ce n'est qu'une farce, elle fait vis-à-vis à

l'artiste et embellit la danse finale par un cavalier seul
qui a dû avoir bien du succès, vers 1830, dans les
bastringues de l'ancien boulevard Montparnasse.

Sur ce tableau enchanteur, nous quittons le cabaret
du *Château-Rouge*, reconduits par la petite vieille
qui a son idée fixe en murmurant : « Vous vous en
allez sans le gibier ; la chasse n'a pas été heureuse. »
Et comme elle semble vouloir s'accrocher à nos redin-
gotes et nous accompagner dehors, le cabaretier
l'arrête en criant : « Ohé ! la mère, laissez ces messieurs tranquilles. » En entendant ce cri, la petite
vieille se replie sur elle-même, comme une hyène à
la voix du dompteur. En passant devant le comptoir,
nous entrons un instant dans le bureau du marchand
de vin, dont la propreté reluisante contraste singulièrement avec les salles noires, enfumées et crasséuses
de ce cabaret pittoresque. Ici c'est l'aisance bourgeoise qui naît du vice du bas peuple. Encore quelques
années, et le propriétaire du *Château-Rouge* pourra
vendre son fonds avec sa clientèle d'antiques prostituées, d'ivrognes, d'ouvriers dévoyés et de malfaiteurs ; le cabaretier a d'ailleurs l'air d'un bon homme;
et plus tard, après fortune faite, il deviendra conseiller municipal aux environs de Paris ; il finira ses jours
dans une jolie petite villa, embellie de statues en
plâtre, où chaque matin la *Gazette des Tribunaux*
viendra lui apporter des nouvelles de ses anciens
clients.

LES RUES CRAPULEUSES

Peu de Parisiens connaissent Paris. La rue Galande n'est pas le dernier mot du genre et, sans quitter le quartier, on peut encore descendre de quelques degrés dans les bas-fonds parisiens. A Londres, où j'ai visité tous les taudis de la misère ou du crime, je n'ai rien trouvé de plus intéressant que le cabaret intitulé *Au Père-les-Lunettes*, qui, à deux pas du boulevard Saint-Germain, à dix minutes de la Préfecture de police, est le rendez-vous d'une clientèle à côté de laquelle le public de la rue Galande semble être le dessus du panier du faubourg Saint-Germain.

La rue des Anglais est un débris du vieux Paris, resté debout dans les démolitions et transformations du quartier Saint-Jacques ; elle est, comme la rue Galande et la rue Maître-Albert, remplie de débits de boissons ; tous les jours, et le samedi soir de préférence, les bas-fonds populaires emplissent tous ces bouges; dans la rue même se répand une odeur fétide de friture, de vin et d'eau-de-vie ; l'air circule peu dans cette misérable ruelle, et les maisons, rarement réchauffées par un rayon de soleil, suintent l'humidité. C'est là que se trouve le cabaret *Au Père-les-Lunettes*, ainsi appelé d'après son fondateur, dont les grandes lunettes en cuivre sont restées légendaires dans le quartier. La boutique est petite et coupée dans toute sa longueur par un immense comptoir en zinc, derrière lequel se tiennent le maître de la maison, la bourgeoise, et, quoiqu'il soit minuit, leur ffls âgé de dix ans, assis sur le comptoir, la tête appuyée contre un tonneau d'eau-de-vie et portant sur sa blouse la croix décernée à lui par son professeur. Je ne sais pas ce que cet enfant apprend à l'école, mais ici, chez ses parents, il a sous les yeux le spectacle de la dégradation humaine jusqu'à sa dernière abjection.

Vis-à-vis du comptoir, un large banc en bois allant d'un bout à l'autre de la boutique, et plus haut, sur une étagère qui va de l'entrée au fond, un nombre de petits tonneaux contenant des alcools; entre ce banc et le comptoir, il n'y a pas plus de place qu'il ne faut pour une seule personne ; les consommateurs se tiennent donc debout, rangés en ligne militairement, qui devant son litre, qui devant une cerise à l'eau-de-vie ou un verre de vitriol ou à peu près. Aucun homme n'a le droit de s'étendre sur le long banc. Mais le maître de céans, galant comme un troubadour, permet *au sexe* d'y cuver son ivresse. Étendues dans toute leur longueur ou accroupies dans la somnolence de l'ivrognerie, quelques vieilles femmes, hideuses à voir, couvertes de haillons, articulant des mots incom-

préhensibles, coupés par le hoquet du *delirium tremens* naissant, ne sortent de leur hébétement que
lorsque quelque habitué les réveille pour se régaler
de leur spectacle en leur offrant un verre d'eau-de-vie.
Alors, surmontant le frisson qui a envahi leur corps
pendant le sommeil, elles se lèvent et reviennent
devant le comptoir.

C'est le rebut des femmes de Paris, on le croira sans
peine ; leur voix éraillée siffle dans une gorge ravagée
par la phtisie ; elles viennent de l'hôpital, en attendant qu'elles y retournent ; déjà la mort les a marquées
au front ; l'œil est fiévreux, mais sans expression ; les
lèvres sont pendantes ; la peau est jaune, les joues
sont creuses ; elles sont horribles à voir quand, d'une
main tremblante, elles essayent de porter le verre à
leurs lèvres, en se balançant sur leurs jambes sans
ressort, comme un roseau agité par la tempête.
Comme tous les ivrognes, ces vieux rebuts de la prostitution parisienne, pris de boisson, éprouvent le
besoin de raconter leurs petites affaires au public ;
une affreuse mégère, à la bouche édentée, articule
quelques phrases, d'où il ressort qu'elle vient de la
Pitié ; elle loue fort le docteur qui l'a soignée, « une
bonne pâte d'homme » ; mais, tout en mâchant ses
cerises à l'eau-de-vie, elle affirme sa haine du prêtre
qui ne peut pas laisser le pauvre monde tranquille à
l'hôpital ; puis elle retombe sur le banc, où la tête,
dans la chute, frappe si violemment le bois, que le
choc suffirait pour démolir un crâne moins habitué

que celui-ci à se cogner contre tous les murs et tous
les angles. Vraiment, il y a un Dieu pour les ivrognes !

. L'arrière-boutique est une petite pièce, pas beaucoup plus grande que l'intérieur d'un omnibus. Là,
une trentaine d'hommes et de femmes sont entassés
comme des harengs devant deux tables couvertes de
bouteilles ; des artistes inconnus ont décoré les murs
de dessins ; ici un pochard vomit le vin contre le
mur ; là-bas deux pick-pockets font le mouchoir à un
Anglais en contemplation devant une affiche ; plus
loin, un Alphonse cause sous une porte cochère avec
une femme qui lui remet de l'argent, et. au milieu de
tous ces dessins, dont les sujets témoignent de la
préoccupation des *artistes*, une lithographie, représentant des scènes de l'*Assommoir* à l'Ambigu-Comique.
L'auteur de quelques-unes de ces illustrations est
connu ; c'est cette femme encore jeune, aux cheveux
bouclés qui encadrent un visage pâle et intéressant ;
elle est assise entre deux *blousards*, à moitié ivre, en
attendant qu'elle le soit complétement ; sa première
jeunesse a été laborieuse ; elle prétend avoir dessiné
des illustrations pour la librairie Hachette, et elle
affirme qu'il s'en est fallu d'un rien qu'elle n'eût une
médaille au Salon. Ce qui est certain, c'est que cette
fille dessine, je ne dirai pas avec talent, mais avec une
certaine habileté ; elle a dû être singulièrement jolie
à dix-sept ans. Maintenant, à vingt-cinq ans, c'est
une vieille femme au dos voûté, au corps ravagé ; la
voix est caverneuse par l'abus du tabac et des spiri-

tueux ; la phtisie galopante a pris possession de cette pauvre fille ; elle la tient dans ses griffes ; ce n'est plus qu'une question de jours, d'heures ! Un de ces soirs elle mourra entre deux verres d'eau-de-vie.

Sans doute, il serait intéressant de savoir par suite de quels événements cette malheureuse a roulé si bas. Mais impossible de lui arracher une phrase qui ait le sens commun ; celle-ci n'aime pas à raconter des histoires : c'est une rieuse. Mais sa gaieté fait mal, car on craint de la voir tout à coup interrompue par le hoquet de la mort. Cette malheureuse crache ses poumons, comme dit le populaire, et quand on essaye de lui faire entendre raison, lorsqu'on lui affirme qu'elle a tort de tant boire et de tant fumer, elle vous répond par un grand éclat de rire. Selon elle, « la vie ne vaut pas la peine qu'on se fasse de la bile », et elle ajoute qu'elle est toujours sûre que l'Administration lui fournira « la boîte en sapin » de la fin.

Sur le comptoir, l'enfant du mannezingue dort toujours avec sa croix d'honneur ; le maître de la maison verse sans relâche du vin et de l'eau-de-vie, tandis que sa femme lave les verres dans une eau nauséabonde. Tous deux ont l'air réjoui, car le cabaret est le plus achalandé du quartier ; pêle-mêle dans le tiroir s'entassent l'argent du mauvais ouvrier, l'aumône donnée au mendiant, les dix sous encaissés par la plus basse prostitution de Paris, l'argent du vice ou du crime. S'il y a une autre vie après celle-ci, le Père-les-Lunettes doit y rencontrer pas mal d'âmes qui ont traversé l'Océan pour revenir de la Nouvelle-Calédonie dans la mère patrie.

Il est minuit quand nous quittons la maison au Père-les-lunettes. La rue des Anglais est toujours en fête ; chez tous les liquoristes, chez tous les marchands de vin, la même foule ; des joueurs d'accordéon ou des guitaristes ambulants font entendre des airs variés ; la romance sentimentale se confond avec la *Marseillaise*, reprise en chœur par un public de dilettanti, dont l'un chante « *aux armes citoyens* », tandis que l'autre en est déjà « *au sang impur qui abreuve les sillons* ». Et quand sonne l'heure où l'on ferme les cabarets, où dort toute cette population vicieuse et misérable, quelques-uns vont cuver le vin dans les boutiques abandonnées et transformées en boudoirs par des filles qui les louent à la journée, boudoirs dont le plancher a été dévasté par les rats, qui sont ici comme chez eux ; d'autres tombent dans le ruisseau, en attendant la ronde de police qui les ramasse ; un grand nombre se répand dans les hôtels où l'on loge à la nuit et où je vais conduire le lecteur en choisissant, parmi ces antres de la misère, une des auberges les plus humbles ; elles est située rue Maître-Albert.

Quand on quitte la rue des Anglais, on aperçoit, au fond de la rue Maître-Albert, une lanterne avec cette inscription prétentieuse : *Hôtel !* Deux fenêtres seulement sur la rue, et ces appartements ne font pas partie de l'hôtel ; la boutique du rez-de-chaussée est occupée par le logeur ; mais son cabaret est vide, car lorsque la clientèle vient ici sur le tard, elle a son plein, comme on dit ; l'entrée de l'hôtel est un long couloir noir, au bout duquel se trouve une des cours les plus pittoresques qu'il soit possible de voir ; je ne pense pas que le soleil ait pu s'y infiltrer un seul moment ; jusqu'au premier étage, des murs épais en pierre de taille : c'est tout ce qui reste de l'ancien palais, jadis brillant, de quelque membre du Parlement. Sur ces solides fondations on a peu à peu construit des bâtiments qui ressemblent à des maisons ; les anciennes écuries du rez-de-chaussée, séparées par des cloisons, ont été transformées en cabinets particuliers, où l'on entre de plain-pied. Ce sont les aristos qui se payent le luxe d'une chambre séparée à trois francs la semaine ; pour tout mobilier, un lit dont le linge est religieusement changé chaque dimanche ; une couverture en laine jaune, pleine de taches laissées par le vin vomi pendant la nuit ; une chaise en paille, boiteuse, et c'est tout ; un plancher pourri par l'humidité, des murs qui suintent, un plafond noir où les araignées trouvent un asile sûr, et, comme signe caractéristique, le bas de toutes les portes grignoté par les rats.

C'est ici que vient coucher la population sans gîte, l'ouvrier ivrogne qui laisse sa paye sur les comptoirs en zinc, la fille qui, à sa sortie de la prison, se trouve sans domicile, le malfaiteur qui a fait son temps et qui, en quittant la Centrale, vient faire bombance

avec la masse que lui a remise le directeur, le vagabond sans profession avouable, et, il faut le dire
aussi, la misère chassée du logis, faute de pouvoir
payer le loyer. Le pauvre homme sans travail est
toujours forcé de frôler de près le crime.

Mais ceux qui habitent ces cabinets séparés son
encore les heureux. Trois francs par semaine, cela
dénote déjà une certaine régularité de la vie ; il faut
monter plus haut dans les dortoirs communs et voir
les bouges où l'on vient, pour une nuit ou plusieurs,
se caser moyennant quinze centimes payés d'avance.
L'aubergiste nous fait les honneurs de la maison ; il
a l'air très doux, et possède un fort accent auvergnat ; muni d'un bougeoir en fer-blanc, il nous précède, après avoir eu soin de faire provision d'allumettes, car, dans ces couloirs, le vent soufflant par les
fenêtres sans carreaux éteint à chaque instant sa
chandelle. Cet escalier, ou plutôt cette échelle qui
conduit aux dortoirs, est fantastique ; les marches
en bois pourri chancellent sous nos pas comme le
pont d'un navire balancé par la houle ; la pluie
entre par toutes les ouvertures et descend en flots
vers la cour en balayant l'escalier qui, vraiment, a
besoin de ce nettoyage providentiel. Au premier
étage, une galerie en bois fait le tour de l'hôtel
et donne accès aux dortoirs ; il faut s'y engager avec
prudence, car elle n'est pas assez solide pour porter
plusieurs personnes à la fois. L'hôtelier pousse la
première porte venue, et nous voici dans une pièce

3.

carrée, très basse de plafond, où couchent une dizaine d'hommes qui ne se connaissent point et qui, en partie, se renouvellent chaque nuit. Presque tous sont nus, leur unique chemise est avec soin étalée au bas du lit. Quelques-uns, réveillés en sursaut par le bruit de la porte qui a grincé dans ses gonds ou par l'éclat de la lumière, éclairant subitement les ténèbres, se dressent dans le lit et semblent craintifs comme des gens qui n'ont pas la conscience nette ; tous sont habitués à ces visites nocturnes, la police venant de temps en temps surprendre un criminel qui dort à côté de pauvres hères succombant sous la misère. Le bon Auvergnat qui nous guide rassure sa clientèle par un sourire paternel ; il nous fait observer que le linge de ce lit est plus blanc que celui de tel autre ; cela vient de ce que la première nuit, moyennant un supplément de trois sous, le client a droit à des draps frais. Mais, dans le nombre, un rare délicat se paye de loin en loin cet extra.

La porte, restée ouverte à dessein derrière nous, permet à l'air humide de cette nuit pluvieuse de rafraîchir l'atmosphère fétide du dortoir, et qui s'explique d'ailleurs par les chaussettes polonaises, c'est-à-dire par les haillons infects que le client a dépouillés et qui gisent à côté des souliers ou des sabots rangés devant les lits. Les femmes ont des dortoirs spéciaux, car cet Auvergnat a des mœurs, et il ne tolère la fusion du sexe que dans les cabinets, réservés, dit-il, aux ménages. Toutefois, il ne pousse pas le scrupule

jusqu'à exiger un certificat de mariage, et il y a des
« ménages » qui ne passent qu'une seule nuit dans
ce bouge. Je ne parle pas des scélérats qui viennent
loger à l'hôtel entre deux condamnations ; mais, en
présence de cette détresse, on songe involontaire-
ment aux malheureux qui, après avoir traîné dans
ces antres, aboutissent souvent à la prison, à qui la
cellule propre de Mazas semble être un palais, et
qui trouvent un bien-être si grand dans les maisons
de détention qu'ils ne veulent plus les quitter, une
fois qu'ils y sont entrés.

Le cœur se serre à la vue de si grandes misères,
rendues plus poignantes encore par les belles voies
qu'on a jetées dans ce quartier ; à deux pas de là, il
y a le boulevard Saint-Germain avec ses magnifiques
maisons en pierre de taille, avec les cafés dorés de
haut en bas et le tramway qui, dernier mot de la
civilisation, passe sur la chaussée. Il est près de
deux heures du matin quand nous quittons le garni
de la rue Maître-Albert. Dans les allées sombres, on
voit glisser des fantômes : des hommes suspects, des
filles sans nom. A la vue des messieurs en redingote,
le silence se fait ; les ombres disparaissent ; le crime
et le vice, qui nous prennent pour des agents de la
sûreté, se sauvent devant nous comme les rats se
réfugient dans les gargouilles en flairant le terrier

V

LES CITÉS DES CHIFFONNIERS

Cette étude ne serait pas complète si nous ne la terminions pas par le pays des chiffonniers. Le chiffonnier est un des types les plus populaires de la capitale; on l'a souvent mis au théâtre et dans le roman. Les uns ont fait du chiffonnier de Paris un héros de mélodrame, grand redresseur de torts, protecteur de l'innocence, juge du coupable, philosophe planant sur son temps; d'autres nous ont montré le chiffonnier gai et enjoué, chantant des rondes et dansant le cancan avec la mère Moscou; je désire montrer, non le héros imaginaire de mélodrame, mais le pauvre travailleur, enfoui dans des cités horribles, au milieu de ce beau Paris, qui ne sera réellement le cerveau du monde que le jour où il sera parvenu à adoucir les effroyables misères qu'il renferme.

Le tableau que je vais mettre sous les yeux du lecteur n'est pas gai, je l'en préviens. Ce n'est pas ma faute : je le retrace tel que je l'ai vu. Ces esquisses parisiennes n'ont d'autre mérite que d'être d'une exactitude photographique. Si quelques-uns de ceux qui me lisent sont curieux de contrôler mon récit, rien de plus facile : ils peuvent visiter sans crainte les cités des chiffonniers, mais je les engage à s'armer d'une forte dose de courage moral, pour pouvoir aller jusqu'au bout. Le spectacle est répugnant autant que plein de désolations.

La rue Marcadet est une des plus longues de Paris; elle part de la Chapelle et se termine à Clichy; à mesure qu'on s'approche des fortifications, elle devient plus misérable; l'œil vigilant du Conseil municipal ne semble pas voir si loin; le pavé est mauvais; de ci de là un semblant de trottoir, où l'ivrogne trébuche sur des trous et se casse la tête sur les angles des dalles brisées; plus on s'éloigne du centre de Paris, plus les habitations deviennent pauvres et rares. A midi, heure à laquelle le beau Paris a fait sa toilette, la rue Marcadet, à la hauteur de Montmartre, est encore en tenue du matin; des matelas, à moitié pourris, couverts de taches nauséabondes, pendent aux fenêtres à côté de loques de toutes sortes qui sèchent au soleil. Derrière les murs délabrés des maisons, on devine l'habitation du pauvre, le logement aux dalles rouges, aux carreaux brisés et remplacés par du papier, aux plafonds qui menacent de s'écrouler sur la tête des locataires.

Au numéro 210 de la rue Marcadet est la cité des Cloys, habitée par des chiffonniers; c'est le faubourg Saint-Germain de la corporation; ici l'aristocratie

dans une vingtaine de maisonnettes, bâties en con-
trebas, et où, les jours d'orage, les eaux descendant
de Montmartre se répandent à l'aise. Il est onze
heures du matin; les chiffonniers sont rentrés; ils
ont vidé la hotte dans la pièce du rez-de-chaussée,
qui est à la fois le magasin, la salle à manger et la
chambre à coucher d'une partie de la famille. Autour
du tas d'ordures ramassées sur la voie publique sont
assis le père, la mère et les enfants, triant avec
soin le butin et le classant selon son genre particulier; il y a de tout dans le tas : du papier, des chiffons,
du verre, du fer-blanc, des croûtes de pain, des
trognons de choux, des oiseaux morts, des chats
crevés, un polichinelle au ventre ouvert, une poupée
à laquelle manque la tête, des clous, des fioles de
pharmaciens, que sais-je encore! Le chef de la famille
dirige les opérations; il a le teint jaune de l'homme
qui a passé la nuit, et sur ses traits se peint l'abrutis-
sement de la bête de somme surmenée par un travail
excessif. Les enfants, livides, couverts de haillons
immondes, se grattent de la tête aux pieds, essayant
de chasser la vermine qui les dévore ; toute la cité est
envahie par une odeur épouvantable provenant des
pourritures que les hommes rapportent au logis.

Et, ainsi que je l'ai dit, ce sont les heureux parmi
cette population misérable : ils travaillent pour leur
compte; ils trient eux-mêmes la marchandise. Si dans
le sac il y a des objets ayant une valeur plus grande
que d'autres, ce sont eux qui en profiteront; ils ne

vendent pas le butin à la livre, au plus bas prix, pour
s'en débarrasser et afin que la ménagère puisse préparer le déjeuner; ils peuvent attendre; ils ont vingt
ou trente francs devant eux; tantôt, après avoir
mangé la soupe et dormi quelques heures, ils porte-
ront aux marchands spéciaux les divers objets et en
tireront le meilleur parti possible. Ils ont des jours
où ils gagnent jusqu'à quatre francs.

Un peu plus haut, dans la même rue Marcadet,
commence la véritable misère des chiffonniers,
exploitée par le commerçant en gros, qui s'est ins-
tallé au milieu d'eux, qui leur loue la baraque dans
laquelle ils végètent, à qui ils vendent à la livre tout
ce qu'ils ont ramassé sur la voie publique, et qui, peu
à peu, s'enrichit par le travail de ces pauvres gens,
tandis qu'ils restent, eux, dans la misère jusqu'à la fin.

La cité Maupit est au numéro 224 de la rue Marcadet : c'est un vaste terrain, sans grande valeur dans
ce quartier désert; il appartient à plusieurs députés.
M. Maupit est le principal locataire; quatorze cents
francs de loyer le rendent maître absolu du terrain.
M. Maupit y a fait construire les baraques; pour
cinquante sous par semaine, le locataire a une chambre
au rez-de-chaussée — il n'y a pas de premier étage.
La solidité de ces constructions est telle qu'il y a
quatre ans, un ouragan a enlevé huit maisons pour
en jeter les débris à cent mètres plus loin. Maintenant le principal locataire a pris ses précautions :
d'énormes pavés ont été hissés sur la toiture en zinc,

comme fait le montagnard du Tyrol pour que son chalet puisse résister à la tourmente. La maisonnette du principal locataire n'a qu'un rez-de-chaussée comme les autres, mais l'aisance y règne, en même temps qu'un luxe relatif; un tapis composé de cent morceaux cousus les uns après les autres couvre le sol; les murs sont garnis de lithographies trouvées dans les ordures et encadrées modestement; la demeure de M. Maupit est un petit musée récolté sur la voie publique; il y a des oiseaux empaillés, un fragment de tableau à l'huile représentant un clair de lune, des moitiés d'assiettes en faïence, un buste de Louis-Philippe auquel manque la mâchoire, un autre buste plus petit de Pleyel, le fabricant de pianos, à qui manque le nez; une Vénus de Milo sans tête; un portrait du dix-huitième siècle, crevé en vingt endroits; une grossière image de la Vierge au Rideau, de Raphaël, à côté de débris de caricatures de 1830; le tout garnissant deux pièces, tenues proprement par la ménagère.

Devant la porte du négociant, des tas de marchandises apportées là par les chiffonniers, triées par lui avec soin et qu'il envoie à ses correspondants; les chiffons en ballots attendent qu'on les expédie : des montagnes de croûtes de pain jetées sur la voie publique ramassées une à une, et qui sont vendues à des paysans pour leurs bestiaux. Sous un hangar spécial est entassée la ferblanterie : boîtes de conserves, boîtes de sinapismes Rigollot, boîtes à sardines; tout cela repasse à la fabrique, est nettoyé, réparé, et sert une autre fois.

Il faut en prendre notre parti. La boîte à sardines, pimpante et luisante sur notre table de déjeuner, a peut-être déjà traversé deux ou trois fois la cité Maupit pour y retourner probablement un jour ou l'autre. Dans le tas de la verrerie, les flacons de pharmacie sont en majorité : rincés, lavés et ornés d'étiquettes fraîches, ils nous reviendront la semaine prochaine, après nous avoir quittés la semaine dernière. Cent-cinquante ou deux cents paniers de chaussures éculées, trouées, sans semelles, souliers à lacets, bottines, bottes, brodequins et chaussures de femmes, avec haut talon, forment un autre tas; rien n'est perdu ; tout revient sur le marché, retapé, mis à neuf, dans le meilleur état possible, pour être revendu aux pauvres.

Le quartier général du maître chiffonnier est séparé des baraques où grouille la population la plus misérable qu'il soit possible de voir, par une boutique de marchand de vin, exploitée par le neveu du principal locataire. Une partie du salaire encaissé chez M. Maupit passe sur le comptoir de son neveu ; le reste va aux enfants qui ont faim et à la femme qui attend le retour du mari, pour jeter quelques carottes, navets et pommes de terre dans de l'eau ; la soupe des pauvres, qui satisfait l'estomac sans fortifier le corps, une nourriture abjecte qu'on dévore avec délices, malgré la puanteur qui règne dans cet enclos ; dans les habitations et dehors, une odeur pestilentielle, d'où naît la fièvre mieux que par les marais les plus malsains. Dans un instant nous verrons cette misérable population de plus près encore. Passons !

Nous allons maintenant visiter la plus curieuse cité de Paris : elle se trouve avenue de la Révolte, à la hauteur du passage Trouillet. Ce passage aboutit à un de ces terrains vagues aux environs des fortifications, où, en été, les tapissiers font battre nos tapis. La partie droite de ce terrain appartient à la femme Foucault ; c'est elle qui a fait construire, et qui a exploité la cité ; c'est une longue ruelle, bordée de baraquements. Un logement, soit au rez-de-chaussée, soit au premier étage, où l'on circule par une galerie extérieure, se compose d'une sorte de cellule plus ou moins sale et crasseuse ; pour tout meuble, un matelas jeté par terre ou dans un lit de fer boiteux ; un homme de taille moyenne ne peut pas entrer dans ces logements sans se baisser, tant la porte est basse ; une fenêtre carrée de cinquante centimètres de diamètre éclaire ces réduits. Nous les visiterons tantôt, après avoir salué la propriétaire de cette cité, dite la cité de la Femme-Culotte.

Cette dénomination vient de la propriétaire qui règne en souveraine sur cette population de misérables de toute espèce : chiffonniers, ouvriers sans ouvrage, déclassés de toute sorte, au nombre de quatre cents. La maison de madame Foucault est au bout de la cité, à gauche ; cette femme, qui est fort riche et qui se promène dans son phaéton attelé d'un joli cheval, est déguisée en homme ; elle peut avoir soixante ans ; ses cheveux gris sont coupés courts comme les cheveux des hommes ; elle est vêtue d'un pantalon (de là le nom de la Cité), d'un gilet, d'une blouse bleue et de souliers à lacets. Depuis vingt ans qu'elle porte le costume masculin, elle s'est approprié la démarche d'un homme et les gestes énergiques du sexe fort. La Femme-Culotte n'est pas bête ; dans son jeune temps, elle doit avoir fréquenté des hommes intelligents ; elle affirme notamment avoir beaucoup connu Dumas le père ; elle cause fort agréablement et effleure la littérature d'une main légère.

La Femme-Culotte, le jour où j'eus l'honneur de lui être présenté, avait deux amies à déjeuner : j'arrivai à la fin du repas ; on venait de prendre le café, et ces dames fumaient des cigarettes, en se versant de temps en temps un petit verre de cognac. La Femme-Culotte était renversée sur sa chaise, les jambes croisées, et faisait de jolis ronds en lançant en l'air la fumée de sa cigarette. Précisément, ces trois convives discutaient avec passion. Émile Zola était sur la sellette. La Femme-Culotte était d'avis que l'*Assommoir*, qui prétend être le roman du peuple, n'est qu'une peinture de l'une des faces de la misère parisienne, et qu'au cas où Zola se fût adressé à elle, la Femme-Culotte, il en eût appris bien d'autres sur la dépravation populaire. L'une des amies de madame Foucault partit de là pour nous raconter que, depuis deux jours qu'elle se trouvait en visite chez la Femme-Culotte, elle avait vu des choses horribles ; que les locataires de la Cité n'avaient aucune espèce de mœurs ; que les parents et les enfants, les hommes et les femmes, couchent dans une même pièce, et que, dans cette agglomération de pauvres gens, il n'y avait pour le vice ni âge, ni sexe. Cette conversation fut de temps en temps interrompue par la venue d'un pauvre diable qui se présentait au guichet pour apporter à la Femme-Culotte un à-compte sur le loyer, variant de cinq à dix sous ; la propriétaire fourra toute cette monnaie dans les poches de son pantalon.

Je ne pense pas que dans un coin de Paris la misère soit plus exploitée que dans ces cités de pauvres gens. Jugez donc. Quatre cents locataires payent en moyenne quarante sous de loyer par semaine, ce qui donne un total de quarante mille francs par an pour une baraque qui, terrain compris, ne doit pas avoir coûté plus de trente mille francs à établir. Il n'est donc pas surprenant que la Femme-Culotte soit fort riche. Cependant il faut compter qu'un bon tiers des loyers ne rentre pas ; on paye d'avance la première semaine ; la seconde, on donne un à-compte ; la troisième, on promet pour la semaine suivante. Quand la Femme-Culotte se fâche, la bataille éclate ; elle nous a montré sur sa tête grise de nombreuses cicatrices, souvenirs des combats passés. Toutefois, pour ne pas m'écarter de la vérité,

je dois rendre cette justice à la Femme-Culotte : qu'elle
administre son immeuble avec quelque humanité et
même avec une certaine coquetterie. Le jour où j'eus
l'honneur de causer avec elle, on était en train de
rebâtir toute une aile de sa cité, et ce coin pimpant
et frais se détachait entre les vieilles masures comme
un palais somptueux ; les locataires appellent ce coin
le « Palais-Royal ».

Conduits par la Femme-Culotte en personne, que
ses locataires saluaient comme une souveraine, nous
fîmes le tour de la Cité ; partout le même spectacle de
la plus navrante misère ; des familles entières entas-
sées dans des réduits où un seul individu aurait à
peine de la place ; dans un de ces bouges une femme
accouchée récemment gisait sur un matelas, tandis
que la fille aînée, âgée de douze ans et vêtue d'horribles loques, faisait la cuisine sur un petit fourneau,
et que l'odeur du charbon se mêlait aux émanations
pestilentielles des ordures que le mari avait apportées
au logis et qu'il triait avec soin avant de les porter au
marchand ; des garçons en bas âge et qui avaient
chiffonné dans les rues de Paris, succombant sous la
fatigue, dormaient sur la terre au pied du matelas, à
côté de l'accouchée et du nouveau-né. La misère se
transmet dans ces familles de pauvres gens avec la
profession. Quelques-uns sont de braves pères de
famille qui, depuis vingt ans, habitent la cité, travaillent comme des chiens, payent régulièrement leur
loyer et n'ont jamais pu amasser dix sous pour le

lendemain ; d'autres, des vauriens, dépensent aussitôt au cabaret le salaire de la journée et se nourrissent d'un morceau de pain, peu leur importe, pourvu qu'ils aient de quoi boire le plus d'eau-de-vie possible. Les enfants qui naissent dans ces cités sont élevés au milieu du spectacle le plus dégradant qu'il soit possible à l'homme de contempler ; bientôt pour la petite fille, couchant dans la même pièce que le mari et la femme ou l'amant et la maîtresse, il n'y a plus de secret ; la pudeur est pour ces malheureuses un mot qu'elles ignorent et une sensation qu'elles n'éprouvent jamais. De temps en temps, cette population de misérables s'accroît d'un mauvais ouvrier qui, chassé de l'atelier, puis de son garni, vient s'installer dans la cité et y reste. La vie du chiffonnier lui convient bien mieux que le travail dans l'atelier. Ici, il est son maître ; il n'a pas de patron ; il part pour l'ouvrage quand cela lui plaît et il revient quand il en a envie ; il ne doit compte à personne de l'emploi de son temps ; nul n'a le droit de lui imposer les heures de travail : c'est la liberté dans la misère. La mort a fauché la Femme-Culotte en 1882, mais son établissement fonctionne toujours avec succès.

Mais, si misérable que soit la population de la cité Culotte, on peut descendre plus bas encore dans la misère parisienne ; un peu plus haut que le passage Trouillet, se trouve, de l'autre côté de la route de la Révolte, une agglomération de malheureux enfouis dans des cabanes épouvantables. C'est le *Petit-Mazas*.

Là, dans un terrain vague, où les eaux sales ne s'écoulent jamais, où la pluie pénètre aisément dans les cellules, et en fait des réduits humides, où règne une odeur nauséabonde venant des eaux stagnantes et des tas d'ordures jamais enlevés par la voirie, là grouille une population dont la vue soulève le cœur, en même temps qu'elle éveille la pitié. Les cabanes sont construites avec un peu de boue, pas plus ; pour se faire illusion sur leur misère, ces malheureux embellissent leurs niches avec tout ce qu'ils trouvent sur la voie publique : un morceau de buste en plâtre, une vieille gravure déchirée, une cage à serin à moitié démolie, une fleur artificielle ramassée dans la boue, tous les débris que l'opulence parisienne jette dédaigneusement sur la voie publique et avec lesquels les déshérités se fabriquent un certain luxe qui serre le cœur. Le *Petit-Mazas* est le dernier mot de la misère à Paris. On y voit passer des vieillards au dos courbé, dont la vie s'est écoulée dans cette fange, enfouis sous les ordures, couverts de vermine ; on voit dans ces cabanes des petits êtres qui y naissent et qui y mourront sans avoir entrevu un seul instant ce qui fait la joie de la vie. Et alors on ne s'étonne plus que, dans une grande ville comme celle-ci, bien des révoltes indomptées agitent les hommes et qu'il existe réellement une question sociale, difficile à résoudre, je le veux bien, mais qui, tôt ou tard, se dénouera par la violence si le dix-neuvième siècle ne l'éteint pas par le progrès et la bienfaisance.

VI

MALFAITEURS ET MISÉRABLES

Le temps est gris et pluvieux ; au-dessus de nous
un ciel de plomb ; la sihouette de la grande ville s'es-
tompe dans une atmosphère brumeuse ; il fait froid ;
dans la cheminée flambe un grand feu. D'une chambre bien chaude, on regarde dans la rue ; de temps en
temps on voit passer un vieillard déguenillé, une
mère au teint pâle, tenant dans ses bras un enfant
grelottant de froid. Le cœur se serre ; on médite sur
les injustices du destin qui fait la vie si facile aux uns
et si terrible aux autres. Mille questions brûlantes
surgissent dans le cerveau ; la petite bête se remue au
fond du cœur ; on pense à ceux qui souffrent par la
faute des autres : à ce pauvre vieillard, que l'âge a
rendu incapable de vivre de son métier ; à cette
femme abandonnée par un ivrogne ou un vaurien et
qui maintenant est forcée de mendier le·pain pour le
petit être, dont le papa insouciant, penché sur un
billard, exécute un carambolage aux applaudissements de la galerie, tandis que les siens crèvent de
faim sur la voie publique. On voit passer la misère

avec son cortège de désespoirs et de souffrances: on
entrevoit dans les grabats infects toute une population digne de pitié ; le vieil infirme abandonné au
bureau de bienfaisance qui, moyennant vingt sous
par semaine, représente la charité des hommes ; la
vieille femme grelottant la fièvre sur les carreaux
d'une niche à chien ; l'enfant, brisant ses petites
dents sur une vieille croûte de pain, ramassée
dans le ruisseau; on voit le crime et le suicide
naître de cette misère terrible. Le cœur se gonfle
et l'âme est envahie par une pitié infinie.

Alors, las de ce spectacle pénible, on quitte sa
fenêtre ; on ouvre un journal et on lit comment tel
député a prononcé à la Chambre quelques paroles
bien senties sur le régime des prisons. On ouvre un
autre journal, et on y lit dans un article chaleureux
des lignes touchantes sur le triste sort de la société
d'élite qui peuple nos prisons. On nous dit avec une
éloquence dont je ne méconnais pas la sincérité, que
le moment est venu où il faut abattre les prisons et
les maisons centrales, donner au criminel quelques
arpents de terre dans une colonie, et le convertir par
le bien-être. On nous affirme que l'heure a sonné à la
pendule de la civilisation où il faut élever le cœur de
l'assassin par la liberté, et retremper l'âme du voleur
dans le plus sain des labeurs, celui qui consiste à
féconder la terre. L'utopiste humanitaire ne réclame
encore pour chaque malfaiteur qu'un lopin de terre,
une charrue, deux bœufs et un petit mouton pour

l'enfant qui lui naîtra d'une union assortie avec une femme également condamnée à quelque peine infamante. Plus tard, l'humanité fera mieux encore ; elle comprendra, sans doute, qu'elle n'a pas plus le droit de déporter un être nuisible que de l'enfermer dans une prison. Alors on lui offrira dans les environs de Paris, au Vésinet par exemple, une jolie petite maison de campagne et un permis de circulation sur la ligne de l'Ouest pour qu'il puisse, une ou deux fois par semaine, se retremper dans la vie parisienne.

Quand, après avoir contemplé de ma fenêtre le douloureux spectacle esquissé plus haut, et que, blotti au coin de ma cheminée, les pieds étendus sur les chenets, je lis ces articles, je me demande si je ne suis pas sous le coup d'une hallucination. Alors, pour le moment, nous n'avons pas de préoccupation autre que le triste sort des malfaiteurs ? Le jour où nous aurons abattu les prisons et rendu les criminels aux contemplations de la nature, nous pourrons définitivement célébrer la grande fête du progrès ? Et quand le député, M. Martin Nadaud, a, en 1878, prononcé son fameux discours sur le régime des prisons, lorsque, dans un langage ému, il a, du haut de la tribune française, appelé l'attention du législateur sur la soupe défectueuse des maisons de détention, nous serons enfin parvenus au point culminant de la civilisation ?

Naguère, j'ai visité Mazas ; c'était un dimanche.

M. le directeur voulut bien me faire les honneurs de la sinistre maison ; il descendit avec l'écrivain dans les caves et remonta avec lui sur la plate-forme, d'où l'on a une vue d'ensemble sur la prison. Quand nous revînmes dans les couloirs, la cloche sonna pour la distribution des vivres. Ce jour-là, on donnait de la viande aux détenus ; poussé par un gardien, un chariot s'avançait sur des rails ; devant chaque cellule on faisait halte, et, à travers le guichet, on passait au détenu sa ration de viande. Etait-ce bien de la viande? Je n'en sais rien. Je vis une sorte de graisse nauséabonde, répugnante à voir. Le directeur lui-même parut surpris de cette détestable nourriture dont un chien ne voudrait pas, à moins qu'il ne fût poussé à la dernière extrémité par la famine. Je sortais de là écœuré, révolté, prêt à écrire un livre contre l'odieux régime des prisons.

La journée était froide et pluvieuse. Quand je fus dans la rue, le cœur délivré de cet odieux cauchemar, un spectacle plus navrant me ramena à la réalité. A l'angle du faubourg Saint-Antoine, un vieillard était tombé en syncope. On se pressa autour de lui, on le conduisit chez un pharmacien d'abord, ensuite chez un traiteur. Quelques bonnes âmes firent une collecte ; il y a de braves gens dans les faubourgs aussi bien qu'ailleurs ; un ouvrier peintre reconnut le pauvre vieux ; il nous dit son nom populaire : le père Henriquet. C'était un malheureux artisan de soixante-quatorze ans qui, toute sa vie, avait travaillé comme une bête de somme. Maintenant, il était vieux, cassé, incapable de gagner sa vie. Sa femme était morte et son fils avait été tué sous la Commune. Seul sur le pavé de Paris, il avait frappé à la porte de tous les hospices : nulle part un lit ; tout était envahi par la misère parisienne. Allez! dans les refuges de la vieillesse misérable, on ne s'aperçoit pas comme sur les boulevards, de la morte saison : toujours la même foule !

Quand je vis le vieux misérable, abandonné sur le pavé de Paris, à l'âge où tout être humain qui a traversé la vie sans opprobre devrait avoir un gîte et du pain, le souvenir du dîner à Mazas s'effaça comme par enchantement de mon souvenir ; mon irritation cessa ; plus la moindre envie d'écrire un volume pour demander, en faveur des criminels de Mazas, une viande de meilleure qualité. A côté de ce vieil invalide du travail, condamné à la famine dans la liberté, le sort des malfaiteurs me paraissait enviable. Tous ces criminels que tantôt j'avais contemplés de près, étaient, certes, moins à plaindre que ce pauvre vieux : les uns avaient encore aux doigts le sang de leurs victimes ; les autres pêchés par la police de sûreté dans la boue parisienne avaient sur la conscience des méfaits terribles ou honteux. Il se peut que, dans le tas, il y eût un innocent, je n'en sais rien, mais, dans l'ensemble, ce rebut de l'humanité était mieux traité par la société que ce pauvre vieillard tombant d'inanition au coin du faubourg, après une longue vie de labeur.

Pendant un demi-siècle il avait dépensé ses forces dans un travail humble, ignoré, mais utile, sans pouvoir économiser sur son salaire un morceau de pain pour ses vieux jours. A l'heure où à Mazas sonnait la cloche pour annoncer la distribution des rations, l'honnête ouvrier stationnait, défaillant, à l'angle d'une rue, implorant du regard le passant, qui peut-être le traitait de paresseux, d'ivrogne ou de vagabond.

Quand, une fois dans sa vie, on a vu de telles choses et qu'on entend les soi-disant humanitaires plaider la cause des pauvres criminels ; quand on lit ensuite les effusions de sympathie pour les misérables, enfouis dans les maisons centrales, quand on demande pour chaque assassin la liberté, un coin de terre, l'air vivifiant pour le ramener doucement par le bien-être relatif au sein de l'humanité qui l'a chassé, on croit rêver. On a sur les devoirs de la société une opinion qui ne peut pas s'harmoniser avec celle des faux philanthropes. Si le cœur bat dans un élan de pitié, ce n'est pas pour les criminels, mais pour les honnêtes gens ; si la pensée s'occupe des questions de haute morale, ce n'est pas de préférence aux malfaiteurs qu'elle peut s'arrêter. Que la nourriture des prisons soit plus ou moins défectueuse, cela devient le cadet de nos soucis. La raison nous dicte des devoirs autrement impérieux que celui d'entourer de notre sollicitude ce qui grouille dans les bagnes ou les maisons centrales. On sait ce que devient cette tourbe quand

elle a fait son temps; les rapports de la police sont
là pour l'apprendre à ceux qui sont désireux de s'instruire; c'est cette tourbe qui fait que, par ces nuits
d'hiver, les rues de Paris sont moins sûres que la
forêt de Bondy et qu'on ne peut plus circuler après
minuit sans un bon revolver. Vouloir ramener ces
misérables à la nature en leur donnant des tendresses
et des affections, en les mettant en face de devoirs
ignorés, c'est le rêve!.

La réalité est plus sombre. Elle est dans ce vieillard
misérable qui, après une vie honorable, peut devenir
un voleur, conseillé qu'il est maintenant par l'impitoyable faim : elle est dans cette femme au teint vert
qui, accroupie sous cette porte cochère, dans la
boue, se demande peut-être s'il ne vaut pas mieux se
débarrasser à jamais de cet enfant qui pleure dans
ses bras que de le conserver à une vie de privation.
La Cour d'assises est là pour nous apprendre comment
ces pensées coupables naissent dans les cerveaux
affolés par la souffrance. La réalité est encore dans
cet enfant sans parents, jeté en pâture aux hasards
de la vie, et dont on ne s'occupe que pour l'envoyer
jusqu'à sa majorité dans une maison de correction
qui n'est le plus souvent que l'antichambre du bagne.

Voilà la réalité. La grosse question n'est pas
d'essayer de ramener un criminel endurci par la
persuasion; mais d'empêcher des êtres, nés pour de
meilleures destinées, de rouler définitivement dans
les bas-fonds. Il nous importe donc fort peu de savoir

si la lie de la société a dans les prisons tout le confort
que les humanitaires rêvent pour leurs protégés.
C'est là un chapitre d'un intérêt secondaire, tant
qu'on verra de vieux travailleurs honorables tomber
morts au coin d'une borne, faute d'un de ces morceaux de pain qui ne font jamais défaut au plus
terrible des criminels. Ce sont là des vérités qui
sautent aux yeux et qu'on voudrait voir soutenir à la
tribune et dans la presse, par la parole et la plume.
Comment voulez-vous donc que je m'émeuve de vos
doléances, quand je vois tout autour de moi les plus
honnêtes gens de la terre, abandonnés à leur désespoir ? Ces jours derniers, un de mes amis m'a montré
un couple de braves gens ; le mari a soixante-seize
ans, la femme soixante-dix ; le vieillard est connu
dans son quartier, qu'il habite de mémoire d'homme ;
c'est la crème des honnêtes gens ; le voici impotent,
et c'est sa femme, qui a soixante-dix ans, qui le
nourrit par son travail de blanchisseuse. Quand je
dis qu'elle le nourrit, c'est une façon de parler. Vous
pensez bien ce que peut être la pâture qu'une ouvrière
de cet âge peut acquérir au prix de son labeur. Je
vous assure que cela ne vaut pas la nourriture des
pauvres assassins que vous plaignez avec un si grand
luxe de sanglots.

Ah ! tenez, vous me faites rire avec votre régime
des prisons et votre analyse de la soupe que la nation
sert régulièrement à ceux qui sont pour elle une
honte et une menace. Le dernier des criminels, le plus

effroyable des chevaux de retour du bagne, ne connaît pas cette terrible angoisse de la bête qui a faim et à laquelle, tout autour de nous, nous voyons condamnés tant de braves gens, innocents de leur malheur. Allez-vous-en donc un de ces matins contempler la longue queue de misérables qui stationnent devant les établissements de quelques restaurateurs bienfaisants. Voyez avec quelle anxiété tous ces misérables attendent la cuillerée de soupe que la charité privée offre à leur famine. Dans le tas, il y en a peut-être qui ont passé la nuit sous un pont, faute d'un gîte, dont le sommeil a été troublé par le noir fantôme de la faim qui a déchiré leurs entrailles. Maintenant ils crèveraient de faim sur l'asphalte sans la charité privée.

C'est l'heure matinale où les forçats sautent debout sur leur grabat. Le garde-chiourme, je le veux bien, n'est pas toujours le modèle du parfait gentleman. Le travail est dur, mais le malfaiteur n'a, en revanche, aucun souci de la vie matérielle : il sait qu'au bout de ses peines, il y a cette soupe, chaque jour renouvelée ; j'avoue qu'elle ne vaut pas toujours le potage à la bisque ou à la Reine qu'on sert dans les restaurants à la mode, mais cela suffit parfaitement pour faire vivre le criminel.

A côté de ce tableau peu séduisant, en voici un autre. C'est un brave vieillard qui, péniblement, a gagné sa vie avec honneur. Ce n'est pas le gardien de la prison qui lui ordonne de se lever ; son garde-chiourme, à lui, c'est la faim; il a couché par terre, cet honnête homme, sur la dure, tout comme un criminel qui aurait coupé une vieille femme en morceaux. Le voici dans les rues de Paris comme il y était hier, comme il y sera demain, traînant la jambe comme un forçat qui, pendant vingt-cinq ans, aurait eu un boulet rivé à la cheville. Il y a des jours où il rencontre de braves cœurs qui ont pitié de sa misère; d'autres où on le repousse durement. Celui-ci « a ses pauvres », cet autre « ne donne jamais à des inconnus », un troisième le renvoie avec son estomac vide au bureau de bienfaisance, qui lui répond « qu'on avisera » ; un quatrième qui vient de manger un excellent beefsteak, précédé d'une douzaine d'huîtres, s'étonne « que la police laisse circuler tant de mendiants dans le quartier » ; enfin, à l'heure où le forçat, épuisé par le travail, mais après avoir tant bien que mal assouvi sa faim, retombe sur son grabat, cet honnête homme, abandonné de Dieu et des hommes, tombe sur la voie publique, crevant de faim parce qu'il n'a jamais tué ni volé.

Et alors, vous pensez qu'une époque qui assiste à de telles horreurs n'a plus qu'une chose à faire, c'est de nommer une commission de cuisiniers pour ouvrir une enquête sur le potage des malfaiteurs ; que le moment est venu d'agiter le régime des prisons à la tribune et de lui consacrer quelques articles bien sentis. Si tel est votre avis, j'admire votre candeur, tout en reconnaissant vos bonnes intentions. Je vous jure que ce n'est ma faute si, au fond du cœur, je ne ressens pas votre indignation, si mon âme reste fermée aux grands élans en faveur des assassins et des voleurs. Maintenant, je suis bon prince : je veux bien que vous fassiez servir deux repas succulents par jour à tous les gredins condamnés par la Cour d'assises et la police correctionnelle. Si vous pensez qu'il faille leur offrir des huîtres en hiver et des boissons glacées en été, nous en recauserons quand nous aurons assuré la ration de prisonnier, telle qu'elle subsiste dans le régime actuel, aux braves gens qui, après une vie d'honneur, s'en contenteraient parfaitement sur leurs vieux jours.

VII

LES INFANTICIDES

Si on n'étudiait l'histoire contemporaine que dans la *Gazette des Tribunaux*, on pourrait se croire au temps d'Hérode, dont le règne bienfaisant vit le massacre des Innocents. Est-ce encore un progrès de la civilisation que cette tuerie d'enfants par des mères misérables qui défilent devant la Cour d'assises ? Si oui, ce siècle aurait tort d'en tirer une gloire peu justifiée. Toujours est-il qu'à aucune époque le massacre des innocents n'a été pratiqué sur une plus vaste échelle que de nos jours. L'infanticide a tout à fait pénétré dans les mœurs ; il est devenu la monnaie courante du crime. On ne peut plus ouvrir un journal français ou étranger sans lire plusieurs colonnes sur des mères qui ont tué leurs petits. Les unes emploient l'eau de javelle, les autres l'aphyxie par le charbon ; une troisième trouve que la rivière est un tombeau convenable pour son enfant, qu'elle ne peut pas nourrir. Un passant trouve le petit cadavre, le porte chez le commissaire de police ; la justice ouvre une enquête : on arrête la mère.

— Vous avez tué votre enfant? lui demande le magistrat.

— Oui.

— Et quels sont les motifs qui vous ont poussé au crime ?

— La misère, Monsieur le président.

— Cependant, vous gagnez quinze sous par jour ? reprend le magistrat d'un ton sévère, comme un homme surpris qu'à Paris on puisse dépenser une telle somme en vingt-quatre heures.

— C'est vrai. Mais, le mois dernier, une maladie m'a empêchée de travailler. On me menaçait de me jeter dans la rue ; depuis vingt-quatre heures je n'avais pas mangé ; mon enfant se mourait de faim. Alors je l'ai pris dans mes bras et je suis allée trouver son père, qui nous a jetés à la porte. En revenant, je pleurais... l'enfant pleurait... je le regardais... le désespoir m'a tourné la tête... je voyais couler la rivière, et j'ai jeté la petite par-dessus le parapet.

Ceci est de l'histoire parisienne : si on en veut connaître tous les détails, on n'a qu'à consulter les journaux judiciaires de juin 1873 ; en toute autre circonsconstance la justice se fût montrée clémente pour cette femme plus malheureuse encore que criminelle. Mais ce jour-là, la femme Thémis fut inexorable. Je vois encore le Ministère public se lever, retourner ses manches, souffler comme un bœuf en colère et invoquer toutes les sévérités de la loi contre l'accusée. Jugez donc :

Cette femme gagnait ses quinze sous par jour. Avec un peu d'ordre, elle aurait pu économiser pour sa fille une dot de cinq cent mille francs et la marier à un agent de change, n'est-il pas vrai ? Après le Ministère public, l'avocat se lève ; il fait le tableau le plus sombre de la misère de cette malheureuse qui l'a poussée au crime... il la recommande à l'indulgence du jury... elle est condamnée à cinq années de réclusion... on lui coupe les cheveux... on lui donne l'uniforme des prisons... et la société est satisfaite.

Pendant ce temps, le beau Nicolas, qui a jeté à la porte et la mère et son enfant, le beau Nicolas, qui est le véritable assassin, joue aux cartes, boit de la bière ou du cidre, fait des conquêtes et nomme un député pour travailler à la régénération de la patrie.

Le lendemain de ces procès les feuilles parisiennes ont publié les débats de l'affaire Clotilde Thomas, qui a voulu se suicider avec ses deux enfants. La mère a survécu, et la voici devant la Cour d'assises, reconnue coupable de meurtre et condamnée à dix ans de réclusion.

Dans cette affaire, le beau Nicolas s'appelle Bellot : il a été mécanicien ; le voici marchand de vin. Il n'est pas sur le banc des accusés : non ! il comparaît comme témoin. Ce joli monsieur avoue avec une délicieuse insouciance qu'il ne s'est jamais occupé de ses enfants ; en revanche, il a accepté, avec une entière bonne volonté, une montre que la mère lui a offerte pour sa fête et qu'il porte encore devant le tribunal ; il a laissé sa maîtresse et les enfants mourir de faim, mais il a gardé la montre : s'il l'avait vendue pour donner du pain à sa famille, la fille Thomas ne serait peut-être pas devant la Cour d'assises ; mais cet honnête homme tenait beaucoup à sa montre et pas du tout à ses enfants. La mère, se voyant abandonnée, n'ayant que trente sous pour nourrir sa famille, les jours où elle pouvait travailler, bien entendu, car elle était toujours malade, par suite d'un coup de pied de son amant qui lui avait fendu la tête, la mère achète du charbon et veut se donner la mort en même temps qu'à ses enfants. Le concierge de la maison entend des gé-missements ; il enfonce la porte, il sauve la mère et l'un des enfants, et la fille Thomas a ses dix années de réclusion.

L'homme à la montre, qui devrait être sur le banc des accusés entre deux gendarmes, est libre ; il ne comparaît qu'à titre de témoin.

— Qu'avez-vous fait pour vos enfants ? lui demande M. le président.

Et ce misérable répond tranquillement :

— Rien !

Rien ! vous entendez bien qu'il n'a rien fait. Il l'avoue ; et si indignés que soient tous les honnêtes gens qui assistent à l'audience, la loi ne peut rien contre ce malfaiteur : il a même le droit de garder la montre, elle est sa propriété, il ne doit aucun compte à la loi. La morale outragée par ce misérable ne peut rien contre cet homme ; il est en règle avec le Code, qui ne l'atteint pas pour un tel crime : l'assassinat moral n'est pas prévu par le Code ; tout ce que la justice révoltée peut contre ce criminel, c'est de le flétrir dans le réquisitoire. La belle affaire ! La honte n'est un châtiment que pour ceux qui ont le sentiment de l'honneur et du devoir. Celui-ci s'en moque très certainement. Tandis que les gendarmes emmènent la fille Thomas, l'honnête Bellot rentre chez lui avec sa montre. La mère à la maison centrale, le père derrière son comptoir de marchand de vin ; il verse le petit bleu aux ouvriers et fait des blagues. Aux élections générales, il donnera des conseils à sa clientèle sur le choix du député ; car, à l'heure du suffrage universel, ce misérable décide de la chose publique aussi bien que les honnêtes gens. Peut-être bien que dans les clubs il parlera d'une voix émue de la misère du peuple, du sort des braves travailleurs, et demandera l'instruction obligatoire, pour forcer les mauvais pères à bien élever leurs enfants.

Et tandis que les mères s'en vont augmenter la collection distinguée des maisons centrales, les canailles de pères qui les y envoient, jouissent comme par le passé de tous leurs droits civiques et politiques. La société qui vit sous des lois si cruelles pour les uns et si indulgentes pour les autres, ne s'aperçoit point que son époque barbare n'est pas autant le point culminant de la civilisation que le sot orgueil de mes contemporains veut bien le prétendre.

Une voix intérieure nous dit tout bas qu'une société

qui a des lois si cruelles pour les femmes et si indulgentes pour les hommes est une société bête et coupable, et qu'il faut remonter dans la nuit des temps,
au règne du grand Ramsès pour en trouver une aussi
peu civilisée que la nôtre. Alors, quand on vient nous
dire que toutes les créatures humaines sont égales
devant la loi et que tous les forfaits sont punis dans
les mêmes proportions, on se demande vraiment si
nous vivons encore à l'époque où l'on pouvait faire
croire aux gens que le soleil tourne autour de la
terre.

Mais les hommes ont bien le temps de s'occuper des
questions sociales qui donnent un si grand dévelop-
pement à la tuerie d'enfants où excelle notre époque;
il y a la politique qui absorbe toute leur attention. Il
faut destituer les préfets du précédent gouvernement,
et les remplacer par des préfets du nouveau gouvernement, en attendant que les premiers viennent reprendre la place des autres. Vraiment, il faut admi-
rer la naïveté de nos contemporains qui passent leur
vie à discuter sur la République et la Monarchie, quand
tant d'autres questions plus graves, d'un ordre plus
élevé, d'un intérêt plus palpitant appellent leur attention.

Quant à celui qui vit loin du tourbillon politique,
il demeure confondu et hébété en voyant les hommes
de son temps s'acharner avec une si grande énergie
sur les petits incidents de la politique, et négliger à
ce point les questions sociales qui ne dépendent pas

de telle ou telle forme de gouvernement. La condition des femmes, dans notre société, est une de ces questions, et certainement une des plus brûlantes. Quand on voit défiler devant la Cour d'assises toutes ces misérables mères, poussées au crime par l'abandon des coquins, on se demande si la jolie société qui a arrangé la loi de façon à envoyer la mère au bagne, et à laisser le meurtrier moral des enfants circuler librement, on se demande vraiment si cette société peut encore parler d'une civilisation quelconque?

Dans ces conditions, ne vous semble-t-il pas plutôt tout naturel que les tueries d'enfants prennent des proportions de plus en plus inquiétantes et que chaque semaine voit défiler devant les Assises une malheureuse, que le misérable époux ou l'infâme amant a plongée dans la misère et poussée au crime. Dans le nombre des mères meutrières, que j'ai vues devant le jury, il en était une, accusée d'avoir empoisonné son enfant avec de l'eau de javelle. L'abandon de son amant, la misère, le désespoir, le crime commis par la femme, voilà la filière ordinaire de ces sortes d'affaires. Celle-ci, pour convaincre le jury, a trouvé une de ces phrases qui valent mieux que tous les plaidoyers :

— Comment aurais-je pu donner de l'eau de javelle à mon enfant, s'est-elle écriée, je n'avais même pas d'argent pour en acheter !

Celle-ci a été acquittée. Les deux autres dont je viens de parler plus haut ont obtenu leurs quinze années de réclusion à elles deux. Les trois messieurs sont libres. Peut-être bien qu'à l'heure où leurs *femmes* sont entrées en prison, ils étaient réunis pour discuter quelle forme de gouvernement pourrait bien restituer à leur pays sa grandeur morale, et comment ils pourraient donner une bonne leçon à cette société qu'ils traitent de *pourrie*.

Voilà comment cela se joue, et il y a des gens qui trouvent tout cela parfaitement arrangé et qui pensent que, du moment où il en a toujours été ainsi, ce n'est pas la peine de changer quoi que ce soit.

Mais quant aux hommes de bon sens qui suivent avec quelque attention les drames parisiens, ils ne peuvent certainement pas se contenter de telles raisons. Si quelqu'un peut me démontrer pourquoi un homme qui, par misère, vole un pain de quatre livres, est plus coupable aux yeux de la loi que le sieur Bellot, l'homme à la montre, le meurtrier moral des enfants de la fille Thomas, je suis prêt à considérer le shah de Perse comme le souverain le plus civilisé, le plus admirable, le plus parfait qui ait voyagé depuis la création des chemins de fer.

II

LES VOYOUS SINISTRES

I

LA BANDE GELLINIER

Ainsi que je l'ai dit précédemment, en 1873, des philanthropes ont pris la peine de remettre à l'ordre du jour
la question de réformer le régime des prisons. Il paraît
que l'élégante société qui s'y donne rendez-vous n'est
pas satisfaite du tout du peu de confort qui règne dans
les maisons centrales et autres lieux de détention. On
doit agrandir les cellules, créer des centres de réunion
pour les honorables criminels. En un mot, l'embellis-
sement des maisons de correction est à l'étude, et
dans quelques années l'Europe entière enviera à la
France ses prisons, où l'élégance s'alliera si heureusement à l'art.

Les tartines humanitaires qui ne manquent pas
d'éclore dans la presse toutes les fois qu'il s'agit

d'améliorer le sort du rebut de l'humanité, ont eu une apothéose digne des élucubrations sur le triste état des assassins et des voleurs. Au moment où l'on recommençait à s'intéresser si vivement aux malfaiteurs, la police a arrêté une effroyable bande de jeunes criminels, qui a commis tous les forfaits prévus par le Code pénal. C'est complet : attaques nocturnes, meurtres, vol à la tire, vols avec effraction et escalade, suivis d'orgies curieuses où le plus bas vice se prélassait. Le chef de la bande n'a pas quinze ans, les assassins en ont dix-neuf ou vingt. Quelques-uns appartiennent à des familles honorables : s'ils ont poignardé et volé, c'est que tel était leur bon plaisir.

Cette fois, du moins, on n'osera pas nous parler d'*égarés*; nul ne tentera, je pense, de nous expliquer comment et pourquoi ces brigands ont fait leur métier; on ne viendra pas nous chanter l'éternelle romance de la misère, qui fait les criminels. Les gens qui étudient la question sociale au bagne et dans les maisons centrales, ne dénonceront pas, je pense, la société, d'avoir perverti des âmes nées pour le bien. On ne nous débitera pas toutes les vieilles rengaines humanitaires. L'effroyable cynisme de la bande Gellinier désarme la bienveillance des rêveurs qui s'intéressent, à un si haut degré, aux forçats des deux sexes.

Si épris que l'on soit de la question sociale, qui sert d'excuse à tous les forfaits, je défie les humanitaires les plus enragés d'accuser — selon leur habitude — la société. Il faut presque savoir gré à ces

jeunes misérables de faire taire cette fois les écœu-
rantes déclamations des gens qui font métier d'excuser le crime et de réhabiliter le vice.

Ce sera peut-être la première fois qu'il ne se trouvera pas un cerveau malade pour rendre les honnêtes
gens responsables des faits et gestes de messieurs les
criminels. Ceux qu'on appelle des penseurs et qui
font métier d'excuser toutes les bassesses, de présenter
le voleur comme une victime de la cruauté des
hommes, de ne voir que de pauvres créatures innocentes dans les femmes les plus abjectes et les plus
vicieuses, se tairont cette fois ; ils auront beau fouiller,
scruter, analyser la vie de tous ces jeunes scélérats,
ils n'y trouveront pas l'ombre de la question sociale ;
partant pas de déclamations possibles contre les
mauvaises lois, la dureté des hommes et la condition
du travail, éternelles excuses de la prostitution, du
vol et du meurtre.

Cette bande de jeunes assassins n'a rien à reprocher
à la société. L'un vivait auprès de sa mère, quelques
autres occupaient des fonctions dans l'administration.
L'auréole de poésie, dont il plaît à nos poètes et à
nos romanciers d'entourer les augustes têtes des voleurs et des filles soumises, s'éclipse devant la réalité
hideuse. C'est le vice tout cru, le forfait dans son plus
abject réalisme. Rien à dire contre la société, cette
fois, n'est-il pas vrai? De quoi se plaindrait ce misérable de quinze ans ? De quoi nous accuseraient ces
gredins à peine majeurs, que l'État a nourris dans son

administration ? En quoi la société est-elle responsable de ce jeune cordonnier de seize ans, qui délaisse la chaussure pour l'assassinat ? Celui-là n'est pas, je pense, ainsi que cela se pratique dans le roman dit social, une victime de la cupidité des patrons ? Ce n'est pas un ouvrier qui souffre, n'est-il pas vrai ? Ces filles soumises, dignes compagnes de ces jeunes gens soumis, ces Marion de Lorme du vol, ces Marguerite Gautier de l'assassinat, ne sont pas des anges de pureté, je suppose ? Tout ce monde-là, c'est le vice, le vice le plus abject, le vice le plus effroyable ; la mauvaise loi n'y est pour rien ; la société, dite mal organisée, n'y peut rien et ceux qui rêvent de recruter des rosières à Saint-Lazare et de grands citoyens au bagne feraient bien cette fois de ne pas ouvrir l'écluse de leur sensibilité et de laisser la société tranquille.

Ceux qui font métier d'accabler de leur ironie le citoyen bourreau qui s'en va de temps en temps débarrasser les honnêtes gens d'un odieux malfaiteur, peuvent se voiler la face aujourd'hui. La bande Gellinier vient de porter un coup fatal aux grandes âmes qui se sont donné la mission de réhabiliter le crime. C'est dans un milieu honorable que cette collection de malfaiteurs a grandi ; ce ne sont pas des enfants trouvés, poussés dans le chemin du crime par l'injustice des hommes, ainsi qu'on le prétend dans les drames de l'Ambigu, ni des ouvriers poussés à bout par la tyrannie de l'infâme capital, comme on l'enseigne au peuple dans les romans dits populaires ;

c'est la race des mauvais drôles dans tout son éclat, le dessus du panier des mauvais instincts des hommes, la génération spontanée du vice, sans excuse, sans atténuation, possible, le mal dans sa forme primitive, de l'essence de gredinerie.

Devant ces forfaits, accomplis par des enfants sanguinaires, vous tairez-vous, enfin, vous tous déclamateurs humanitaires qui essayez de nous rendre responsables, nous, gens paisibles et honnêtes, qui vivons de notre travail, de toutes les infamies que commettent ces misérables? Nous laisserez-vous enfin tranquilles avec vos phrases creuses? Cesserez-vous enfin de nous rabâcher vos éternelles rengaines qui font du voleur la victime du volé, de l'assassin le martyr de l'assassiné, de la fille soumise, voleuse et complice des criminels, une pauvre brebis égarée, qui ne demande qu'une occasion de se refaire une virginité?

Vous tous, gens honnêtes et dignes, qui vivez de votre labeur, n'êtes-vous pas las enfin de toujours vous entendre dire :

— Si cette fille a tué son enfant, c'est ta faute, ô société! Si celui-ci a assassiné, si cet autre a volé, si ce troisième est incendiaire, si celle-ci roule d'adultère en adultère et celui-ci d'escroquerie en escroquerie, société, c'est de ta faute!

Ne trouvez-vous pas qu'il est temps enfin de proclamer cette vérité que toute cette jolie compagnie qui peuple les bagnes et fait vivre le bourreau n'a rien à demander à la société et qu'il ne faut rechercher que les mauvais instincts des gredins pour expliquer leurs forfaits ?

Voici des enfants et des jeunes gens. La société ne leur a rien fait. Aux uns, elle a offert un pain modeste, mais honorable, en échange d'un travail facile. Il ne tenait qu'à eux de vivre comme les honnêtes gens. Ils ont une famille ; ils ont eu des protections ; la vie s'ouvrait devant eux calme et souriante.

Et cependant, ce sont des voleurs, ce sont des assassins, ce sont des garçons soumis ; ils commettent tous les crimes et se vautrent dans les plus honteuses débauches.

Eh bien ! en voilà assez de cette phraséologie et pour longtemps. Si dans la vie du jeune Gellinier quelque chose pouvait plaider en sa faveur, ce serait bien la dure leçon qu'il inflige aux radoteurs humanitaires. Il y a bénéfice pour la société à ce que le crime se montre une fois de plus dans sa plus hideuse réalité, dépouillé de l'artifice philosophique, dont on ne l'entoure que trop. Nous voici loin des poétiques *Brigands* que Schiller écrivit à dix-sept ans et où le génie à peine éclos d'un adolescent s'efforce de rendre intéressant un odieux criminel. Nous voici encore loin de ces angéliques prostituées que nous présente le poète, femmes qui, après avoir roulé dans toutes les boues, s'élèvent rayonnantes vers le ciel avec des ailes dans le dos. Nous voici bien loin de ces *honnêtes* criminels qui ont inspiré les romanciers à ce point qu'en lisant leurs œuvres, on finit par maudire la police et par plaindre les voleurs. Nous voici très loin de tout cet échafaudage de cerveaux en délire qui dépensent le plus pur de leur talent à faire triompher le vice et à envoyer la vertu au bagne. Ces filles qui attirent le passant dans un endroit écarté pour le livrer au poignard des assassins, c'est la réalité. Ces meurtriers, qui tuent pour voler trente francs, c'est encore la réalité. Il est bon de montrer enfin au peuple que les roses ne poussent pas dans la boue et que le lis ne s'épanouit pas de préférence dans les cellules du bagne.

En fait d'assassins, je préfère la bande Gellinier aux *Brigands* de Schiller qui ont inspiré les jeunes coquins. En fait de prostituées de bas étage, je préfère aux poétiques courtisanes de la scène la vile fille des rues, associée des voleurs. C'est plus net et c'est plus moral : il y a tout bénéfice pour la société à voir les choses telles qu'elles sont et non telles qu'elles se présentent dans le cerveau exalté du poète. La bande Gellinier nous rend le service de remettre toutes choses à leur place, de montrer les mauvais instincts des criminels sous leur vrai jour ; c'est le crime pour le crime sans que l'on puisse l'excuser par la mauvaise loi, l'infâme capital, les conditions du travail des femmes et autres balivernes qu'on appelle la question sociale.

Nous aimons mieux cela, c'est plus franc. La bande Gellinier met un peu d'ordre dans les idées égarées par les déclamations humanitaires et socialistes. Les rêveurs et les philosophes ont confondu toutes choses. Il est temps, grand temps, que cette confusion cesse et que chacun reprenne sa place, que la fille soumise reste une fille soumise, le voleur un voleur, l'assassin un assassin, et l'honnête homme un honnête homme.

Il n'y a pas deux manières de refaire la société; il n'y en a qu'une seule : celle de placer les braves gens d'un côté, les malfaiteurs de l'autre, et la gendarmerie entre les deux pour protéger ceux-là contre ceux-ci.

Et s'il faut encore un bourreau pour nous débarrasser des monstres, va pour le bourreau !

ABADIE, GILLE ET Cⁱᵉ

Quand on n'est pas initié aux rouages mystérieux de la justice, on comprend dificilement pourquoi la police correctionnelle a infligé quatre mois de prison à Abadie comme voleur quand il allait avoir à répondre devant les assises de l'assassinat de la femme Bazengeaud, cette brave femme de Montreuil qu'il a massacrée à coups de marteau avec ses complices Gille, Claude, Kirail, Charton et Farigoul. Je vous demande un peu ce que quatre mois de prison peuvent faire à ce jeune scélérat dont la tête n'est déjà plus bien solide sur les épaules. J'ai vu Abadie de près aussi bien que ses complices, un jour qu'on conduisit toute la bande à Montreuil en 1879, pour leur faire répéter la scène de l'assassinat devant le juge d'instruction. Abadie était vêtu d'une blouse, mais Gille portait l'uniforme de la prison, car ses habits, maculés de sang, avaient été saisis comme pièces à conviction. Claude et Kirail marchaient derrière eux et le cortège se terminait par le défilé de Charton et de Farigoul. L'aîné de la bande a dix-neuf ans, le plus jeune en a quatorze ; presque tous ces garnements se sont connus en prison ; c'est là que se cimentent ces associations ; un vice horrible rapproche les hommes et fait naître les confidences ; une fois dehors, on se retrouve. C'est l'origine de la bande Abadie, comme de toutes les autres.

Il est certain que les mauvais livres ont été le fumier où toutes les fleurs du bagne ont poussé. On retrouve dans les agissements d'Abadie les souvenirs de Rocambole ; les statuts de la Société, publiés par les journaux, les mémoires qu'Abadie écrit en prison, tous ses agissements de chef de bandits, prouvent que l'assassin a étudié son métier dans les bons auteurs. Entre nous, je ne pense pas qu'un mauvais roman fasse un malfaiteur d'un honnête homme, mais je suis fermement convaincu qu'il développe les mauvais instincts des autres. La façon dont Abadie organise sa bande tient du roman, autant que du mélodrame qu'il a étudié comme figurant au théâtre de l'Ambigu.

Son portrait a été fait par beaucoup de chroniqueurs judiciaires ; aucun ne m'a paru ressemblant ; personne n'a insisté sur le côté bestial de cette tête de criminel ; il n'a que dix-neuf ans et déjà il est formé comme un homme : petit, trapu, aux épaules larges ; sous les vêtements, on devine des bras d'acier, unis à ces épaules par un jeu de muscles surprenants chez un garçon de cet âge ; c'est un jeune hercule qui, dans cette association de précoces malfaiteurs, représentait la force physique ; entre ses épaules de lutteur, la tête est plantée solidement sur un cou court et épais. La mâchoire, large et puissante, donne à sa tête cette allure de brute qui fait penser à la même particularité que, jadis, j'ai observée chez Troppmann. Le teint est pâle, jaunâtre : c'est la coloration de la prison ; les sourcils sont épais ; le nez fort, les pommettes saillantes outre mesure ; la bouche est épaisse ; un commencement de moustache dessine une ombre noire sur sa lèvre ; l'œil est terrible ; le regard est ferme et ne se trouble jamais ; dans son ensemble, Abadie trahit une singulière énergie. Le jour où je le vis, il était souriant et plaisantait avec Gille, tout en faisant des ronds avec la fumée de sa cigarette ; devant le juge et le chef de la police de sûreté, il répétait la scène de l'assassinat tout comme il aurait répété devant le régisseur de l'Ambigu ; il parle du crime de Montreuil avec abandon, comme un homme qui viderait devant le juge de paix un différend avec son propriétaire. Abadie fait songer à l'effroyable création de Paulin Menier dans le *Courrier de Lyon*. L'assassin a la carrure de Chopard et jusqu'à sa tête. A dix-huit ans, Chopard, dit l'Aimable, devait être ainsi.

Et cependant, ce jeune scélérat, qui sue le crime de haut en bas, inspire moins d'horreur que son complice Gille, qui est l'assassin *bon enfant* et souriant. Un policier fameux m'a fait voir de près les deux misérables, et je me disais que, s'il me fallait absolument me rencontrer dans un chemin abandonné avec l'un des deux, j'aimerais mieux me trouver en face d'Abadie que de Gille. Il est certain qu'à première vue on se mettrait en garde contre Abadie ; son allure bestiale, ses traits durs, la carrure de ses épaules, sa démarche, sa main large et puissante, ornée d'un pouce extraordinaire comme celui de Troppmann, tout cela fait qu'instinctivement on se méfierait d'Abadie et qu'en le rencontrant dans un lieu isolé, on porterait la main à la pomme d'une canne à épée. Gille, au contraire, a la mine éveillée d'un honnête jeune homme qui, à première vue, appelle la sympathie. S'il a dix-huit ans, il ne les paraît guère ; il est grand, svelte ; la taille est fine. Ici les physionomistes perdraient leur temps à vouloir deviner l'homme sous le masque.

La tête de Gille est douce ; je dirai plus : elle est distinguée. Si on faisait habiller ce garçon par un tailleur à la mode, toutes les filles de Paris raffoleraient de sa beauté. Si, un soir de première, on apercevait cette jolie tête d'adolescent dans une avant-scène, on prendrait Gille pour le fils de quelque lord anglais. Ici, la nature a voulu dérouter les présomptueux qui jugent l'être humain d'après son enveloppe. De ces deux scélérats, elle a marqué l'un au front ; à l'autre elle a donné toutes les séductions. Le teint de Gille, malgré son séjour antérieur en prison et sa longue détention à Mazas, est encore aujourd'hui d'une blancheur élégante ; les cheveux sont blonds et abondants, campés sur un front large et bien propor-

tionné; le regard est d'une douceur exceptionnelle:
un regard de poète. Seulement, quand Gille ouvre la
bouche, l'illusion s'envole; ce jeune gentleman parle
canaille comme le véritable voyou de Paris, d'une
voix de gorge comme les rôdeurs de barrière; je l'ai
entendu, un jour, dans l'étroit couloir qui sépare la
salle des Pas-Perdus du Parquet des cabinets des
juges d'instruction. Gille était là, gardé par deux
soldats; un peu plus loin, Abadie attendait comme
lui, entre deux gardes, qu'on l'introduisît chez le
juge. Le public ne pénètre guère dans le couloir; il
le traverse forcément en allant chez les juges d'instruction, mais les battants des portes lui cachent les
criminels qui attendent, sans la moindre entrave.
Aussitôt qu'ils mettent le pied dans le Palais de
Justice, on leur ôte la chaîne de fer, dite cabriolet.
En paraissant devant le magistrat, le criminel doit
être libre; la loi le veut ainsi.

Si plusieurs malfaiteurs attendent en même temps,
on les tient à distance les uns des autres; il leur
est défendu de parler, mais le moyen de les faire
taire s'ils ne veulent pas garder le silence. Ce jour-
là, Gille était tout particulièrement de bonne humeur; il égayait la situation par ses lazzis. Il faisait
rire et exaltait Abadie qui se tenait les côtes. Gille
se plaignait de ce que le juge d'instruction le fît attendre.

— Oh! ces juges! fit-il d'un ton enjoué, tous les
mêmes! *Cela* vous fait venir pour midi et demi et à

deux heures ça joue encore du cure-dents au restaurant ; et dire que c'est toujours la même chose ici !

Et, éclatant de rire, il cria à Abadie :

— Hé ! là-bas ? faudra demander au juge d'être
mis en cellule double. Je m'embête à la fin tout
seul !

Abadie, souriant, répondit :

— Je lui ai demandé ; il m'a dit que cela regardait
le directeur de Mazas !

— Ah ! ouiche, le directeur ! s'écria Gille. En
voilà un pistolet ! il ne fait pas ce qu'il veut ; il ne
dit ni oui ni non, il vous répond : « Nous verrons !
j'aviserai. » Et il ne voit rien du tout.

Voilà ce que pense Gille de la magistrature et de
l'administration des prisons. Un instant, la justice,
séduite par cette apparente candeur de Gille, l'a
considéré comme un pauvre égaré, si bien que, lors
de son arrestation, le juge d'instruction ou le chef
de la sûreté lui dit d'un ton paternel :

— Voyons, Gille, vous avez une figure pleine de
franchise ; il n'est pas possible que vous ayez commis
un assassinat. Vous y avez probablement joué un
rôle passif, entraîné que vous étiez par Abadie. Dans
ce cas vous devriez dire toute la vérité ; on vous
tiendra compte de votre égarement, soyez-en bien
certain.

Gille, voyant qu'aucun soupçon ne planait sur lui,
prit un air attendri, dénonça Abadie, indiqua l'endroit
où on avait jeté le couteau après l'assassinat de la

femme Bazengeaud, mais, à mesure qu'il parlait, on vit se dessiner le vrai Gille sous ce masque sympathique. Ce jeune homme de dix-sept ans était réellement le chef de la bande, c'était la tête : Abadie était le bras. Ce misérable, lui aussi, a lu Rocambole et autres romans du même genre ; les plus féroces paragraphes des statuts de la bande sont l'œuvre de Gille ; il rêvait la fortune, et, pour l'atteindre, disait-il, il ne faut pas reculer devant l'effusion du sang. Abadie n'est qu'une brute : Gille est un garçon relativement intelligent. Une terrible responsabilité pèse sur lui, non seulement dans l'affaire de Montreuil, mais aussi dans l'assassinat de Lecercle, le garçon épicier retrouvé mort dans sa voiture abandonnée sur la grande route, et de la marchande de journaux de la rue Fontaine, assommée à coups de marteau, et dont les assassins n'ont pu être pris.

Kirail et Claude, qui sont détenus à Mazas comme les deux chefs de la bande, sont, eux aussi, des adolescents. Kirail n'a pas vingt ans ; le type est commun. C'est pour lui que la séance préparatoire à la police correctionnelle a été organisée l'autre jour. On a condamné le voleur pour pouvoir garder sous les verroux l'assassin présumé, dont les vêtements étaient maculés de sang lors de son arrestation. Claude est plus jeune que lui ; ses traits sont réguliers et sympathiques ; il était dans l'affaire du vol à Montreuil ; il a été reconnu par des témoins pour être entré dans la boutique de la rue Fontaine, le soir du crime.

Les plus graves soupçons pèsent sur ce jeune criminel.

Comme dans les drames du boulevard, il y a une partie comique dans l'histoire de la bande Abadie-Gille. Deux enfants y jouent un certain rôle non encore défini. Ce sont assurément deux fieffés vauriens, voleurs de profession. Tous les deux sont détenus à la Petite-Roquette, où d'ailleurs, me dit-on, ils se conduisent fort bien. Charton est un voyou de seize ans : avec Farigoul il s'est introduit par un soupirail dans le lavoir de Saint-Mandé où ils croyaient trouver quarante mille francs. C'est sur cette affaire que comptait Gille pour mener la grande vie. Les petits vols l'ennuyaient : selon lui, le feu n'en valait pas la chandelle. Gille avait plus d'ambition que les autres : il entrevoyait dans sa pensée les bons dîners dans de vrais restaurants, comme il dit. Simple figurant à l'Ambigu, il rêvait de quitter les planches et d'assister au spectacle d'une bonne avant-scène. Le jeune Charton et Farigoul, qui n'est qu'un gamin, étaient tenus en respect par les statuts qui les menaçaient d'une mort effroyable. Dans la tentative de vol à Saint-Mandé, tous les jeunes malfaiteurs s'étaient déchaussés : c'est Farigoul qui portait les souliers. Mais chez Charton on a trouvé un poignard qu'il avoue avoir fabriqué lui-même dans un but qui manque de vraisemblance. Le voyou, au visage hébété. aux yeux écarquillés qui le font loucher par moment, affirme qu'il avait fabriqué ce poignard pour se défendre contre les sangliers de la forêt de Sénard où il comptait se promener avec Farigoul.

J'ai lu dans les journaux que le président de la police correctionnelle n'a pu maîtriser un mouvement de surprise en entendant, sur l'appel de son nom, le jeune Farigoul répondre : « V'là, mossieu ! » Le président, à l'aspect de ce vilain crapaud, s'est écrié : « Comment, c'est vous qui êtes Farigoul ? » Il faut avoir vu Farigoul pour comprendre cet étonnement du président. Figurez-vous un petit voyou parisien pur sang, au visage vulgaire, orné de centaines de taches de rousseur ; des cheveux épais, coupés ras ; un foulard noué autour du cou et dont le nœud était dans le dos, une blouse sale, un pantalon sans couleur déterminée, une démarche traînante, les bras tenus loin du corps dans un mouvement arrondi ; de petits yeux de lézard, tel m'apparut Farigoul le jour de la confrontation à Montreuil. Plus tard, je l'ai revu sous la vareuse de la prison ; cette fois, quand je pense à son costume du premier jour, il avait presque l'air d'un grand seigneur. Farigoul ne semble pas avoir conscience de son cas : devant le juge d'instruction, il a des sourires d'écolier qui veut s'insinuer dans les bonnes grâces de son père ; il ressemble à l'illustre Tortillard des *Mystères de Paris*, comme Abadie rappelle Chopard. J'estime qu'Abadie, qui connaît son répertoire, a plus d'une fois dû singer Paulin Menier et dire au petit Farigoul :

— Ici, Fouinard !

Tel est l'album complet d'une des plus terribles associations de malfaiteurs qui aient surgi sur le pavé de Paris.

La Cour d'assises a frappé d'une condamnation à mort ces deux misérables, Gille et Abadie, distribuant au reste de la bande des châtiments proportionnés à leur part de complicité. — Mais il était dit que la peine capitale n'atteindrait pas ces sinistres voyous.

CES PAUVRES ASSASSINS!

L'effroyable Abadie a sauvé sa tête aussi bien que
le doux Gille ce tendre fils qui, à ce qu'il paraît,
faisait des sonnets à sa mère dans la cellule des
condamnés à mort. Ces deux charmantes natures ont
ému le premier magistrat de France. La clémence de
M. le Président de la République rend en même
temps la liberté à la plume de l'écrivain ; il en pro-
fitera pour dire ce qu'il pense du cas de ces deux
scélérats sur lesquels on a versé tant de larmes
depuis le commencement de leur procès. Que de fois
j'ai saisi la plume pour essayer d'arrêter le flot de
sensiblerie qui descendait des colonnes de tous les
journaux. Mais le moyen de parler ! Si, par hasard,
ces deux estimables têtes étaient tombées dans le
panier du bourreau, on m'aurait rendu responsable du
sang de ces innocents. J'ai donc dû assister, l'arme
au pied, à cette monstrueuse jonglerie avec la pitié
publique au bénéfice de deux immondes gredins ; un
moment, j'ai pensé qu'on allait demander pour Abadie

le prix Monthyon, et que l'avocat obtiendrait pour
Gille un bureau de tabac en récompense de ses bons
et loyaux services.

Mes lecteurs, qui me connaissent depuis de longues
années, savent fort bien que je ne suis pas un être
féroce, inaccessible aux émotions du cœur. La clémence étant encore ce que l'homme a de plus noble
et ce qui le rapproche le plus de la légende divine
d'où on le fait descendre, je ne me permettrai certainement pas de reprocher à M. le Président de la République d'avoir sauvé les têtes des assassins. La question
n'est pas là; elle est dans cette fausse et dangereuse
sensiblerie qui a éclaté autour des meurtriers de la
femme Bazengeaud, pendant que le couperet était
suspendu sur leurs têtes, dans ce débordement de
sentimentalité qui a tenté d'égarer l'opinion publique
en appelant l'intérêt des honnêtes gens sur ces deux
fameux misérables, indignes de toute pitié. Peu à peu,
les deux assassins de la femme Bazengeaud s'étaient
élevés au rang de martyrs ; on a voulu nous dépeindre
Abadie comme un égaré, passant maintenant ses
journées dans le repentir et ses nuits dans les prières ;
on a tenté de nous émouvoir sur la piété filiale de ce
monstre, qui n'a pas pensé à sa mère au moment où
il se ruait sur une pauvre femme, le couteau à la
main. Le sanguinaire Gille a été transformé en une
bonne bête du bon Dieu par les historiographes des
prisons; on a appelé la larme des bonnes gens sur les
nuits terribles de cette pauvre âme attendant le bour-

reau chaque jour, à l'aube naissante, tandis que le chef de l'État était accusé de férocité pour n'avoir pas délaissé les affaires courantes afin de s'occuper avant tout des deux intéressants pensionnaires de la Roquette. Encore un peu, et tous les torts étaient du côté de la justice. Aussi bien que Louis XIV, les seigneurs Abadie et Gille ont failli attendre.

Dans ce grand déballage de déclamations humanitaires, ce qui m'a frappé le plus, c'est que les plus émus s'indignaient de l'attente cruelle qu'on faisait subir à ces deux chenapans. Voyez-vous cela : deux assassins se ruent sur une femme et la tuent pour aller faire ripaille dans un cabaret avec le fruit du vol, et on ne les entoure pas de plus grands ménagements ! Le pauvre Abadie se tâte chaque matin le cou pour s'assurer qu'il tient encore au tronc ; l'excellent Gille voit ses rêves hantés par le fantôme du bourreau ; quelle cruauté infernale envers deux êtres si dignes de pitié ! Comment ne serait-on pas touché de ce cauchemar de la mort, infligé à deux compères intéressants au possible, qui ont tué, en riant, la femme Bazengeaud ! N'était-ce pas féroce au dernier point que de faire subir cette terreur à de si braves garçons ? Ne valait-il pas mieux conduire les deux assassins aux matinées dominicales, et leur envoyer des danseuses pour embellir leurs soirées ? Quel supplice pour le littérateur Abadie de passer son temps avec un gardien, un soldat et un agent de la sûreté, à jouer aux cartes, à fumer et à causer ! Quel règlement

barbare imposé au vaillant Gille, à qui sa situation
de condamné à mort donnait droit à un régime privilégié dont ne jouissent pas dans les prisons de
pauvres gens condamnés à un ou deux mois de détention pour un délit quelconque. Car on a pour les
assassins frappés de la peine capitale des tendresses
particulières dont on ne régale pas les pauvres diables
qu'un moment de folie ou un accès de révolte contre
la misère conduit, par la police correctionnelle, dans
les cellules de nos pénitenciers. Un pauvre hère,
condamné à deux mois de prison pour avoir volé une
tranche de jambon pour apaiser sa faim, est jeté en
prison avec des voleurs de profession, des chevaux
de retour ; dès la première heure, il subit le régime
commun, tandis que l'assassin condamné à mort est
dans la plus vaste cellule de la prison, entouré de
trois gardiens qui cherchent à le distraire ; il peut
fumer, jouer aux cartes, écrire ses mémoires ; sans
ce réveil terrible de chaque matin sur lequel on a
essayé de nous attendrir, ce serait presque une existence enviable, et on gémit sur le sort de ces infortunés,
j'allais écrire de ces égarés.

Les uns et les autres, nous n'avons qu'à regarder autour de nous pour trouver un meilleur placement de
notre pitié ; à nos côtés, il y a des condamnés à mort
libres et plus honorables, qui appellent notre compassion sur des misères plus dignes et plus intéressantes
que le cas de deux gredins, condamnés pour avoir
assassiné une aubergiste. Avec l'encre qu'on a prodi-

guée pour les estimables Abadie et Gille, avec le prix des fiacres que les avocats ont dépensé pour sauver ces aimables têtes, avec les élans de bonté en faveur de deux lugubres drôles, avec les sensations de pitié qu'on a éveillés dans le public au bénéfice de ces deux meurtriers, on aurait peut-être sauvé d'une mort certaine de braves et honnêtes gens qui se mouraient dans un coin de Paris, dans le dénûment et la détresse, tandis que, de haut en bas, on faisait de si beaux efforts pour préserver du bourreau les jours précieux de Gille et Abadie.

Ah! tenez, depuis longtemps. j'étais tenté de remettre à sa place le sentiment public égaré par une sensiblerie de convention à laquelle il ne manquait, pour être complète, qu'un tremolo dû à la muse du chef d'orchestre de l'Ambigu-Comique. Il m'a fallu assister à ce carnaval humanitaire sans pouvoir dire un mot; j'ai été forcé d'entendre toutes ces déclamations sans pouvoir risquer une protestation si timide qu'elle fût; j'ai vu couler toutes ces larmes d'occasion sans pouvoir y répondre par un éclat de rire. Et je n'ai pas pu publier la moindre protestation contre le débordement d'une fausse pitié, dans la crainte de passer moi-même pour un être sanguinaire et féroce, sans m'exposer à ce que mes confrères attendris demandassent qu'on me guillotinât, moi, à la place de ces deux braves jeunes gens de la Roquette, transformés, selon la légende, l'un par la piété filiale, l'autre par des essais littéraires, qu'on

semblait vouloir recommander comme un exemple
à la jeunesse studieuse !

Il faut en rire de peur d'être obligé d'en pleurer,
selon le précepte de l'illustre Figaro. Mais aujour-
d'hui que le chef de l'État a fait grâce de la vie
à Abadie et à Gille, me permettra-t-on de dire la
vérité ? Je ne laisserai pas ces deux estimables citoyens
partir pour le bagne sans détruire la légende qui
s'est faite autour d'eux. L'été dernier, j'ai vu de près
Abadie et Gille ; j'ai même eu l'honneur d'offrir des
cigarettes à ces deux chenapans ; je les ai vus de si
près que j'ai pu me convaincre qu'il n'y avait dans le
cœur de ces deux assassins rien qui, de près ou de
loin, ressemblât à un repentir : ils causaient de leur
crime le sourire aux lèvres et enjolivant leur récit
de lazzis. Abadie pouffait de rire des farces de Gille,
comme celui-ci se tenait les côtes en entendant son
complice. Quand l'estimable Abadie parlait des
licences qu'il s'était permises à l'égard de la femme
Bazengeaud, ses yeux pétillaient de la satisfaction
d'un don Juan qui vient de triompher d'une vertu.
Son sinistre compère Gille, peut-être le plus dangereux des deux, racontait la scène de l'assassinat avec
un calme effroyable, tout en s'efforçant de faire de
jolis rond savec sa cigarette. Jamais je n'ai vu le
crime entouré d'un tel degré de cynisme, avant, pendant et après l'assassinat. Ces deux drôles avaient
leur plan ; en s'accusant mutuellement avec la meilleure humeur du monde, comme des acteurs qui

joueraient une scène de comédie, ils espéraient dérouter la justice et sauver leurs têtes. Tant qu'ils avaient cette conviction, il ne fut pas question chez eux d'un repentir quelconque. Je ne pense pas que, dans le cours de l'instruction, Abadie ait versé une larme sur sa mère, que Gille se soit ému du déshonneur de sa famille !

C'est ainsi qu'ils sont arrivés devant la Cour d'assises ; le terrible Gille, ce criminel froid et réfléchi, plus calme que son complice ; je l'avais prévu. Jusqu'au moment du verdict, rien n'émeut ces gredins ; ni l'un ni l'autre n'éprouve la moindre émotion en déposant devant la Cour sur la scène de l'assassinat. Mais lorsque la peine capitale est prononcée ; quand, le soir, ils se trouvent dans la cellule des condamnés à mort, la terreur les envahit ; ils commencent à avoir peur du citoyen bourreau. Sans sourciller, ils ont donné la mort ; maintenant, tremblants et lâches, ils l'attendent en frémissant. Et alors, ces deux gredins qui n'ont pas eu pitié de la femme Bazengeaud, cherchent à attirer la pitié des hommes sur eux ; ils savent fort bien, par l'histoire de ceux qui les ont précédés dans cette terrible cellule, que le public est tenu au courant de leurs faits et gestes ; ils n'ignorent point que chacune de leurs paroles va de la cellule au directeur de la prison et peut tomber dans la balance le jour où on prendra une décision suprême ; ils essaient de toucher par un repentir d'occasion le brave et digne aumônier, l'excellent abbé Crozes, que j'ai

vu à l'œuvre dans une de ces nuits sinistres de la
Roquette, alors que l'échafaud se dresse sur la place ;
ils se prosternent devant ce saint vieillard, que, libres,
ils traiteraient avec mépris de calotin ; ils jugent que
le cœur des hommes peut être touché par ce ministre
de Dieu ; ils jonglent avec la religion comme avec la
famille ; la vieille mère, le vieux père, le bon Dieu,
autant de tentatives de sauver leurs têtes qui chancellent sur leurs épaules.

Et j'ajouterai, pour ceux qui se sont indignés de la
lenteur des procédures depuis la condamnation à
mort jusqu'au jour où la peine a été commuée, que
jamais on n'a mieux plaidé pour le maintien de la
peine capitale dans le Code, que ne viennent de le
faire les deux abominables assassins de la Roquette.
Cette longue terreur qu'ils ont montrée, et qui ne me
semble qu'un faible châtiment pour les angoisses que
la femme Bazengeaud a subies dans son arrière-boutique, nous prouve que les hommes ne doivent pas,
dans un moment d'entraînement humanitaire, effacer
du Code le seul châtiment que craignent les assassins,
et qu'il faut le tenir suspendu sur leurs têtes, ne fût-
ce que pour leur prouver de quels droits terribles est
armée la société menacée. En ce qui me concerne,
loin de m'apitoyer sur ce qu'on a appelé la torture
morale de deux assassins attendant le bourreau
chaque matin, j'y vois un châtiment bien autrement
grand que le bagne et le bâton du garde-chiourme.
Que maintenant les assassins de la femme Bazengeaud

aient la vie sauve, peu m'importe ; je m'en console aisément en pensant qu'ils ont tremblé devant la mort pendant de longues semaines. Ce supplice, sur lequel beaucoup de mes confrères ont versé les meilleures de leurs larmes, a soulagé un peu ma conscience. Je réserve ma pitié pour de plus dignes que Gille et Abadie, et je ne laisserai pas partir pour l'île de Nou ces deux cruels scélérats, avec la couronne du martyre dont on a essayé d'entourer leurs augustes fronts.

III

LES FORÇATS CÉLÈBRES

Un voleur international. — Comment on devient assassin. — De
l'antichambre au bagne. — Le pharmacien empoisonneur.

I

UN VOLEUR INTERNATIONAL

On se souvient qu'en 1877 un vol considérable fut
commis dans un fourgon de l'express de Boulogne à
Paris qui apportait de Londres une somme impor-
tante en or. La police perdit son temps à la recherche
des coupables et on avait à peu près renoncé à les
découvrir quand on apprit que le chef de la sûreté,
qui s'appelait alors M. Jacob, venait de les retrouver ;
pour ce fait d'armes on couvrit le policier d'éloges,
mais, en réalité, il n'avait rien découvert du tout :
dans ses moments perdus il suivait toujours les fausses
pistes, quand la lumière se fit soudain dans une prison
de Londres. Un nommé Bénson, arrêté pour une série
considérable de vols et d'escroqueries, fit des révélations au moment où il allait comparaître devant la
justice anglaise. Benson est une des plus curieuses

figures de voleur qui aient existé ; il était venu au monde avec l'instinct du parfait voleur, comme d'autres naissent peintre, poète ou musicien. Né dans une famille bourgeoise, où il n'a pu puiser que le goût de l'honneur et du travail, Benson, après avoir débuté par l'escroquerie simple, est parvenu, à l'âge de trente ans, à une des plus brillantes positions dans le groupe des voleurs célèbres.

J'ai un peu connu Benson et son histoire mérite d'être écrite. Pendant la guerre, à Bruxelles, je rencontrais parfois dans une maison amie un jeune homme de vingt-trois ans environ, de petite taille, au visage énergique, qu'on appelait M. Benson tout court. Ce nom bourgeois, me disait-on, cachait le rejeton d'une famille noble ; en réalité ce Benson était le comte de Montégut, fils d'un général de division. Si, pour le moment, il se faisait appeler Benson tout court, c'était pour ne pas compromettre son blason, car les circonstances lui imposaient la dure nécessité de gagner sa vie en collaborant à un journal qu'il est inutile de mettre en cause.

Le jour où ce garçon me fut présenté, je ne pus m'empêcher de faire cette réflexion qui ne manquait pas d'une certaine logique :

— Comment se fait-il que ce jeune homme portant un beau nom et fils d'un général de division joue à l'écarté au Cercle commercial de Bruxelles, tandis que sa place serait en France à côté du soldat à qui il doit le jour ?

Le comte de Montégut, dans ses épanchements intimes, combattait ce raisonnement d'une façon victorieuse ; il était, disait-il, au mieux avec la famille impériale, et, s'il avait élu domicile à Bruxelles, c'était pour servir, à un moment donné, de trait d'union entre la France et l'impératrice exilée. Le comte se disait appelé à jouer un rôle prépondérant dans l'histoire de France, à un moment donné, quand il s'agirait de faire la paix.

En effet, de Bruxelles le comte allait souvent à Londres, et, chaque fois qu'il en revenait, il affectait des allures mystérieuses. Après la guerre, le faux comte de Montégut demeura en Belgique. Tout à coup, on le vit sortir de sa situation modeste. La paix, en lui rouvrant les portes de Paris, l'avait rendu maître de sa fortune ; mais il se plaisait tant à Bruxelles, disait-il, il y avait contracté tant de relations aimables et de sincères amitiés qu'il résolut de se fixer en Belgique ; il loua un hôtel, acheta des voitures et des chevaux, et devint un homme en évidence. Pendant quelques semaines, toute la ville ne parla que de M. le comte de Montégut dont l'attelage faisait merveille au boulevard du Jardin-Botanique et au bois de la Cambre.

Cependant, un beau matin, M. le comte fut arrêté, et on sut l'origine de sa fortune nouvelle. On apprit que son père n'avait jamais été général dans aucune armée, et que le comte n'était qu'un petit bourgeois. Benson s'était emparé d'une cinquantaine

de mille francs par un de ces coups d'audace qui
dénotent le voleur de haute futaie. Vers la fin de la
guerre, muni de pièces fausses, il s'était présenté au
lord-maire de Londres comme étant envoyé par la ville
de Châteaudun. La malheureuse cité avait tant souffert des horreurs de la guerre, qu'il fallait absolument venir à son secours. Attendri par le récit de
Benson, le lord-maire n'hésita pas; il retint l'ambassadeur de la ville de Châteaudun à dîner, lui remit au
dessert cinquante mille francs sur les fonds destinés
à venir au secours des victimes de la guerre, et le
pria d'exprimer aux habitants de Châteaudun toute
la sympathie de la Cité de Londres.

Qui fut étonné de ne pas recevoir un mot de re-
merciement du maire de Châteaudun ? Ce fut le lord-
maire de Londres ; il s'en plaignit dans une lettre
adressée à la municipalité de Châteaudun, qui, par le
retour du courrier, lui répondit qu'on ne lui avait
jamais dépêché le moindre ambassadeur, et que, par
conséquent, la ville n'avait jamais vu un rouge liard
des cinquante mille francs que le faux comte de Montégut était en train de croquer à Bruxelles. La police,
lancée sur les trousses de l'escroc, finit par le découvrir. Arrêté, extradé, Benson fut condamné à Londres aux travaux forcés. Le comte de Montégut,
détenu dans un workhouse, faisait marcher une roue
comme un écureuil enfermé dans une cage.

Un jour, Benson eut un retour sur lui-même. Peut-
être pensait-il qu'il avait jeté assez d'opprobre sur le

nom de son honnête homme de père, un brave commerçant de Paris. Benson, dans un accès de honte, voulut se suicider. Mais, en prison, il n'est pas facile d'en finir avec la vie. Toujours surveillé, n'ayant aucune arme à sa disposition, Benson imagina une forme de suicide qui témoigne d'une énergie sauvage : il profita d'un moment de liberté, s'approcha d'un bec de gaz et présenta sa poitrine nue à la flamme, à l'endroit du cœur. Un gardien le surprit ainsi et l'arracha violemment à la mort. Déjà le feu avait entamé les chairs. Benson s'était fait une blessure épouvantable, mais non mortelle ; il fut guéri et sortit de prison au bout d'une année.

La famille de Benson, qui avait conservé l'espoir que le jeune criminel rachèterait par la suite ce qu'on pouvait supposer n'être qu'une faute de jeune homme, devait être éprouvée plus cruellement encore. En prison, Benson s'était lié avec quelques voleurs fameux, avec lesquels il forma l'une des bandes les plus redoutables de Londres. Le jeune Parisien en devint le chef et l'âme ; il organisa le métier de voleur sur une échelle inconnue ; il dédaignait les petites affaires ; il opérait en grand. Aucun romancier n'a jamais imaginé un type qui aille à la cheville de celui-ci. Il s'installe dans un appartement qui communique avec le bâtiment de la police de Londres et est ainsi aux premières places pour narguer la justice. Quelques détectives qui ont été pris et condamnés plus tard deviennent ses complices. Grâce à eux, Benson sait au jour le jour, heure par heure, où on le cherche et où par conséquent il ne faut pas aller ; il est mêlé à tous les grands vols de Londres. Il fait des coups de filet de trois ou quatre cent mille francs à la fois et on estime à plusieurs millions les sommes que la bande fameuse a, sous des noms d'emprunt, déposées à la Banque d'Angleterre. Après avoir échappé à la police pendant de longs mois, Benson finit cependant par être arrêté ; les magistrats et les jurés sont étonnés en voyant paraître devant eux ce petit Parisien qui parle l'anglais aussi bien qu'eux et qui se défend lui-même avec une grande énergie, car il sait la loi anglaise sur le bout des doigts. Cette fois, Benson est condamné à quinze années de travaux forcés et le voici de nouveau sous les verrous.

Que se passe-t-il alors? C'est un chapitre plus mystérieux encore que les autres. De sa cellule, Benson continue de diriger les opérations de sa bande. Malgré la plus étroite surveillance dont il est l'objet, il entretient des relations suivies avec ses lieutenants. Le capital social important dont la bande dispose lui permet de corrompre bien des gens ; il achète ou fait acheter les consciences au poids de l'or. Londres était épouvanté par les traits d'audace de cette bande de voleurs, et la police ne se doutait pas qu'elle en détenait le chef dans une prison. Benson, grâce aux fonds considérables dont ses lieutenants disposent, peut diriger les opérations du fond de sa cellule de forçat ; il donne le mot d'ordre ; il reçoit des lettres et y répond ; il trace les plans de campagne à ses lieutenants ; eux ne sont que les bras, lui est la tête de l'association. Malgré les murs épais, les profonds fossés, malgré les sentinelles et les gardiens, Benson demeure le chef de voleurs le plus redouté de Londres et c'est lui qui, renseigné sur l'envoi des millions à Paris, conçoit le plan du vol dans l'express, et distribue les rôles : qui aurait pu s'en douter ? C'est pour cela que les efforts combinés des polices de Londres et de Paris n'auraient abouti à rien, si un beau matin, Benson qui s'ennuyait en prison et comptait obtenir sa grâce par des révélations, n'avait dénoncé ses camarades. Son plan était bien simple : une fois sorti de prison après avoir obtenu sa grâce en récompense des services rendus, Benson allait tranquillement à la Banque d'Angleterre, retirait ses fonds et partait pour l'Amérique. Mais quand on met la police sur les traces d'un crime, elle devient indiscrète ; elle arrêta les voleurs du chemin de fer du Nord, mais pour si peu elle ne rendit pas Benson à la liberté ; il comparut de nouveau devant les juges et fut condamné en même temps que ses acolytes à une nouvelle série de travaux forcés. Après cette dernière condamnation j'ai perdu ses traces. Tourne-t-il toujours la roue dans un workhouse, ou bien a-t-il retiré sa fortune de la Banque après sa révélation et est il un *farmer* important dans un coin de l'Amérique ?

Ce qu'on vient de lire, ressemble à un roman judiciaire de Gaboriau, n'est-il pas vrai ? Mais l'imagination dés criminels est souvent plus brillante que celle des romanciers et la réalité des choses est toujours plus forte que la fiction : aucun romancier judiciaire n'eût osé choisir comme héros de son aventure un jeune Parisien de bonne famille, élevé pour le bien et qui devient le chef d'une association de malfaiteurs anglais qui ont fait trembler Londres pendant de longs mois. Le lecteur, si enclin qu'il soit à se laisser émouvoir par les récits de ce genre, eût crié à l'invraisemblance. Et cela était pourtant.

Maintenant, on a bien raison de dire qu'une minute décide souvent de la vie d'un homme. Deux exemples suffisent pour le prouver. Un jour, le baron de Espeleta avait à me remettre deux mille francs qu'il m'envoya par son secrétaire. Le soir même je partis en voyage et en comptant l'or en chemin de fer, je m'aperçus que chaque rouleau ne contenait que quarante-neuf louis. Si j'avais eu l'idée d'avertir le baron, je lui aurais évité un malheur plus grand. Mais en voyage on n'a guère le temps de réclamer pour quarante francs, et d'ailleurs le secrétaire jouissait d'une confiance illimitée dans la maison et il me paraissait grave de soupçonner la probité de cet homme : je me tus donc. Quinze jours après le secrétaire partit avec cent cinquante mille francs qu'il avait volés à son maître, et c'est en recherchant le voleur que nous fîmes la promenade à travers Londres ténébreux qui ouvre le premier volume de ces *Mémoires*. Quant à Benson, un de mes amis l'avait vu voler au jeu à

Bruxelles. Mais il est toujours grave d'accuser quelqu'un dans un cercle quand on ne le surprend pas sur le fait et de concert avec plusieurs autres personnes; mon ami se tut, un peu pour éviter un esclandre, beaucoup pour ne pas avoir une affaire avec le comte de Montégut, fils d'un général de division. Si, ce jour-là, mon ami avait dénoncé le petit escroc, on aurait jeté le sieur Benson à la porte du cercle de Bruxelles; le faux comte aurait été démasqué et cette belle carrière était brisée au début.

C'eût été vraiment dommage!

COMMENT ON DEVIENT ASSASSIN

Le 19 janvier 1876, Isnard, ancien employé de la compagnie d'assurances *la Nationale*, révoqué depuis quatre ans pour avoir écrit des lettres anonymes, tirait sur M. Onfroy, directeur de cette compagnie, deux coups de revolver. Atteint au coude, M. Onfroy succombe à sa blessure et son meurtrier est condamné le 27 avril à la réclusion perpétuelle.

Quand un homme de soixante ans, qui a vieilli dans le travail, finit sur les bancs de la Cour d'assises, il y a là un phénomène curieux à étudier et qui vaut bien la peine qu'on s'y arrête un instant. En voyant le meurtrier de M. Onfroy assis sur le banc de Troppmann et de Maillot dit le Jaune, je me suis demandé comment il peut se faire qu'un père au cœur excellent, un homme sans mauvais instincts, tombe en quelques années si bas qu'il n'échappe au bonnet vert des galériens que par les indulgences de la loi pour des criminels âgés de plus de soixante ans ?

Les amateurs de scandale, qui étaient venus à la Cour d'assises pour voir comment la justice découvrirait la femme dans le crime, en ont été pour leurs frais. Des bruits étranges avaient circulé dans Paris : un instant on voulut voir en l'accusé un père qui aurait vengé l'honneur de sa fille. Tous ces contes se sont évanouis à l'audience : Isnard a tué M. Onfroy par haine personnelle et non pour venger l'honneur des siens ; pas le moindre incident à sensation : l'affaire s'est déroulée naturellement ; elle est claire et limpide : de mystère, point. Isnard a abouti au crime par les voies les plus naturelles ; ce n'est point l'âme noire et pervertie, telle que nous l'a présentée M. l'avocat général, dans son long réquisitoire : il n'est pas davantage le pauvre égaré dont nous a parlé M⁰ Lachaud. C'est un de ces hommes qui se croient appelés aux plus hautes destinées, et qui veulent y parvenir par tous les moyens autres que le labeur, la patience et le mérite. A ce jeu-là, quand on réussit, tout va bien, mais lorsqu'on est vaincu, on roule sur la pente fatale jusqu'en bas. Isnard est un envieux, pas autre chose : il appartient à l'espèce curieuse des affolés, qui se prétendent incompris de leur temps : ils se croient appelés à toutes les grandeurs, ils veulent du galon rapidement, sans secousses, pour assouvir leur ambition, et, une fois entraînés dans le tourbillon du mécontentement, ils vont jusqu'au bout.

Tel m'a paru Isnard. Jusqu'au moment où il a été atteint de la folie des grandeurs, sa vie a été modeste, mais honorable ; il a les meilleurs instincts ; il se sacrifie pour son frère que, lui, employé aux ap-

pointements de 2,400 francs, soutient dans ses débuts ;
il se marie et devient un père excellent. L'automne de
la vie n'apporte pas l'opulence à Isnard, mais il lui
donne une aisance modeste, 7,000 francs par an en
échange de son travail ; ce n'est pas l'abondance pour
un père de famille, mais ce n'est pas non plus le besoin.
Isnard est un employé distingué ; il écrit même un livre
sur les assurances, livre qui paraît si bon au directeur
qu'il l'achète 6,000 francs à son employé.

Je crois que c'est ce livre qui a perdu l'homme.

La chute d'Isnard date de cette publication ; le
livre ayant été acheté par la Compagnie, Isnard commence à se demander si ses capacités extraordinaires
ne le désignent pas aux plus hautes destinées et si des
postes plus importants que le sien, ne sont pas occupés par des hommes qui ne le valent point, lui
Isnard ? Isnard devient un incompris. Isnard s'avoue
tout bas que l'administration qui le cloue dans des
régions modestes, est mal faite ; s'il y avait une justice
ici-bas, Isnard serait directeur général de toutes les
Compagnies d'assurances réunies ; il se considère
comme une victime de la société.

Et le voici à l'œuvre pour préparer son apothéose
par des voies ténébreuses. Il écrit les lettres anonymes qui doivent appeler l'attention du directeur
sur les mérites extraordinaires d'Isnard ; il trouve
qu'Isnard n'est pas assez payé, qu'Isnard n'a pas une
part assez large dans les gratifications. Il critique
tout, il blâme tout. Pourquoi les chefs vivent-ils si

grassement quand le pauvre Isnard, l'âme même de l'assurance, parvient à peine à nouer les deux bouts à la fin de l'année ? Et voici l'employé qui a patiemment attendu jusqu'alors, en proie à l'envie basse de la prospérité d'autrui. Il tombe dans la catégorie exécrable des gens qui voient un ennemi dans le supérieur ; il engage la lutte contre l'administration, comme d'autres ouvrent le combat contre la société qu'ils accusent de leur malheur. On le chasse, et le voici sur le pavé avec son ambition dorénavant d'un placement difficile. Au lieu de s'accuser de ses fautes, il regarde autour de lui qui il pourrait bien rendre responsable de sa déconfiture ; Isnard, le laborieux employé, ne se dit point que sans Isnard l'envieux, il serait encore à sa place ; il se persuade que sans M. Onfroy il aurait eu de l'avancement. Et le voici engagé dans la filière ordinaire : il commence par la pétition et finit par la violence.

Dès ce moment, Isnard est perdu ; les sentiments tendres qu'il a pour sa famille sont un stimulant de plus pour les mauvaises passions, maintenant déchaînées dans cette âme qui fut bonne. La gêne survient, puis la misère avec son cortége de révoltes et de mauvais conseils ; si la femme aimée souffre, c'est la faute de la société ; si les enfants adorés pleurent, c'est encore la faute de la société. Si les compagnies d'assurances n'étaient pas mal dirigées par des hommes au-dessous de son intelligence, Isnard serait pour le moins sous-directeur. Si ses filles qui grandissent et qu'une âme charitable fait élever aux Oiseaux, n'ont pas de dot, ce sera la faute de M. Onfroy. Si son plus jeune enfant, encore au collège, n'entre pas dans la vie comme un fils de famille, il ne faut accuser que la Compagnie qui ne sait pas apprécier Isnard à sa vraie valeur. La misère grandit chaque jour, et voici une famille, honorable jusqu'alors, forcée de tendre la main aux riches qui ont le cœur haut placé. Il faut lire ces lettres émues que les jeunes filles, élevées aux Oiseaux, sont maintenant forcées d'écrire aux âmes charitables ; pas de pain à la maison ; pas un sou pour payer le médecin et le remède pour la mère malade ! Il fallait entendre la lecture de ces épîtres navrantes, faite par le grand artiste Lachaud ; je dis artiste à dessein, car je ne crois pas qu'il ait jamais existé au Conservatoire de professeur de déclamation, capable de lire une lettre comme ce grandissime avocat. De l'homme du métier, de celui qui a illustré pendant de si longues années le barreau de Paris, je ne veux rien dire, mais j'avoue que jamais aucun comédien ne m'a ému au même degré que celui-là. Avec quel art, quelle finesse et quelle émotion, Me Lachaud lit les suppliques des demoiselles Isnard. Cette misère imméritée d'une famille intéressante, racontée par l'artiste Lachaud, est d'une émotion autrement poignante que n'importe quel drame joué par les comédiens les plus acclamés de ce temps ; tous les yeux sont humides, et si en ce moment on consultait l'auditoire sur le sort d'Isnard, la foule attendrie ferait la sottise de rendre l'employé de M. Onfroy à la liberté.

La justice, elle, ne juge pas avec ses sentiments. Les magistrats, aussi bien que le jury, ne restent pas insensibles au récit de cette abominable misère qui accable une pauvre famille par la faute de son chef. Mais la mission de la justice est plus haute : il lui faut rechercher si vraiment dans la vie d'Isnard il y a une excuse du crime. L'ancien employé de M. Onfroy est là sur ce terrible banc, entre les gendarmes : il pleure ; il sanglote ; cet homme souffre cruellement. S'il descendait au fond de sa conscience, il y trouverait sans peine la vérité : il verrait sa vie détruite par sa propre faute ; il verrait sa famille misérable par son fait, il serait contraint de s'avouer qu'il fut le propre bourreau de son bonheur modeste, mais honoré.

Mais il est probable qu'Isnard ne se dit rien de tout cela. En ce moment suprême, il pense encore tout bas que cette misère, ces horribles souffrances, cette chute navrante de ses enfants, forcés de tendre la main aux riches, que l'écroulement de toutes ces existences innocentes de leurs malheurs, est l'œuvre de M. Onfroy ; il ne s'avouera jamais que son directeur se montra bon, compatissant à la douleur d'une famille, mais qu'il ne pouvait, sous peine de désorganiser l'administration dont il fut responsable, reprendre et réhabiliter l'auteur coupable des lettres anonymes. Quand un homme comme Isnard a pu aller jusqu'au meurtre pour se venger sur un autre de ses propres fautes, il ne faut plus lui demander de voir juste et de sentir vrai ! Si Isnard est sur ce banc, devant ces juges terribles, c'est précisément parce qu'il a oublié les notions du devoir et du droit. Il n'est pas probable que le remords agite le cœur de ce révolté, de ce haineux : c'est au contraire la tempête de l'envie qui doit agiter son âme. En ce moment encore, il doit se dire que c'est M. Onfroy qui l'a conduit à la Cour d'assises, que sans son directeur, lui, Isnard serait heureux et estimé. S'il en avait le pouvoir, il ferait asseoir sur le banc l'ombre de sa victime et lui demanderait compte de tous ses malheurs.

Voilà pourtant dans quelles profondeurs peut s'engouffrer un homme qui semblait né pour le bien, à qui la société avait, en échange de son labeur, donné le bien-être modeste du travailleur intelligent. Au point de vue du cœur, Isnard restera un mystère indéchiffrable. A mesure qu'il s'achemine vers le crime final, sans souci des bienfaits dont il a été comblé dans le malheur par l'homme qu'il va tuer, l'amour d'Isnard pour sa famille semble grandir. Les lettres qu'il adresse à sa femme, quand il va chercher en province un emploi, sont des petits chefs-d'œuvre de tendresse et d'émotion. On en jugera par les quelques lignes qui suivent et que de Cambrai, où l'appellent ses affaires, Isnard fait parvenir à ses enfants. Le plus honnête des hommes, le meilleur des pères ne trouverait pas d'accents plus éloquents et plus touchants. Il y a eu dans l'auditoire comme un frémissement de pitié, quand Mᵉ Lachaud, vers la fin de son admirable plaidoirie, a donné lecture de la lettre charmante que voici :

« Mes trois chers petits,

« Demain jeudi vous serez tous les trois auprès de votre chère maman. Réunissez-vous pour lui prouver combien vous l'aimez. Aimez-la beaucoup, vous ne l'aimerez jamais assez !

« Faites autour d'elle le moins de bruit possible ; qu'elle ne s'aperçoive que vous êtes là que par votre gentillesse, vos attentions et par le bien que votre présence lui fera.

« A bientôt, mes chers petits, aimez-moi comme je vous aime et comme je vous embrasse.

« Votre bon petit père,

« ISNARD. »

Et maintenant, après avoir lu cette lettre si simple dans son affection paternelle, expliquez-moi comment un pareil homme n'a pas entendu son cœur palpiter, au moment où il a tiré son revolver pour commettre le crime abominable qui l'envoie terminer ses jours dans l'infamie ! Peut-être bien faudrait-il chercher la solution de ce problème en dehors de l'audience. Nous vivons à une époque curieuse où les cerveaux semblent perdre l'équilibre qui est si nécessaire pour bien juger les autres et pour bien se juger soi-même. Il y a en l'air comme un affolement général, qui fait

que, peu à peu, chacun perd la notion de la place
qu'il peut ambitionner, selon son intelligence. Je ne
crois pas qu'à aucune époque, on ait poussé plus loin
la soif de planer au sommet et la haine de ceux qui
s'y sont élevés par leur travail. Dans ce qu'on appelle
l'échelle sociale, il ne reste plus que le premier échelon
d'en bas et le dernier d'en haut. On a brisé tous les
autres, si bien que personne ne peut plus se tenir au
milieu et que tous essayent le saut périlleux pour
arriver en un bond à la hauteur où on plane sur les
autres. C'est pour cela que nous voyons des bottiers
qui, sans transition, désirent s'improviser législateurs,
des égoutiers aspirer à une situation diplomatique, et
c'est par les mêmes motifs que nous voyons un honnête employé, mécontent de son sort, envieux de ses
supérieurs, rêver les plus hautes positions et marcher
du mécontentement à la révolte pour aboutir au
bagne. Isnard est de son époque; il n'expie pas seulement son propre crime, mais encore la folie furieuse
de ses contemporains.

DE L'ANTICHAMBRE AU BAGNE

Tout Paris a connu le banquier Huguet; c'est une figure légendaire; le nom de ce financier restera le type du chevalier d'industrie de haute futaie; vers 1864, il avait débuté dans l'antichambre du prince Napoléon comme valet de confiance; dix années lui suffirent pour devenir un personnage en évidence sur le pavé de Paris. Nous l'avons tous coudoyé au temps de notre jeunesse, dans une soirée de garçons ou bien autour d'une table de baccara; nous l'avons vu surgir de la bohème et se faire une place dans Paris à coups de grosse caisse. Nous savions tous qu'il n'avait pas un sou vaillant à ses débuts, et bien peu d'entre nous ont pris la peine de se demander d'où venait cette subite prospérité et comment finirait ce garçon.

Paris est ainsi fait : il marche, trotte, court, a la fièvre; il est léger, affairé; tous ses instants sont pris par la politique, la pièce d'hier, l'opérette de demain, le bal officiel ou le dîner du jour : il n'a pas le temps d'aller au fond des choses. Rien ne l'étonne, ne le fait réfléchir. Un ancien marchand de contremarques surgit comme candidat au conseil municipal ; un ex-garçon de café se présente à la députation : pourvu que celui-ci parle des immortels principes et que celui-là professe les idées à la mode, Paris l'accepte sans se demander d'où il vient, ce qu'il est et où il ira.

Paris n'a pas le temps de s'occuper de tout cela ; Paris est indulgent, sceptique et affairé. Un ancien employé subalterne de grande maison surgit subitement sur le pavé de Paris comme banquier, bat la grosse caisse dans les annonces des journaux, s'étale dans des équipages, va au Bois, se montre aux premières représentations, passe pour l'amant de quelque fille à la mode, assiste à toutes les courses, est de toutes les fêtes, et Paris ne dit rien. Seuls, les hommes du monde — il faut bien leur rendre cette justice, — se montrent récalcitrants envers le parvenu ; avant de lui serrer la main, ils se demandent ce que cette main a bien pu toucher. Mais le gros de la population parisienne, la population légère, flottante, sceptique, insouciante, n'a pas ces scrupules. Tout d'abord elle est surprise et hausse les épaules ; mais bientôt elle s'habitue à cette fortune dont les origines sont inconnues ; elle s'écarte avec déférence pour faire une place à l'homme du jour ; on commence par le tolérer et on finit par l'accepter ; si de ci de là quelqu'un fait mine de se défier de ce personnage, on lui répond : « Mais il est très bien avec un tel ! » Et le voilà très bien avec tel autre.

Autour de ce monsieur se forme une petite cour : il a des défenseurs dans les cafés et les cercles. Pour les uns, c'est un bon garçon ; pour les autres, c'est un malin ; il passe pour un homme fort, pour une intelligence supérieure, parce que, par des voies mystérieuses, il a, en un bond, franchi la route où tant d'honnêtes gens cheminent péniblement, succombant sous le fardeau des soucis. On s'étonne du coupé d'un artiste qui gagne cinquante mille francs par an avec son talent, et l'on voit passer sans surprise la victoria de ce banquier, parce qu'il en gagne deux cent mille on ne sait ni comment ni pourquoi. C'est qu'il a des bureaux, un nombreux personnel, des guichets en veux-tu en voilà ; on voit entrer chez lui des gogos qui lui confient leur fortune et des remisiers qui quêtent ses ordres ; il est dans les affaires, il gagne de l'argent, il a un cabinet où il traite les grandes questions financières, il passe pour être bien informé : donc il a des relations puissantes. Du jour au lendemain, cet intrus devient un personnage, et Paris ne se demande pas où ira l'argent des honnêtes gens alléchés par l'appât d'un dividende extraordinaire et sur quoi est basée cette prospérité admirable et admirée.

Paris n'a pas le temps de se poser ces questions. Le monsieur est un *malin*, et tout est dit.

Oui, le monsieur est un malin pour cette société moderne qui ne voit que la surface des choses et ne connaît que le succès. Le monde est plein d'indulgence

pour ces personnalités douteuses, pourvu qu'elles
réussissent : car il faut réussir, il faut avoir du succès :
tout est là, le reste n'est rien.

Toi, négociant honnête et laborieux ; toi qui
trembles d'aller au delà de tes moyens ; toi qui n'as
d'autre souci que ton honneur, d'autres principes que
ta probité commerciale ; toi qui luttes du matin au
soir pour faire ta trouée et pour laisser un patrimoine
honnêtement acquis à tes enfants, pour le Paris léger
et insouciant, tu ne vas pas à la cheville du premier
malin venu ; Paris t'appelle *bourgeois* et te raille
quand, après le labeur de la semaine, tu conduis ta
famille au spectacle. Ceux qui serrent la main à ce
banquier douteux, qui rient de ses mots et admirent
la coupe de ses habits et la couleur de ses gants,
ceux-là ne se demandent pas si ce n'est pas toi qui
payes l'avant-scène où se trémousse ce monsieur ; ils
te regardent avec dédain en disant : *Quelle binette!*
trouvent ta femme ridicule et tes enfants idiots,
parce que tu es là, simple, modeste, avec ta seule
probité et ton seul honneur. Tu n'es pas un *malin*,
toi! Et si, à l'automne de ta vie, un malheur commercial engloutit ta fortune péniblement acquise ; si,
sans ta faute, l'œuvre de toute ta vie s'écroule, on dit
de toi : *Il n'était pas fort*, ce pauvre homme !

C'est que nous autres, enfants d'une époque curieuse,
nous avons créé une morale nouvelle, la morale du
succès quand même, la plus dangereuse des démora-
lisations. Le banquier a réussi : c'est son excuse et sa

justification. Ne souriez pas : c'est un malin! Pas
d'insinuations sur son caractère, je vous prie : c'est un
homme fort!... Qu'il gruge des innocents, qu'il ex-
ploite les uns et les autres en éveillant en ces naïfs
l'appétit du gain rapide, est-ce que nous avons le
temps de nous occuper de tout cela? Tant pis pour
les naïfs, les innocents et les âmes confiantes! *Fallait
pas qu'ils y aillent !* n'est-il pas vrai? A la vérité, cet
homme n'est pas le seul coupable. Nous tous nous
sommes ses complices : vous qui l'acclamez, moi qui
ne lui refuse pas la main, celui-ci qui va au Bois dans
sa voiture, cet autre qui s'assied à sa table, le *tout
Paris* badin et léger, le monde qui fait le succès, qui
ne juge que par le succès, n'acclame que le succès; le
monde épris des *malins*, le monde courtisan des
hommes forts.

Puis un jour l'ancien employé d'un prince ne se
contente plus d'être un homme d'affaires, un finan-
cie : il veut être un personnage politique; il lui faute
un journal pour défendre sa candidature, une gazettr
à lui; il cherche parmi les opinions politiques celle
qui offre dans le moment quelque chance de succès,
et devient journaliste. De braves gens, les uns poussés
par le besoin impérieux de gagner leur vie, les autres
alléchés par l'occasion de défendre la politique de
leur choix, se groupent autour de cette existence
douteuse, et lui font un piédestal de leur plume. Il
n'est pas bien certain que ce singulier rédacteur en
chef sache écrire convenablement: *Agréez l'assurance*

de ma considération distinguée ; et il signe des articles politiques, il donne des conseils au pays et des leçons au pouvoir.

Ah ! tenez ! c'est ici que le rouge me monte au front quand je pense à quels bas tripotages sert souvent la profession que j'exerce et combien il est facile au premier polisson venu de s'y introduire. Il est dans Paris toute une légion de jeunes gens qui ont peut-être du talent, qui pourraient peut-être dire des choses utiles et intéressantes ; et ils grouillent dans l'obscurité et la misère, tandis que le premier intrigant venu peut, avec l'argent des gogos qu'il gruge, ouvrir une boutique littéraire et se faire appeler « directeur politique ». Comment ! cet homme qui vient on ne sait d'où, qui danse sur la corde raide du Code pénal en attendant qu'il aille au bagne ; cet homme porte le même titre et occupe dans un journal la même situation, par exemple, que l'écrivain de valeur, qui doit tout à son talent et à sa volonté : il sera *directeur politique* aussi bien que le chef du *Journal des Débats* ; on discutera sa ligne ; on prendra au sérieux les articles qu'il est incapable d'écrire ; il pourra impunément se vautrer dans sa vantardise et son sot orgueil, escamoter en huit jours une situation que les plus honnêtes et les plus consciencieux poursuivent souvent toute la vie comme une chimère insaisissable. Quand par hasard on discutera les intérêts généraux de la corporation, cet homme aura voix au chapitre tout aussi bien que les journalistes de race et plus

qu'eux parce qu'il est riche! Allons donc! j'en rougis
pour mes confrères, pour ma profession, pour moi-
même ; car il faut vraiment que nous ayons un bien
médiocre souci de notre dignité professionnelle pour
permettre au premier chenapan venu de devenir du
jour au lendemain l'un des nôtres.

Un matin tout se découvre : la justice appose les
scellés sur une caisse qui contient quatre liards à
partager entre des créanciers qui représentent dix
millions peut-être. L'échafaudage du monsieur
s'écroule ; tous les tripotages sont connus. Vous
croyez peut-être que la société en tire une leçon et
apprend à se méfier des existences douteuses? Allons
donc! l'événement n'a pas plus d'importance qu'un
fait divers! On en parle un jour ou deux, et tout est
oublié. Celui-ci a disparu, place à un autre! nous
sommes tout prêts à recommencer les mêmes sottises
et à accepter le premier homme fort qui surgira sur
le pavé de Paris.

Paris est ainsi fait; il ne va pas au fond des choses
et des hommes. Paris en a vu bien d'autres : rien ne
l'étonne, rien ne le surprend. Un jour il rencontre au
Bois un ancien valet devenu banquier et jounaliste, et
Paris salue cet homme fort sans se préoccuper de ses
origines et de son avenir. Paris n'est même pas surpris si, quelques années après, il apprend qu'on vend
à l'hôtel des commissaires priseurs le riche mobilier,
les voitures, les tableaux, les objets d'art de l'homme
fort qui est parti pour la Belgique, où il a été saisi

par deux gendarmes du Brabant qui l'ont conduit à pied et orné de menottes jusqu'à la frontière où deux gendarmes français l'ont reçu avec tous les égards, dus à un escroc, à un faussaire. Dans le pimpant cabinet du brasseur d'affaires siège ensuite un agent du parquet qui compulse tous les bas faits du financier, de l'homme politique qui a passé comme un météore sur Paris, un instant aveuglé par son éclat.

Et voici le chevalier d'industrie à Mazas. Toute cette vie échafaudée sur le mensonge, la déloyauté et l'escroquerie est finie. L'étroite cellule qui héberge l'homme fort est tout ce qui reste des splendeurs passées. Le banquier Huguet est mort au bagne.

V

L'Exposition universelle de 1878 est dans toute sa nouveauté quand la Cour d'assises, le 10 mai, condamne aux travaux forcés à perpétuité Danval, ce pharmacien de la rue de Maubeuge, accusé d'avoir empoisonné sa femme avec de l'arsenic, et, pour un moment, Paris oublie l'Exposition; le pharmacien Danval fait tous les frais de la conversation. On se passionne pour et contre, plutôt pour cet homme qui, dans son ensemble, n'a aucun titre à une sympathie quelconque des braves gens. Mais la sensibilité du public a été éveillée par la fin dramatique du procès, par les protestations tardives du condamné, par ses sanglots et son désespoir. Ce sentiment fait honneur aux gens de bien qui l'éprouvent; il n'entre pas dans mes habitudes de combattre un élan généreux, sous quelque forme qu'il se produise. Il est toujours doux d'entendre battre le cœur du public, c'est certain.

Maintenant il faut se demander si l'émotion parisienne ne s'est pas égarée et s'il n'y a pas un danger à faire naître ces terribles légendes de condamnés innocents, qui paralysent la justice et offensent le bon sens. Paris était encore sous le souvenir de l'herboriste Moreau, qui marcha à la guillotine en disant d'une voix vibrante :

— Messieurs ! je meurs innocent !

Le pharmacien de la rue Maubeuge a bénéficié de ces mots mémorables dans l'histoire sanglante de la place de la Roquette ; l'ombre de Moreau portant sa tête à la main, planait sur le procès de Danval. C'est à Moreau que Danval est redevable des circonstances atténuantes, car, innocent, il fallait l'acquitter ; coupable, il ne méritait aucune pitié. Ce sont les circonstances atténuantes qui tourmentent la conscience publique. Moyaux pouvait en bénéficier malgré son crime horrible ; le jury devait lui tenir compte des troubles que les discordes de son ménage avaient pu faire naître dans le cerveau de ce criminel. Mais en présence de Danval, que rien n'excuse et que tout accable, on ne comprend plus cette atténuation du verdict ; le public y croit voir un indice d'une hésitation des jurés, une certaine réserve dans le châtiment, un point vague et obscur qui inquiète les bonnes âmes. Il n'y a pas un coin dans Paris où l'on n'ait discuté et analysé le procès avec une passion grande. Ceux qui jugent Danval coupable ne s'expliquent pas l'indulgence des jurés ; les autres y trouvent un argument puissant pour soutenir l'opinion contraire. Tous les deux ont raison, et c'est cela qui rend l'accord si difficile.

Comme tout le monde, j'ai suivi ce procès avec un vif intérêt. Nous sommes tous d'accord sur un point : à savoir qu'en dehors même du crime, ce Danval était un vulgaire coquin. A votre bureau, Zola! L'*Assommoir* de la bourgeoisie reste à faire avec ses ménages bâclés à la hâte par des familles désireuses de se débarrasser de leur fille et qui la jettent avec une entière insouciance dans les bras du premier pharmacien venu, sans remonter dans son avenir, sans analyser son présent, sans entourer leur enfant des plus vulgaires garanties avant de la livrer à un étranger.

C'est cette plaie de la bourgeoisie qui a été étalée en pleine Cour d'assises. On a vu comment ce mariage a été bâclé. Quelqu'un a dit : « Votre fille est en âge de se marier ; je sais un pharmacien qui ferait votre affaire. » Ce à quoi on a répondu : « Va pour un pharmacien. » On a pris quelques renseignements, pas beaucoup, tout juste assez pour ne pas savoir un mot du caractère brutal de cet apothicaire, qui, n'ayant pas trouvé l'affaire aussi avantageuse qu'il l'avait espéré, battait sa femme comme plâtre pour en faire jaillir les écus du beau-père ! Quelle vulgaire canaille que cet homme, et combien il est douloureux que sa condamnation doive lui attirer des pitiés qu'il ne mérite certes pas autrement. Et dire que parmi ces voisins qui viennent témoigner des brutalités de ce gredin, il ne s'est pas trouvé un homme de cœur aux biceps solides, pour lui administrer une de ces raclées qui conviennent à une pareille brute ! Tous

ont entendu cette malheureuse madame Danval
gémir sous les coups, et pas un ne s'en est ému outre
mesure. Quelle charmante société! L'un de ces témoins n'est séparé de la chambre à coucher des époux
Danval que par une mince cloison ; il entend la malheureuse sangloter sous les coups de son mari ; il
s'en plaint non comme un homme indigné d'une
pareille brutalité, mais parce que cela l'empêche de
dormir, tout comme si le pharmacien avait joué de la
guitare à une heure avancée de la nuit.

Vous me direz que ce n'est pas une raison pour
condamner un homme aux travaux forcés à perpétuité. Peut-être! Mais il ne s'agit pas de délit. Le
pharmacien avait à répondre d'un empoisonnement ;
douze braves gens ont été convaincus à ce point
qu'ils l'ont envoyé au bagne.

Il faut s'incliner devant la sentence. Loin des assises, il est difficile de se faire une opinion personnelle.
Là où les preuves matérielles manquent de force,
l'attitude de l'accusé peut ouvrir les yeux au jury.
Celle de Danval a été pitoyable. Avant de croire à
une erreur judiciaire, il faut aller au fond des choses.
Il y a la scène dramatique de la fin, il est vrai, ce cri
suprême d'un homme rayé de la société ; vous en
avez ressenti une pitié que je ne vous reproche pas,
loin de là ! mais, pour savoir ce que valent les protestations d'un accusé, il faut avoir été membre à l'audience. Le compte rendu le mieux rédigé ne vous
donne que la relations des faits sans le document

psychologique qui s'appuie souvent sur un geste ou un tressaillement. J'ai vu un certain nombre d'assassins sur le banc de la Cour d'assises ; depuis Lapommeraye aucun n'eut une attitude plus déplorable que le pharmacien ; il semblait se désintéresser complètement du procès dans lequel il jouait sa tête ; il suivait les dépositions des témoins avec une grande indifférence, affectée c'était visible. Un tel calme n'est pas admissible, mettez vous à la place de ce pharmacien.

Vous voici, cher lecteur, accusé d'un forfait épouvantable ; il ne s'agit pas seulement de votre tête, mais de l'honneur de votre nom, de l'opprobre qui doit rejaillir sur votre famille. Vous voici devant le juge. On vous interroge ; les témoins défilent ; votre vie est suspendue à une parole.

Eh bien ! là franchement, la main sur votre cœur, croyez-vous qu'il vous serait possible d'assister pendant de longs jours à un pareil débat, sans qu'à tout instant il vous échappe un de ces cris d'une âme en détresse qui arrivent jusqu'au magistrat blanchi sous le harnais ? Je ne le pense pas. Un innocent soutiendrait cette lutte depuis la première heure jusqu'à la dernière. Au risque de se faire guillotiner deux fois, il se défendrait pas à pas, avec l'énergie du désespoir ; il n'aurait pas la résignation calculée de celui-ci qui, de peur de se compromettre, s'enveloppe dans le mutisme. Au moment où les charges les plus accablantes se produisent contre cet homme, il se tait ! Le nez penché sur son pupitre, il prend des notes. Il se réfugie dans ses paperasses, dans la crainte de se trahir par un mot imprudent ; il sent bien qu'un mot peut faire rouler sa tête sous le couperet d u bourreau ; il prend des notes pour se donner une contenance. Dans le cours de ce long procès, il n'a pas un cri du cœur, pas un sanglot de l'innocence ; son honneur ne se révolte pas sous l'outrage qu'il reçoit de la déposition des témoins !

Ce n'est pas ainsi qu'on se figure un innocent, n'est-il pas vrai ?

Rappelez-vous l'attitude de Lapommeraye ; elle fut la même. Comme Danval, il semblait se désintéresser des débats pour faire croire au jury qu'il n'avait rien à craindre. Non, croyez-le bien, l'innocence ne connaît pas de pareils calculs ; elle a des protestations, des cris, des révoltes qui parlent pour elle. Non, mille fois non, ce n'est pas un innocent qui pourrait se taire si longtemps ; son avocat aurait beau lui conseiller le silence, il ne se tairait pas !

Aussi bien que vous, je sais que dans les débats tout n'est pas d'une clarté irréprochable ; cette lutte, entre nos savants si peu d'accord, donne à réfléchir ; ce que l'un affirme, l'autre le nie ; souffrez que je glisse sur cette scène qui prête à rire ; une discussion sur la médecine légale nous entraînerait trop loin de notre sujet. Se gaudir des médecins serait téméraire, après Molière. Ce que je recherche dans les débats, c'est si l'attitude de Danval est celle d'un criminel ou

8.

non ! Pour moi, l'hésitation n'est pas permise. Il n'a rien d'un honnête homme aux prises avec le Code pénal, tout d'un malfaiteur qui se surveille, qui craint de s'emporter, pour qui le silence est d'or, qui a choisi son système de défense. C'est ainsi qu'agit l'homme qui redoute le châtiment et non celui qui défend son honneur injustement accusé.

Que l'opinion publique pèse tout cela avant de se prononcer, avant de construire une légende offensante pour la justice! Oui! il y a le cri de la fin, les sanglots et le désespoir. Mais comme cette explosion est tardive! Dix fois, vingt fois, Danval avait l'occasion de protester avec tant d'énergie ! Pourquoi ne l'a-t-il pas fait plus tôt? Parce qu'il espérait que le silence le servirait mieux ; ce n'est qu'au dénouement, quand il a vu son système de défense par le mutisme écrasé par le châtiment ; quand il s'est vu décidément rayé de la société, qu'il a affirmé son innocence comme tous les grands criminels.

L'herboriste Moreau, lui aussi, a protesté devant l'échafaud. Mais combien ils sont rares les criminels qui avouent sans y être contraints par l'évidence. Nous avons eu Troppmann, l'un des plus grands scélérats de ce temps. Vous souvenez-vous de son système de défense : il ne pouvait pas nier avoir été dans la plaine de Pantin. « J'y étais, disait-il, mais ce n'est pas moi qui ai frappé. » J'ai assisté à l'agonie de ce misérable. Voyez-vous, il est un fait certain : c'est que le plus grand scélérat de la terre essaye à la dernière heure de reconquérir un lambeau de la pitié des hommes. Je vois encore cette scène. Troppmann assis sur l'escabeau, le bourreau lui coupant les cheveux ; à ses côtés, le prêtre récitant la prière des agonisants ; devant lui, M. Claude, le chef de la sûreté, guettant la première défaillance du condamné pour lui arracher un aveu !

— Je n'ai pas frappé ! dit Troppmann.

Ce furent ses dernières paroles, comme chez Moreau.

C'est une erreur profonde de croire qu'en face de l'éternité qui s'ouvre, le mensonge se tait. Ceci est bon pour les honnêtes gens qui ne voudraient pas quitter la terre sur une mauvaise parole. Mais peut-on espérer des sentiments si humains chez des assassins ? Que peut valoir la dernière parole d'un être qui empoisonne sa femme ou qui coupe les petits enfants en morceaux ? Les honnêtes gens n'attendent pas la dernière heure pour purifier leur mémoire.

Pour Dieu, ne laissons pas égarer notre pitié à propos de ce misérable pharmacien de la rue Maubeuge. Les paroles mélodramatiques du dernier moment ne doivent pas nous faire oublier son attitude préméditée pendant les débats. Un homme à ce point avare de ses paroles ; un homme dont tout le sang ne se révolte pas quand, assis sur le banc d'infamie, il défend sa vie, un tel homme ne peut pas être innocent ; il ne doit pas l'être à nos yeux ; il ne faut pas qu'autour de ce quêteur de dot, de ce tripoteur de mariage, de ce pharmacien de l'Assommoir, il s'établisse une légende attristante pour l'humanité.

Et vous, bourgeois, mes amis, tirez de ce procès le grand enseignement qu'il vous offre. Méditez sur ces parents en deuil, forcés maintenant d'avouer devant la Cour d'assises que le mariage de leur fille a été bâclé avec cette insouciance qui est la lèpre de la famille contemporaine, la source de sa désorganisation, la cause de ces détestables ménages, où les enfants ont pour exemple la discorde de leurs parents, quand le père ne monte pas sur l'échafaud ou que la mère ne finit pas au bagne! S'il ne s'agissait ici que de respecter le deuil de pauvres vieillards, frappés dans leurs affections, je me résignerais aisément au silence. Mais il y a là une question d'une portée plus haute et qui touche à l'essence de la société.

Un policier heureux recherchait la femme dans le crime. Pour moi, quand je vois le crime dénouer le mariage, je me demande : « où sont les parents? » L'amour, dit Augier dans les *Fourchambault*, c'est la loi naturelle dans le mariage, qui est la loi sociale. Méditez cette vérité et voyez, bourgeois mes amis, combien vous êtes loin de l'idéal. Le mariage, tel que nos mœurs l'ont établi, n'est plus que le placement d'une jeune fille dans le plus court délai possible. Je vois le pharmacien d'ici; un ami le présente. Avant de jeter dans ses bras cette enfant qu'on a élevée, qui est la joie et la fierté des parents, avant de décider à jamais de la vie de sa fille, on prend des renseignements moins précis que s'il s'agissait d'acquérir une maison de campagne. Il est certain que, bien avant son mariage, le pharmacien de la rue Maubeuge était un être abject, d'une moralité au-dessous de la moyenne. Si, malgré cela, on lui a livré une fille de bonne éducation, qui devait ensuite apprendre l'amour à coups de bâton, c'est qu'on a procédé avec cette légèreté si commune à la bourgeoisie.

Au lieu de nous apitoyer sur le sort d'un gredin, tirons des débats de la Cour d'assises la grande leçon qui en découle tout naturellement, c'est que les parents doivent considérer le mariage de leur fille, non comme une cérémonie qui commence chez le notaire et finit à l'église, mais comme un acte décisif d'où dépend l'avenir d'une jeune personne qui entre en ménage avec ses seules illusions.

A présent que les nombreuses audiences nous ont fait connaître le gaillard qui va embellir le bagne, on se demande comment une famille bourgeoise a pu unir une enfant de vingt ans à un pareil homme, qui fut méprisable avant de devenir criminel. N'est-il pas pitoyable de voir que les gens réputés honnêtes prennent moins de renseignements sur le gendre qui doit prendre une place au foyer de la famille, que sur un appartement dont on a envie et qu'on peut quitter au bout de trois mois, si les cheminées fument?

Madame Danval n'est pas seulement la victime de son mari. En dehors de cet empoisonneur qui expie son crime, il y a d'autres coupables inconscients, qui sont à l'abri de la loi, mais non à l'abri de leur conscience. Puisse leur douleur servir d'enseignement aux parents qui ont des filles à marier. Ils s'épargneraient de la sorte bien des larmes et de bien cuisants remords !

IV

LES MONSTRES

L'Ogresse de Montauban. — Ventes d'Enfants. — L'assassin Moyaux. — L'Enfance d'une Parisienne.

L'OGRESSE DE MONTAUBAN

Un avocat de talent qui désire garder le plus strict incognito se présente un jour dans une cellule de Mazas.)

— Voyons, voyons, mon ami, dit-il au maître du logis, nous disons donc que vous avez tué votre cousin. Voilà tout?

— C'est tout ! répond le brigand.

— Quel dommage que vous n'ayez pas assassiné toute vôtre famille, continue le défenseur, nous aurions pu plaider la folie.

L'avocat de l'ogresse de Montauban a été plus heureux que son confrère de Paris. Il a défendu, en mars 1869, la plus sinistre créature qui ait comparu en Cour d'assises, et le grand nombre de crimes commis par sa cliente, car elle a tué plus de cinquante

enfants confiés à sa garde lui a permis de plaider la
folie, ce fond du sac à malices de tous les avocats de
Cour d'assises.

Je vous prie de remarquer, chers lecteurs, et surtout
vous, ô aimables lectrices, car c'est le beau sexe qui
arrive le premier dans le steeple-chase du crime, que
l'individu qui commet un meurtre a tout intérêt à
l'entourer des circonstances les plus aggravantes s'il
veut compter sur l'éloquence de son avocat. Le simple
assassinat n'intéresse pas la foule, et ne passionne
pas les défenseurs. Un homme tue son semblable par
haine, par jalousie, par intérêt; il l'attend au coin
d'un bois et lui enfonce un couteau dans le ventre. On
l'arrête; il comparaît en Cour d'assises; son affaire
est claire et c'est tout au plus si le défenseur ose
recommander l'assassin à la clémence du jury.

Mais si le même individu a tué dix, quinze, vingt
personnes, s'il a fait de l'assassinat une spéculation,
s'il a composé des saucissons avec les restes mortels
de ses victimes; s'il a vendu ces saucissons extraordinaires à trois sous la pièce, l'affaire devient brillante
et, du moment où l'avocat peut plaider la folie, le
misérable a bien des chances d'obtenir les circonstances atténuantes.

La femme Delpech est ce qu'on appelle une faiseuse
d'anges, c'est-à-dire, la plus immonde créature qui
existe; elle est monstrueuse par la quantité et la qualité du crime; elle a tué froidement, pour quelques
sous, de pauvres petits êtres confiés à sa garde tout

en continuant à toucher la pension mensuelle de dix
francs que les bonnes mères envoyaient régulièrement
sans se soucier autrement de leurs petits; de la sorte
tout était bénéfice dans l'entreprise de la femme
Delpech.

L'ogresse de Montauban enterrait ses victimes dans
sa maison, elle avait plusieurs cimetières comme la
ville de Paris : son cimetière du Nord devant la
cheminée de la salle à manger, le cimetière de l'Est
sous l'escalier de son bouge ; son cimetière Montparnasse était sa couche immonde. Du train dont allait
cette misérable, elle se serait bientôt vue dans la
nécessité d'enterrer à la campagne. Elle aurait eu son
Méry-sur-Oise et son chemin de fer pour transporter
ses petits cadavres.

La femme Delpech avoue tous ces crimes avec un
cynisme révoltant; elle n'a oublié aucun détail. Dans
son âme dégradée, on chercherait en vain une trace
quelconque de repentir; elle avait remplacé le biberon
par un flacon de vitriol, et quand les pauvres petits
criaient, l'ogresse leur trempait la tête dans l'eau
bouillante pour les faire taire à jamais.

Et le défenseur plaide la folie; il présente cette
misérable comme une pauvre égarée ; les avocats ne
nous font pas toujours rire.

Nous avons eu Collignon, un cocher de fiacre qui
ne conduisait pas la pratique au Bois quand on le lui
demandait; mais qui le conduisait à l'éternité, quand
on ne le lui demandait pas. Ce cocher dont je

n'essayerai pas de réhabiliter la mémoire, fut mis à pied sur la plainte d'un voyageur, et lui brûla la cervelle.

Évidemment, s'il croyait, par ce procédé, remonter plus vite sur son siège, il se trompait.

Collignon fut jugé, condamné, exécuté!

Si Collignon, au lieu de brûler la cervelle à un seul bourgeois, eût exterminé une douzaine de pratiques dans des circonstances aggravantes; s'il eût fait de sa boîte à fourrages un cimetière ambulant, plus d'un juré se fût peut-être demandé si cet homme n'était pas fou ?

La grande leçon qui se dégage du procès de l'ogresse est que la loi ne peut pas atteindre tous les coupables de cette lugubre affaire. Le législateur qui livre la tête de l'assassin au bourreau n'autorise pas la justice à poursuivre les mères qui livrent leurs enfants à l'assassin, car ces misérables mères qui confiaient leurs enfants à cette femme et qui restaient cinq ans sans se soucier du petit être, sans éprouver le besoin de le voir, sont de véritables complices du meurtre devant la morale publique sinon devant la loi. Vous et moi, dans notre colère, nous condamnerions ces mères aux travaux forcés; la Cour d'assises les cite simplement comme témoins et leur alloue une indemnité pour la peine. Dans le crime de Montauban il y a une foule d'assassins, mais l'ogresse est seule devant le jury : nous allons voir défiler cette jolie société.

La femme Delpech est un monstre, mais j'avoue

que ma haine et ma colère ne sont pas pour elle seule. J'ai éprouvé la même répulsion et le même dégoût en voyant défiler devant le tribunal ces mères qui se souciaient moins de l'enfant qu'elles avaient confié à l'ogresse que d'un mouchoir qu'elles auraient confié à la blanchisseuse. L'une de ces excellentes mères a naïvement avoué que, pendant cinq ans, elle n'a pas pris la peine de demander des nouvelles de son fils ; elle avait mis un enfant au monde... L'enfant la gênait... Il fallait s'en débarrasser. La tendre mère le porte à la femme Delpech, sachant peut-être parfaitement ce qui allait se passer, et pendant cinq ans elle n'éprouve pas le désir de revoir son fils. On lui dit qu'il est quelque part, à Bordeaux ou ailleurs, elle ne sait pas au juste où, elle ne se soucie d'ailleurs pas outre mesure de le savoir ; et puis, au bout de cinq ans, devant le tribunal, ces aimables mères semblent étonnées que de leur progéniture il ne reste qu'un amas de petits ossements qui figure parmi les pièces de conviction.

L'enfant est mort ! C'est un malheur dont on se consolerait peut-être, si l'ogresse rendait les quatre cents francs qu'elle a encaissés en cinq ans.

Ah ! tenez ! n'eussé-je qu'un cheveu sur la tête, il se dresserait d'épouvante. J'ignore si vous aimez les enfants... moi, je les adore ; c'est une faiblesse que l'on peut avouer sans être trop ridicule. Je sais bien qu'avec nos mœurs telles que les a faites notre brillante société, il faut craindre de montrer un bon sentiment. L'homme qui parle avec respect de son père est un *poseur;* celui qui parle avec tendresse d'une mère est un *raseur;* quand on défend un ami, on vous traite d'*imbécile;* si vous montrez quelque amour de la patrie, on vous appelle *faiseur d'embarras;* je ne vois plus guère que l'amour de l'enfance qu'il soit permis d'avouer, sans passer pour un sot ou un crétin. Un mari qui déclare aimer sa femme « n'est pas dans le mouvement », mais un père peut toujours aimer son enfant sans paraître grotesque. Quand dans une société qui a tout démoli, le vieux Paris et le vieux respect de la famille, l'amour de l'enfance a seul échappé au ridicule, et qu'il surgit tout à coup une ogresse qui donnait les petits cadavres en proie aux rats, l'émotion gagne les villes et les campagnes; on n'a pas assez de malédictions pour une telle misérable, et l'on serait tenté de serrer la main du bourreau, le jour où il aurait coupé cette vilaine tête.

Mais celles qui restent, ces mères horribles qui échappent au châtiment, celles que la loi ne peut atteindre, les filles qui livrent leurs enfants aux femmes Delpech sans se soucier autrement de leur avenir, ne vous paraissent-elles pas coupables comme l'ogresse qui les tue? Nous les avons vues défiler les unes après les autres devant la Cour d'assises, mais elles n'étaient pas sur le banc des accusées entre deux gendarmes, où eût été leur vraie place dans une société civilisée; car il est évident que si ces mères avaient fait leur devoir, le commerce de l'ogresse aurait été moins lucratif et moins prospère. Et cependant il faut nous incliner devant la loi qui punit le crime de l'ogresse et qui ne sait pas atteindre la trahison d'une mère. L'abandon d'un enfant est un assassinat moral qui échappe à la compétence du bourreau...

Je sais bien que cette grave question nous entraînerait à des considérations sociales de trop grande étendue pour le cadre de cette étude. On pourrait prouver, sans un bien grand effort d'éloquence, que si la mère est coupable, le père n'est pas innocent, car dans tout infanticide le père anonyme, Don Juan des classes aisées ou simple bambocheur de barrière, apparaît comme le premier coupable, comme l'instigateur inconscient du crime, et c'est bien pour cela que la morale bourgeoise des jurés acquitte tant de femmes qui dans un moment de misère ou d'affolement, ont tué leurs enfants. Dans la simple droiture de son bon sens le bourgeois appelé à juger les criminels, remonte aux causes du crime, là où le Code pénal se contente de le punir.

Un de ces jolis papas a figuré dans le lugubre procès de Montauban.

— Vous passez pour être le père de cet enfant que la femme Delpech a tué? lui a demandé le président.

Et lui, avec un sourire adorable comme un misérable qui se sait à l'abri de la loi, a répondu :

— On ne m'a pas accusé.

Cette spirituelle réplique d'un père, en présence du squelette d'un enfant auquel il a collaboré pour l'abandonner lâchement, a produit une certaine hilarité, les reporters judiciaires l'ont constaté ; cette canaille a eu le don de faire rire les magistrats, les avocats, les gendarmes et les témoins ; encore un peu et ce sinistre drame aurait tourné au vaudeville. Cet infâme père n'a pas fait frémir les honnêtes gens réunis dans un prétoire : il les a fait rire ; dès ce moment le jury dans un accès de bonne humeur devait accorder les circonstances atténuantes à l'ogresse.

En vérité, il y avait de quoi s'amuser. Ces pères qui se moquent de leur fils, ces mères qui livrent leurs enfants à des ogresses, ce vitriol, que la femme Delpech donnait aux enfants confiés à sa garde, l'eau bouillante dans laquelle elle les jetait, les cimetières dans tous les coins de la maison où les rats grignotaient les petits corps des victimes, c'est d'un profond comique, n'est-il pas vrai? Cette petite anecdote est faite pour divertir un père et un public qui ne demandent qu'à rire un brin. Ces hilarités d'audience vous donnent la chair de poule! On aimerait assez que le président usât de son fameux pouvoir discrétionnaire, c'est-à-dire illimité, pour envoyer le papa en prison, pour faire asseoir la mère à côté de l'ogresse et pour nous débarrasser en une seule journée d'une telle réunion de meurtriers et de coquins, mais ce n'est ici qu'un doux rêve et c'est pour cela que le couperet du bourreau tranche de temps en temps une tête du tronc, sans dénouer pour si peu les questions sociales qui, terribles et menaçantes, surgissent dans presque toutes les causes célèbres. Il est certain qu'une loi qui rendrait le père responsable de son enfant empêcherait bien des crimes et porterait un coup terrible au commerce prospère des faiseuses d'anges.

Je n'entreprendrai pas ici cette discussion brûlante, mais il est certain que le premier mot d'une législation nouvelle, conforme à nos mœurs et à notre civilisation, reste encore à dire, que la justice pour tous n'est encore qu'un vain mot, puisque la dame Thémis n'atteint pas toujours les vrais coupables, et que ce siècle qui s'enorgueillit d'avoir trouvé la vapeur et l'électricité, a encore bien du chemin à faire avant d'arriver à ce sommet de la civilisation que bien à tort nous nous vantons d'avoir escaladé.

II

VENTES D'ENFANTS

A la collection déjà considérable de Vénus que nous a léguées la sculpture antique, on peut ajouter la Vénus moderne que la Correctionnelle a condamnée, en mars 1881, à six années de réclusion ; nous la nommerons la Vénus au râtelier pour qu'on ne la confonde pas avec les plâtres du Louvre, qui servent aux jeunes élèves de modèles pour leurs premiers dessins d'après la bosse. De quoi s'agissait-il ? Voici l'affaire en quelques mots ; une vieille drôlesse, ayant conçu le projet de se faire épouser par le nommé Bouton, nigaud de dix-huit ans qui l'enivrait de ses faveurs, lui affirma qu'elle était enceinte de ses œuvres et au bout de neuf mois, elle fit semblant de donner le jour à un enfant du sexe féminin, acheté au rabais. Si nous n'avons pas à Paris un monument officiel pour les ventes d'enfants comme nous en possédons deux pour les vieux mobiliers et les chevaux, le trafic n'en existe pas moins. La fausse accouchée qui cette fois embellit le banc de la Correctionnelle a dépassé la cinquantaine ; les marchands d'enfants sont à côté d'elle. La vieille dame a été condamnée à six années de réclusion et la paire de parents choisis qui lui ont vendu leur progéniture ont été acquittés. Il est donc entendu qu'on peut vendre son enfant comme un vieux fauteuil, mais que l'acheteur n'a pas le droit de l'introduire dans sa famille avec un faux état civil. La vieille dame qui prétend descendre par les hommes des de Gravas et par les femmes des de Livernière, cette fausse accouchée ne m'est pas sympathique le moins du monde, on peut le croire, mais j'estime que le tribunal s'est montré singulièrement sévère pour cette matrone que le bon sens place au deuxième plan dans cet abominable procès. Quand à un âge déjà avancé où l'on a laissé toutes ses illusions et toutes ses dents aux ronces du chemin, on veut procurer les douces joies de la paternité à un nigaud de dix-neuf ans et que, pour ce faire, on se fait céder un enfant comme on marchande un melon à la halle, on est coupable sans doute, mais moins toutefois que les estimables parents qui se débarrassent de la chair de leurs entrailles comme on vend un vieux chapeau crasseux au marchand d'habits qui passe. Il me semble que la justice, ayant à distribuer six années de réclusion, aurait dû en octroyer la moitié à la Vénus au râtelier et l'autre moitié aux méprisables parents de l'enfant. Le défunt Salomon, président de la Cour de cassation du temps des Hébreux, eût certainement dénoué le procès scandaleux dans le sens indiqué plus haut ; de son temps, la baronne et

9.

les parents de l'enfant supprimé fussent entrés à la
Centrale d'une seule fournée. Dans tous les cas, ce
dénouement eût donné une vive impulsion à la fabri-
cation des chaussons de lisière, en même temps que la
conscience publique y eût trouvé son compte.

Je ne veux pas m'apitoyer outre mesure sur la
femme de tous les mondes et entre trois ou quatre
âges, qui a été si sévèrement frappée par la Correctionnelle ; elle a tout perdu, fors l'honneur qu'elle n'a
amais possédé. Mais on se demande si la justice a
vraiment fait toute sa besogne en restituant à la
société la fille Lefuel et le citoyen Siffointe, qui ont
vendu leur enfant comme une vieille peau de lapin ?
Ces deux misérables sont donc réellement moins
coupables que l'antique baronne hystérique qui, par
faute condamnable, sans doute, mais atténuée par
la passion, a donné un héritier artificiel au jeune
Bouton ?

Si, au lieu d'une des plus abominables affaires de
ce temps, la magistrature avait eu à juger un simple
procès de presse, les choses ne se seraient pas passées
ainsi. Quand les journalistes défilent devant la Correctionnelle, le Code frappe du même coup et l'auteur de
l'article, et le gérant, plus l'imprimeur ; il pleut de la
prison et des amendes sur tous ceux qui, à un titre
quelconque, peuvent être rendus responsables de l'article incriminé. L'admirable législateur à qui nous
devons cette merveille de Code, que l'Europe doit, en
cette occasion, nous envier encore plus qu'aupara-

vant, cet incommensurable législateur a de plus
grandes indulgences pour une paire de parents qui
vendent leur enfant que pour le gérant d'un journal,
complice d'un délit qu'il n'a pas commis. Si, cette
fois, l'Europe ne nous envie pas ce législateur, au
point de crever de jalousie, c'est que, vraiment, elle
n'a plus le respect des vastes intelligences auxquelles
l'imprimeur d'un journal paraît plus coupable que les
époux Siffointe, qui cèdent leur enfant à la première
aventurière venue, pour célébrer ensuite ce marché,
qu'ils considèrent comme un bon débarras, par un
litre à quinze chez le marchand de vin.

L'estimable Siffointe est un homme à principes;
après avoir cédé l'enfant, il a épousé la mère; un si
bon père ne pouvait plus longtemps vivre en concu-
binage avec la mère exquise de l'enfant, livré à la
condition que la vieille dame lui laisserait un jour tout
ce qu'elle possède; ces deux misérables basaient sur
la cession en règle de leur enfant des espérances
folles; ils comptaient sans doute le retrouver un jour
et s'en faire six mille livres de rentes. Il y a dans
Paris des agences qui se chargent spécialement de
dénicher sur le tard des enfants que leurs parents ont
vendus au berceau; c'est une loterie comme une autre
pour plus d'une paire de canailles qui livrent leur
progéniture à des inconnus, non parce que la misère
toujours intéressante, même dans le crime, les pousse
à ce forfait, mais parce qu'elles ont tout à gagner et
rien à perdre dans cette opération commerciale; si on

n'entend plus parler de l'enfant, s'il disparaît sans qu'on sache ni comment ni pourquoi, l'acheteur fait six ans de Centrale et les vendeurs ne risquent rien ; si, par hasard, le marché est bon, on fait appel plus tard à la fameuse voix du sang, mêlée de quelques sanglots de crocodile pour toucher la prime. C'est ce qu'à la Bourse ou appelle une option.

Il ne faut pas, pour atténuer le crime des époux Siffointe, nous égarer dans les romances sentimentales ; il ne faut pas nous parler, avec une sensibilité peu justifiée, des larmes et du désespoir de la fille séduite, abandonnée par son homme et qui, incapable d'élever son enfant, veut lui faire un sort ; il ne faut pas pour la circonstance dépouiller l'antique répertoire des Pixérécourt et des Victor Ducange avec trémolos de M. Artus, chef d'orchestre de l'Ambigu. Il faut carrément appeler les choses par leur nom, et dire que les époux Siffointe sont d'affreuses canailles, en même temps qu'on doit déplorer que le président de la Correctionnelle n'ait pas trouvé dans notre code si envié le moindre article qui lui permît d'atteindre ces deux abominables complices de la fausse douairière, dont le jeune Bouton a cueilli les baisers aristocratiques, qui, vu l'âge de la baronne, devaient remonter comme le reste à Louis le Hutin.

Il y a encore une autre coupable dans cette affaire écœurante, c'est une surveillante de la Maternité, qui a été la courtière marron ; elle a bâclé le marché, car l'enfant de la fille Lefuel et du citoyen Siffointe est née à la Maternité et c'est là que la vieille baronne est allée l'acheter. On pourrait croire que ce marché est une hideuse exception, mais le doute n'est pas permis : l'aisance avec laquelle la cession a été négociée, prouve combien ce trafic est facile à la Maternité. La femme au râtelier n'y est pas allée par quatre chemins ; elle, si romanesque dans ses épanchements avec le jeune Bouton, n'a fait aucun effort d'imagination pour se procurer un enfant ; elle s'est rendue à la Maternité comme on va au marché ; elle s'est adressée à la surveillante comme à une poissarde de la Halle, et elle lui a dit sans le moindre artifice :

— Je cherche une petite fille, pesant dans les huit ou dix kilogrammes ; avez-vous cela ?

Et cette surveillante, habituée sans doute à de pareilles propositions, n'a rien vu d'extraordinaire dans cette démarche : au contraire ; du ton le plus naturel du monde, elle a répondu :

— Nous allons vous trouver cela, ma bonne dame, car nous avons toujours un grand choix d'enfants : ce serait bien malheureux si, dans le tas, nous ne trouvions pas ce que vous cherchez. Suivez-moi, madame, nous allons faire un tour dans nos magasins et j'espère que vous quitterez notre établissement satisfaite de votre acquisition au point de nous recommander à vos amis et connaissances.

Si ce n'est pas le langage exact de la surveillante, c'est du moins le sens du marché qu'elle a négocié : elle a conduit la cliente dans le magasin et on est tombé d'accord avec la fille Lefuel qui ne tenait pas du tout à son enfant. Le sieur Siffointe, consulté par sa délicieuse maîtresse a affirmé que ce marché serait un excellent débarras et l'affaire a été bâclée en un tour de main.

Mais, alors, la Maternité est donc un bazar comme un autre où l'on va sans façon se procurer une descendance mâle ou femelle après avoir monté son intérieur à la Ménagère du boulevard Bonne-Nouvelle ? La Maternité n'est donc pas un établissement de haute charité où l'on accueille des mères malheureuses ou abandonnées? C'est donc la Bourse des petits enfants où l'on se procure un fils et une fille comme une action de Panama ou une obligation de Rio Tinto? Mais, alors, nous avons donc en plein Paris et sous l'aile protectrice de l'Administration une halle aux nouveau-nés, comme nous possédons une halle aux blés, un marché de chevaux et un marché de chiens? Il paraît que cela est, puisque la baronne de Gravas de la Centrale pouvait s'adresser à une surveillante sans être pour le moins flanquée à la porte avec quelques bons coups de pied n'importe où, au risque même de détériorer quelque peu les charmes si chers au jeune Bouton.

Pour l'honneur de l'Administration, pour l'honneur de Paris, je voudrais bien croire que c'est là un fait isolé, quoique, à mon avis, une surveillante ne serait pas facilement l'entremetteuse complaisante de ce trafic honteux si elle n'y était pas autorisée par des précédents, peut-être par l'usage constant. Mais j'ai beau fouiller ce procès d'un bout à l'autre, nulle part je n'y rencontre l'indication d'un châtiment quelconque infligé à cette surveillante ; elle n'a même pas comparu comme témoin ; par un excès de délicatesse on ne l'a seulement pas nommée pour la signaler au mépris public ! Aucune parole sévère n'a retenti dans ce procès lugubre, ni contre les époux Siffointe, vendeurs de l'enfant, ni contre la surveillante qui a facilité le marché avec une désinvolture charmante. Mais alors les surveillantes de la Maternité ne sont pas uniquement là pour surveiller et pour aider de pauvres femmes en couches? Leur mission n'est donc pas seulement d'assister de malheureuses filles au moment où elles deviennent mères, et leur rôle est-il encore de les aider à devenir de mauvaises mères qui se débarrassent du nouveau-né sous l'œil vigilant de l'Administration?

Et que voulez-vous que me fasse dans cette lugubre affaire la seule vieille folle hystérique avec son faux râtelier et ses six années de réclusion ? Le mal est plus profond et plus général : il est dans le tripotage d'enfants qui se fait impunément et jusque dans les salles de la Maternité ; il est dans cette révélation scandaleuse que l'achat et la vente d'un nouveau-né, l'abandon d'un pauvre être qui entre dans le monde sous la soi-disant protection de la charité publique est un fait de peu d'importance, que les parents qui livrent cet enfant ne sont pas justiciables, pas plus que l'exécrable surveillante qui fait de la Maternité une halle de chair humaine.

Ah! je vous en prie, ne me répondez pas par les vieilles romances sentimentales! Ne me parlez pas des mères qui se débarrassent de leurs enfants sur un ton attendri. Ne mettez pas sur le compte de la *socilliété* la responsabilité de telles monstruosités pour les excuser. Si vous admettez qu'une mère ait le droit de se débarrasser de ses enfants comme d'une portée trop nombreuse de chats gênante au logis, vous ouvrez les portes à toutes les trahisons, à tous les crimes. Dans tous les cas, si une mère malheureuse ne peut pas prendre soin de son enfant, la société lui offre un asile sûr aux Enfants Assistés, à moins qu'on y trafique sur les nouveau-nés comme à la Maternité. Ne me chantez pas l'affreuse romance d'après laquelle c'est pour le bonheur du .petit et pour le préserver d'une vie de misère. Non! cela n'est pas! Rien ne peut atténuer le crime. Pour le bonheur du petit! Allez, je la connais cette morale facile, bonne tout au plus pour les vieilles portières des Batignolles, qui en sont encore à causer du sacre de Charles X. Est-ce pour le bonheur du petit que la folle maîtresse du jeune Bouton a fait semblant d'accoucher dans un omnibus, pour faire disparaître ensuite la fille des Siffointe? Ce trafic sur les enfants n'est-il pas réellement une honte pour nous et un crime pour ceux qui le mettent à exécution? Pour une âme charitable qui recueille de temps en temps un pauvre enfant abandonné, que de filous, d'escarpes, de malfaiteurs de toutes sortes, s'emparent de ces petits êtres pour en faire des acrobates, des mendiants ou pour les revendre ailleurs, comme on fait, en Orient, des jeunes Nubiennes.

Oui, vraiment, elle est propre notre civilisation qui autorise de telles hontes ! Il est bien enviable ce Code qui ne peut pas atteindre les misérables parents et la méprisable surveillante ! Et vous vous étonnez, après cela, que, dans de telles circonstances, la morale publique craque sur toutes les coutures, et que les petits enfants que nous ne savons pas protéger contre le plus ignoble des trafics, deviennent un jour ou l'autre les hommes aux revendications terribles qui font trembler les sociétés ? Le monde ne va pas à reculons : il marche en avant. Ne perdons pas notre temps à toujours analyser les erreurs souvent irrémédiables du passé. Envisageons l'avenir, et tâchons de sauver les enfants, ce qui est encore le moyen le plus sûr de faire des hommes !

III

L'ASSASSIN MOYAUX

Le 16 mai 1877, Paris a appris avec un profond étonnement que la tête du fameux Moyaux ne roulerait pas dans le panier ; l'assassin de Bagneux n'a pas été jugé comme le dernier criminel ; l'horrible forfait qui a épouvanté le monde n'a pas appelé sur l'assassin le suprême châtiment dont disposent les hommes ; faussaire, assassin de sa fille, meurtrier de sa femme, cette brute féroce a été jugée digne de la pitié des hommes. Ce jour-là, la peine de mort a été moralement abolie et M. l'exécuteur des hautes-œuvres du continent français a dû passer une mauvaise nuit. Ce n'est pas sans douleur qu'on voit sur le tard s'écrouler toute une belle carrière laborieuse. En apprenant que le jury a accordé les circonstances atténuantes à Moyaux, le bourreau a dû dire :

— Mon art est dans le marasme.

Moyaux, cela n'est douteux pour personne, est l'un des plus sinistres gredins qui aient comparu en Cour d'assises ; il est faussaire, assassin, cabotin vaniteux et lâche. En vain essaye-t-il de rejeter sa faute sur sa femme. On peut ne pas l'excuser, mais enfin les rôles me semblent changés ; c'est elle qui a été rossée et menacée, et c'est sur elle qu'on veut faire retomber origine du crime ; cet assassin a des accès de dignité curieux : il veut bien être un assassin, mais non un mari complaisant. Ce bandit parle de son honneur conjugal outragé par sa femme, pour se rendre intéressant et afin de permettre à son défenseur de plaider les circonstances atténuantes : si ce gredin a tué son enfant, c'est dans le désespoir d'un mari trahi ; sa femme est partie avec un autre et dès lors Moyaux va tuer sa fille pour punir l'épouse infidèle. Sur ce tissu de mensonges romanesques, Moyaux échafaude sa défense. La vérité est que Moyaux est déjà faussaire avant de devenir assassin et qu'il a laissé partir sa femme pour se débarrasser éventuellement d'un témoin à charge. On ne peut pas admettre que le départ de sa femme ait jeté le moindre trouble dans la vie de Moyaux : il a donné son autorisation et il faut croire qu'il n'ignorait pas avec qui elle partait ; il lui suffisait que sa femme fût loin du Parquet. Ses colères devant les assises sont factices ; on ne doit pas admettre un sentiment respectable chez ce brigand. Pour le juger, pour refouler dans notre cœur toute pitié dont il est indigne, il faut reporter sa pensée à la scène de l'assassinat. Ce misérable aurait, par haine pour sa femme, jeté l'enfant au fond d'un puits dans un moment de colère ou de folie, qu'on pourrait peut-être atténuer son épouvantable crime. Mais le voyez-vous marcher dans la nuit, silencieux, portant son enfant dans ses bras ? La petite dort : son haleine frôle le visage de cet être abject qui se dit père ; il marche pendant deux heures ainsi, et aucun sentiment humain ne surgit dans les entrailles de ce criminel. Voici l'enfant au fond du puits ; elle pousse des cris de détresse, et ce misérable ne s'émeut point. Il reste là, voulant surprendre le dernier râle de sa victime qui gît au fond, dans le ventre en décomposition d'un chien crevé. On n'a pas vu de plus abject criminel que celui-là.

Le forfait est accompli. L'assassin déclare qu'il était dégoûté de la vie, et qu'il a voulu mourir, lui aussi. Mais ce triste cabotin du crime ment ; si la haine de sa femme avait été le seul motif d'un crime si abominable, il aurait cherché à tuer madame Moyaux d'abord, et il se serait suicidé ensuite. Mais cet homme n'avait pas plus envie de mourir que vous et moi ; il a dû lire Rocambole ; il lui plaît de devenir un héros de roman populaire ; s'il revient à la charge, s'il essaye de tuer sa femme ensuite, c'est qu'il ne sent plus sa tête en sûreté sur ses épaules ; il ne veut pas que sa femme lui survive. Ce sanguinaire cabotin veut laisser un nom dans les annales judiciaires ; il écrit ses mémoires au jour le jour, comme Lacenaire faisait de la poésie ; il veut aller à la postérité, et laisser un bon souvenir. Dans ses lettres, il cherche à excuser son crime ; il se considère comme une victime ; l'assassin de la petite Jeanne ose parler de sa tendresse pour son enfant!.!

Et vous voulez que nous ressentions autre chose que la haine la plus profonde pour cet abominable gredin, et vous trouvez étrange que la vindicte publique appelle sur sa tête le châtiment suprême? Prenez garde! Encore un peu, et vous accuserez le public d'être plus féroce que Moyaux.

Cet homme n'est pas seulement le plus criminel des assassins. C'est encore un lâche. A la mort, qu'il dit ambitionner, il préfère la vie. Traqué comme un fauve par la police, sachant qu'il ne peut attendre aucune pitié de la part des hommes, il défendra sa vie jusqu'au dernier moment; il traîne son existence misérable dans les rues de Paris; il couche sur le pavé et se nourrit de feuilles de salade qu'il trouve dans les tas d'ordures. Pour excuser sa lâcheté à ses propres yeux, il écrit sa biographie; il se dépeint comme un assassin de mélodrame, prêt à défendre sa liberté avec l'énergie la plus redoutable. Mais devant un simple sergent de ville qui le saisit au collet, ce courage factice s'éclipse; ce terrible bandit se laisse conduire au poste sans résistance; ce tueur d'enfants tremble devant ce seul gardien de la paix; le héros de roman s'efface; il ne reste qu'un lâche assassin qui n'a tout juste de l'énergie que pour jeter son enfant au fond d'un puits.

Et le voici devant le juge! L'homme qui n'a pas trouvé un cri humain en présence des cris de détresse de sa fille expirante, pleure et sanglote. Larmes de crocodile, car à qui voudrait-on faire accroire que l'assassin qui ne s'est pas ému devant le puits, puisse éprouver quoi que ce soit, ressemblant de près ou de loin à un sentiment humain ? Non ! il ne pleure pas la petite Jeanne ; il s'émeut de son propre sort ; il sent bien qu'il est perdu ; il pleure sa vie menacée par le bourreau ; dans sa pensée, il se voit agenouillé sur sa propre tombe ; il tremble de la tête aux pieds ; il a peur de mourir.

Cet homme est lâche !

Dans sa cellule, il a imaginé un système de défense à lui ; il ne répondra pas au président ; il aura l'air de ne pas tenir à la vie ; il pose pour l'énergie comme il a déjà posé pour le suicide. Mais il a peur ; il grelotte la fièvre ; il n'est plus en présence d'une pauvre enfant, ni d'une femme ; les magistrats sont là avec leurs robes rouges, les jurés en face, à ses côtés les gendarmes. Le misérable, qui se dit dégoûté de tout, se raccroche à la vie avec tout ce qui lui reste d'énergie ; il suffit que M. le président lui fasse comprendre que son silence compromet sa défense pour qu'il se décide à parler. Et comment parle-t-il ? Ce n'est plus le joli hâbleur qui écrit à un ami, ni le correspondant du *Petit Journal* qui fait du roman, et moins encore l'auteur des Mémoires qui affecte le mépris de la vie. C'est un lâche qui a peur de la mort et qui ne demande qu'à vivre : au bagne, peu lui importe, pourvu qu'il sauve sa précieuse existence.

Voilà l'assassin qui a comparu devant les juges, et vous avez vu la piteuse figure qu'il y faisait. De ce fameux Moyaux, dont la légende avait fait un-second Abellino, le grand bandit, qui menaçait de tout tuer avant de se livrer à la justice, il ne reste qu'un vulgaire et lâche criminel, indigne de toute pitié, aussi bien que Troppmann, l'égorgeur de Pantin.

C'est à cet être que le jury a accordé les circonstances atténuantes! Il faut respecter la décision des douze honnêtes gens qui ont pensé que le Code contenait des châtiments trop sévères pour ce gredin. On l'a trouvé moins coupable que les Moreau, les Boudas et les Billoir, dont les têtes sont tombées sur la place de la Roquette. Nous n'avons pas à descendre au fond du cœur du jury pour savoir si vraiment il a jugé Moyaux digne de quelque pitié ou si, dans son âme et conscience, la peine capitale lui répugne. Dans tous les cas, ce ne serait pas la première fois qu'un juré eût accordé les circonstances atténuantes de peur de livrer un homme au bourreau. Je ne suis pas un être sanguinaire ; je n'ai pas pour le bourreau une sympathie démesurée. On aurait fait grâce de la vie à Moyaux après avoir tenu pendant quarante jours le brigand sous la terreur de la guillotine que je n'aurais pas élevé la moindre protestation. Ce qui irrite la conscience publique, ce n'est pas que la tête de Moyaux reste sur ses épaules. Mais on aurait voulu qu'il ne dût la vie qu'à la pitié des hommes et non à un droit acquis devant les assises. A présent, prenons garde !

Moyaux lui-même peut désormais excuser son crime ;

il a le droit de se considérer en quelque sorte comme une victime. Là-bas, au bagne, il lui sera permis de relever la tête et de dire que, si la justice était bien faite, sa femme serait à la Nouvelle-Calédonie, et lui, Moyaux, en liberté. Ce misérable, ce lâche, ce faussaire, cet assassin de la petite Jeanne, a le droit de ne pas se considérer comme le plus méprisable des tueurs d'enfants. Peu m'importe que sa tête roule sous le couteau ou qu'il la garde sur ses épaules ! Ce n'est pas à ce point de vue qu'il faut envisager le verdict ; les circonstances atténuantes ont surpris la conscience publique, non qu'elle fût avide de sang, mais parce qu'il lui répugne d'excuser par quoi que ce fût l'épouvantable crime de Bagneux ; la conscience publique se demande s'il peut encore surgir un être assez vil, assez dégradé, assez sanguinaire et plus dangereux que Moyaux, afin qu'on lui applique la peine capitale ?

On peut dire que la question est tranchée à jamais. La peine de mort est moralement abolie ; on pourra encore la prononcer désormais, mais il me semble difficile de l'appliquer ; en attendant qu'elle disparaisse du Code, le jury de la Seine l'a rayée de notre civilisation. La guillotine ne pourra plus se dresser sur la place de la Roquette pour qui que ce soit sans que la conscience oppressée se demande pourquoi l'un des plus grands criminels, indigne de toute pitié des hommes, respire à la Nouvelle-Calédonie la brise du matin, tandis qu'à cet autre il ne reste plus à vivre que tout juste le temps d'embrasser l'aumônier des prisons. Quel crime, après l'abominable forfait de Bagneux, peut encore appeler la peine capitale sur la tête d'un assassin ? On n'en voit pas !

Et bien, soit ! Mais alors, faisons les choses franchement ; ayons le courage ou la faiblesse, comme vous voudrez, de rayer définitivement la peine capitale du Code. Disons carrément aux assassins que leur tête ne roulera pas dans le panier du bourreau, parce que la guillotine nous répugne, et non parce que nous excusons leurs forfaits. Le jour où le Code n'aura pas de plus terrible châtiment que les travaux forcés à perpétuité, nous saurons à quoi nous en tenir, et l'assassin qui garde sa tête sur ses épaules n'aura pas la consolation et la fierté relatives de ne pas avoir été jugé comme le dernier des derniers. Moyaux, le faussaire, l'assassin sans entrailles peut entrer au bagne en levant la tête ; la justice des hommes lui a reconnu des circonstances atténuantes ; il ne voudra pas frayer avec ses compagnons condamnés à mort et à qui on a fait grâce de la vie ; il peut se dire que dans la fange du bagne, il y a des êtres plus boueux que lui, des hommes plus infâmes puisque le jury les a jugés plus sévèrement que l'assassin de Bagneux.

En présence d'un pareil fait, qui oserait désormais défendre la peine de mort ? Personne. En ce qui me concerne, j'ai beau fouiller mes souvenirs, je n'y trouve pas la trace d'un tueur d'enfants plus indigne de pitié que celui-ci. En accordant les circonstances atténuantes à Moyaux, le jury de la Seine a condamné

le bourreau à mort; il ne reste plus qu'un pas à faire...
c'est de rayer une bonne fois la peine capitale du Code
pénal, car on ne voit plus maintenant pour qui l'é-
chafaud pourrait se dresser sur une place publique.
Il faut que M. de Paris songe à se créer une autre
position sociale. Je ne sais pas s'il a droit à une pension. Si oui. le bourreau finira ses jours à la campagne, comme un bon bourgeois, et le soir, en faisant
son bésigue avec ses voisins, il leur racontera les histoires de jadis, en débutant toujours par cette phrase
aimable :

— Du temps où j'étais dans les affaires....

IV

L'ENFANCE D'UNE PARISIENNE

En 1876, tout Paris a lu, dans la *Gazette des Tribunaux*, le procès d'une femme Prost, qui a comparu
devant la huitième chambre correctionnelle. Quelle
délicieuse créature que cette femme Prost ! Elle a une
petite fille qu'elle met en pension à Asnières ; l'enfant
y reste six années, pendant lesquelles la mère vient
la voir deux fois : une fois tous les trois ans ! Voilà
les débuts de cette mère détestable !

Au bout de six ans, elle reprend sa fille et voilà une
enfant bien portante qui maigrit à vue d'œil ; les voisins l'entendent pleurer outre mesure. La bonne mère
la battait à coups de manche à balais et même à coups
de marteau. Les voisins l'ont entendue pousser des
cris déchirants : « Maman, maman, je t'en prie, j'en
ai assez ! » Et la mère de continuer : « Elle tapait
comme un maçon, » dit un témoin dans sa langue pittoresque.

Les gens de cœur ont tous dû éprouver le même
sentiment de dégoût pour cette méprisable femme, et
il est permis de croire qu'ils ont fait comme nous,

c'est-à-dire qu'ils sont allés tout droit, à la fin du compte rendu de ce procès terrible, pour voir quel châtiment la justice a infligé à cette marâtre?

Elle a été condamnée à DEUX MOIS de prison.

Deux mois, vous m'entendez bien, deux mois; pas plus qu'un journaliste qui, en un moment d'effervescence, aurait écrit un article déplaisant. Et cette femme avait à ce point battu sa fille que les vêtements de la pauvre petite étaient ensanglantés; elle l'avait tellement maltraitée que l'enfant, maigrissant à vue d'œil, en était réduite à l'état de squelette ambulant. Cette misérable femme Prost avait traîné sa fille dans toutes les boues ; elle la tirait par les cheveux à travers l'appartement, parce que la petite avait oublié de préparer le repas du « Monsieur » qui fréquentait la maison ; la mère, toute à la débauche, s'en rapportait pour la cuisine à cette pauvre malheureuse de douze ans. Quand la soupe du « Monsieur » était trop salée, on tapait sur la cuisinière; si le « Monsieur » avait trouvé la côtelette trop cuite, on battait l'enfant jusqu'au sang. Le « Monsieur » est resté inconnu ; c'est vraiment dommage. Nous avons perdu là une jolie occasion de faire la connaissance d'une belle nature.

Si la mère n'a eu que deux mois de prison, il ne faut pas accuser le juge, mais la loi mal faite qui ne l'a pas armé d'un plus fort châtiment pour les femmes Prost, en même temps qu'elle a oublié de s'occuper des enfants maltraités par leur mère.

Car enfin si la loi n'est pas bien sévère pour la femme Prost, elle ne peut rien pour la jeune Blanche. L'Assistance publique a soin de l'enfant pendant la détention de la mère, mais, une fois sortie de prison, la charmante maman rentre dans ses droits ; elle reprend sa fille. Les parents peuvent alors intervenir et demander au tribunal civil que l'enfant soit remise à un tiers, à un parent. Voilà tout ce que peut la loi pour la défense d'une malheureuse de douze ans. Donc, nouveau procès, si l'enfant maltraitée a des parents honnêtes qui veulent bien s'intéresser à elle ; rien, si elle est abandonnée à sa mère. Le ministère public ne peut prendre d'office aucune mesure pour la sécurité de Blanche Prost. La loi peut bien confisquer pendant cinq années un écrivain ; elle n'a pas le pouvoir de confisquer les droits maternels d'une marâtre dans le genre de la femme Prost. C'est vraiment charmant.

Inutile, d'ailleurs, de chicaner la loi pour quelques mois de prison. Ce qui me préoccupe dans cette affaire, ce n'est pas la mère, mais la jeune fille. Dans mon ignorance, je m'attendais à un autre dénouement. Tout naïvement, je me figurais qu'un jugement flétrissant déclarerait cette mère à jamais déchue de ses droits, et que la société, à défaut d'une famille, s'emparerait de l'enfant maltraitée et engagée dans une mauvaise voie, pour lui servir de tutrice jusqu'à sa majorité. Eh bien, non !... Soixante jours de prison pour la mère ! A revoir, mon enfant ! Ta bonne petite maman conserve tout son pouvoir! Te voilà sortie de l'audience avec un bel avenir sur la planche!

Eh bien ! législateur, qu'en dis-tu ? Trouves-tu toujours ton code si bien fait qu'il n'y ait plus à s'en occuper? Penses-tu toujours que tout soit pour le mieux dans le meilleur des mondes, et qu'après avoir voté une loi quelconque, tu puisses te reposer sur tes lauriers avec le calme d'une belle conscience satisfaite de son œuvre? Ne trouves-tu pas, ô sublime législateur, que tu es bien indulgent pour les méprisables créatures qui, non contentes de dégrader leur enfant en la faisant travailler pour « le Monsieur », la rouent de coups; et que tu es bien sévère pour les victimes de la misère, qui, en somme, ne peuvent être coupables que d'un entraînement momentané ?

Si tu veux me suivre dans les prisons, ô grand et sublime législateur, je te montrerai des pauvres diables, de très bons pères de famille peut-être, et qui font leurs six mois ou leur année pour un délit excusable tandis qu'après quelques semaines, la femme Prost retrouvera tranquillement « ce monsieur » ou un autre, en même temps que sa fille, à laquelle elle fera payer ses deux mois de détention par de nouveaux coups de baton.

Ici la question n'est pas de savoir si la mère aura plus ou moins de prison, mais si le juge correctionnel a le pouvoir de soustraire, à l'avenir, les petites filles aux mauvais traitements de telles mères. Ce pouvoir, le magistrat ne l'a point. Grand Dieu, ce n'est pas le juge que je mets en cause ; je remonte plus haut, non au chef du parquet et au ministre de la justice, mais au sublime législateur, qui a arrangé les choses si bien, qu'il peut bien arracher la plume des mains d'un écrivain récalcitrant, mais qu'il ne peut pas arracher une pauvre petite fille à sa mère dégradée, pour sauver en elle ce qui reste de pudeur et de vie!

Vous me trouverez peut-être bien solennel, mais enfin! on n'a pas tous les jours envie de rire! Il y a des semaines, dans la vie parisienne, où l'esprit se détache des frivolités, où nous avons la larme à l'œil et non le sourire sur les lèvres! Que voulez-vous? on n'est pas complet. Si cuirassé qu'on soit dans la vie, il reste toujours un petit coin par où entre la miséricorde du prochain et la haine de tout ce qui est injuste et abominable dans cette civilisation qui pense avoir atteint le maximum de son œuvre.

Je sais bien que ce procès de la femme Prost n'est pas le dernier mot du genre. On a vu mieux que cela dans la boue parisienne. Vous me direz que cette petite fille n'est pas si intéressante que le pense l'écrivain alarmé de tant de monstruosités. On a raconté à l'audience qu'elle avait contracté de mauvaises habitudes. Il faut vraiment avoir la bosse de toutes les illusions pour croire que dans un tel milieu la pauvre Blanche Prost puisse puiser l'exemple de toutes les vertus. Est-ce la faute de l'enfant, chargée de faire la cuisine pour le « Monsieur » épuisé par la débauche consommée, pour ainsi dire, sous les yeux de la petite fille, si avant l'âge elle roule dans le vice, en attendant qu'un « Monsieur » la rencontre au coin de la rue et en fasse ce qu'est sa bonne mère?

Et si, dans dix ou vingt ans, Blanche Prost comparaissait à son tour devant le juge, la société oserat-elle, par l'organe du magistrat, la frapper d'un châtiment quand elle a sa part de responsabilité et de fautes? Que répondriez-vous à une femme qui tranquillement viendrait dire au président de la police correctionnelle :

— Monsieur, ce n'est pas ma faute! J'avais de bons instincts ; j'étais heureuse et honnête dans cette pension où j'ai passé mes premières années! Un jour, ma mère m'a retirée de là où ma jeunesse s'est écoulée calme et sereine ; elle m'a battue, elle m'a maltraitée ; mon sang a coulé sous ses coups ; elle a passé devant le Tribunal, qui l'a punie de deux mois de prison. Ce jour-là, il était temps encore de me sauver. Si la loi m'avait prise sous sa protection, si on m'avait placée dans une maison d'éducation, peut-être serais-je aujourd'hui heureuse et considérée. Mais vous n'avez pas fait cela ; vous m'avez abandonnée à mes instincts, rendus mauvais par la faute de ma mère ; j'aurais pu devenir une honnête femme encore, et je ne suis qu'une misérable fille qui a bu toutes les hontes. Faites de moi ce que vous voudrez, punissez-moi, enfermez-moi! Vous ne rachèterez pas les torts que vous avez eus envers mon enfance !

Eh bien, législateur, si un jour Blanche Prost te

tenait ce langage, que répondrais-tu ? N'entendrais-tu
pas ta conscience qui te dirait : « Tu n'as pas fait ton
devoir ! » Ne serais-tu pas forcé de t'avouer que, s'il y
a tant de filles perdues dans Paris, c'est que tu n'as pas
su les sauver dans leur enfance. Nous avons des maisons hospitalières dans Paris, où la pitié humaine
recueille les filles repenties, mais où sont les refuges
où l'on recueille les Blanche Prost massacrées par des
marâtres avant qu'elles aient roulé jusque sur le
trottoir ?

Dis-moi, ô Paris, centre de l'intelligence, comme on
t'appelle, ne trouves-tu pas qu'il nous reste encore
pas mal de choses à faire avant de planer au sommet
de la civilisation ? Toi qui as de si beaux monuments,
montre-moi le palais où l'on recueille les Blanche
Prost, toutes les pauvres petites filles que, la loi
aidant, tu pourrais arracher à leurs mères indignes
pour les élever dans le sentiment du respect d'elles-
mêmes ! De combien de jeunes filles perdues dans
cette immense ville, élevées dans l'exemple de la
débauche, t'occupes-tu tous les ans pour les mettre à
l'abri du « Monsieur », et pour montrer à leur misérable enfance la route d'un monde meilleur et respectable ?

Ah ! tu crois avoir tout fait quand tu as élevé sur le
Champ-de-Mars un palais afin que l'industrie interna-
tionale vienne lutter sur les bords de la Seine ? Oui,
je sais bien, tu as l'Élysée et la Banque de France,
Notre-Dame et le Luxembourg, les Champs-Élysées et

le Bois de Boulogne, un hôtel de ville resplendissant
et les plus belles casernes dont puisse s'enorgueillir
un peuple ! Mais tant que tu n'auras pas un monument
plus magnifique encore que les autres, qui serait à
la fois l'église et l'école de cette jeunesse perdue dans
la tourbe parisienne qui naît dans le vice, grandit
dans la débauche et finit souvent par le crime, tant
que tu n'auras pas élevé ce monument pour ta gloire
et pour l'honneur du genre humain, tu seras la plus
merveilleuse des villes, le centre le plus brillant et le
plus agréable où l'étranger vient apporter ses écus,
mais tu ne seras pas encore cet immense flambeau de
la civilisation, rêvé par le poète qui te flatte !

IV

AUTOUR DE L'ÉCHAFAUD

Le bourreau et ses aides. — L'empoisonneur Lapommeraye. — La dernière nuit de Troppmann. — La nouvelle guillotine. — Les exécutions en province. — Au-delà du couperet.

I

LE BOURREAU ET SES AIDES

De tout temps la figure du bourreau a été entourée d'un brouillard par les romanciers et les poètes; il s'est formé autour de ce fonctionnaire une foule de légendes curieuses; il a inspiré de nombreuses pièces de théâtre : tantôt le bourreau était un excellent père de famille, au cœur tendre qui se condamnait à un métier contestable pour faire élever son enfant; tantôt le bourreau voyait grandir sous son toit le fils d'un supplicié qu'il avait adopté après avoir tranché la tête au père; une autre fois encore le bourreau avait comme celui de la *Reine Margot* le sentiment de la reconnaissance chevillé dans l'âme, à ce point que pour une poignée de main reçue de Coconnas, il lui épargnait les tortures de la question. Alexandre Dumas a aussi inventé le bourreau amateur et mas-

qué qui tranche la tête au roi Charles Ier d'Angleterre.
Au lendemain de l'exécution de Pierre Momble,
l'assassin de sa vieille maîtresse qui le faisait vivre,
on joua à l'Ambigu, si justement dit comique, une
pièce de M. Barbier dans laquelle Clément Juste, sous
les traits d'un bourreau malheureux, fit couler les
meilleures des larmes pendant cent soirées consécu-
tives. Tandis que l'acteur répandait l'émotion sur des
trémolos du chef d'orchestre, je pensais au bourreau
véritable tel que, la veille, je l'avais entrevu sur la
place de la Roquette ; pas sentimental du tout, le
véritable bourreau ; au contraire, il avait essayé sa
mécanique sur une botte de paille, après quoi, d'un
pas assuré, il était aller chercher le condamnée comme
un employé ordinaire qui consulte sa montre et se dit
que l'heure est sonnée d'aller à son bureau.

Le bourreau s'appellait alors M. Heindereich ; il
avait bien le physique de l'emploi ; grand, fort, presque bel homme, ce bourreau *di primo cartello* a
laissé d'impérissables souvenirs dans sa partie. A ce
moment chaque cour d'appel avait encore son exécuteur des hautes-œuvres et tout bourreau était assisté
par un confrère prêt à prendre son rôle en cas d'em-
pêchement ; les bourreaux allaient ainsi en représentation les uns chez les autres : tout premier rôle de la
partie était assisté par une doublure, comme on dit
au théâtre ; la plus haute ambition d'un bourreau de
province était de collaborer à une exécution à Paris.
Jugez donc ; travailler devant le public d'élite de la

place de la Roquette, quel idéal ! c'est ainsi qu'un his-
trion de banlieue entrevoit dans ses rêves la gloire de
jouer *Tartufe* devant un parterre de rois ! Ce qui donnait
à M. Heindereich une situation exceptionnelle dans sa
profession, c'était qu'il ne l'entendait pas à la vieille
routine. On peut dire de cet homme de bien qu'il fut
un bourreau chercheur ; le destin se montra cruel
pour ce penseur car il mourut avant d'avoir vu fonc-
tionner la nouvelle guillotine sans estrade et tout en
fer qu'il inventa dans le silence de son atelier.

Autour de ce bourreau comme on n'en voit pas
deux dans l'espace d'un siècle, la légende allait son
train ; on lui a consacré plus d'articles qu'à un grand
artiste. Le reportage, qui fut inventé vers la fin de
l'Empire, trouva en M. Heindereich une mine d'or à
exploiter. Toutes les vieilles anecdotes sur le bourreau sentimental revinrent sur l'eau les unes après les
autres ; encore un peu et le bourreau aurait fait partie
de Tout Paris.

Les historiographes de la guillotine affirmaient que
ce coupeur de têtes était un excellent homme, au cœur
tendre, et que toute exécution le plongeait dans un
profond désespoir. Un des fanatiques de la place de
la Roquette nous racontait comme quoi Monsieur
de Paris perdait l'appétit deux ou trois jours avant
l'heure fatale ; on imprimait qu'il devenait livide
quand la porte de la Roquette s'ouvre à deux battants
pour laisser passer le cortège funèbre ; on l'avait vu
tressaillir... Enfin on a si bien et si souvent dépeint

les tortures secrètes du meilleur des bourreaux, qu'au moment où le condamné gravissait les marches fatales, un murmure de compassion éclatait sur la place de la Roquette, et que les âmes les plus sensibles, oubliant complètement le condamné, disaient d'une voix étouffée par l'émotion :

— Pauvre bourreau ! Comme il doit souffrir !

On ferait un volume avec les historiettes sur M. Heindereich, anecdotes dont ses estimables successeurs ont profité ; les gazetiers ont inventé le bourreau sentimental, un bourreau de roman, un être essentiellement bon et compatissant comme qui dirait le cousin germain de Jenny l'Ouvrière ou un neveu du Petit-Manteau-Bleu ; on a insinué qu'on guillotine dès l'aube, parce que le bourreau aime à voir lever l'aurore ; on l'a poétisé ! A entendre ces historiographes, M. Heindereich n'était pas un bourreau comme un autre ; plein de cœur, rempli des plus nobles sentiments, il donnerait sa vie pour sauver celle du condamné ; c'est en maudissant la société qu'il émargeait ses appointements ; enfin ce bourreau poétique inspirait une certaine sympathie, sinon du respect.

Chaque fois que la tête d'un assassin roule dans le panier, les mêmes anecdotes reviennent sur l'eau ; la plus curieuse de toutes est celle du bourreau de Poitiers qui en coupant, vers la fin de l'Empire, les cheveux à l'assassin Babin, s'est attendri à ce point qu'il a dû passer les ciseaux à un autre : ce grand cœur pleurait, mais ses larmes ne furent toutefois pas assez abondantes pour noyer en ce fonctionnaire le sentiment du devoir; après avoir bien pleuré, le bourreau de Poitiers a jeté le condamné sur la bascule comme un paquet de linge sale et lui a coupé la tête avec la dextérité d'un homme qui a tout son sang-froid. Cela n'a pas empêché les fantaisistes de constater que ce bourreau de Poitiers faisait pitié à voir : le visage du condamné était frais et rose comme celui d'un homme à qui tout survit dans la vie, tandis que l'exécuteur des hautes-œuvres était livide comme un homme qui souffre; les rôles étaient renversés; le véritable patient, ce n'était pas l'homme ficelé comme un saucisson à qui on allait trancher la vie, mais l'autre qui touchait une forte prime pour la besogne sanglante.

Si cette apothéose du bourreau repose d'une part sur l'imagination des reporters, elle vient aussi en partie de la honte que nous éprouvons d'entretenir encore un fonctionnaire qui voyage à travers la France pour couper des têtes comme d'autres vont de ville en ville pour placer des vins. Nous ne voulons pas avouer que, pour exercer un pareil métier, il faut être construit d'une façon particulière et ne pas avoir le cœur placé au même endroit que les autres mortels. C'est pour ce motif qu'on a inventé le bourreau qui pleure ou qui se dévoue pour sa famille. Rien de pareil n'existe en réalité. Le bourreau Heindereich, que j'ai eu l'avantage de connaître, était un fort joyeux compère qui, en revenant de la place de la

Roquette, dînait avec l'appétit d'un homme qui est content de lui : il aimait beaucoup à rire et entretenait des rapports d'amitié avec plusieurs comiques du boulevard ; il allait volontiers au théâtre, non aux premières représentations, parce que, tout fonctionnaire public qu'il fût, on ne lui faisait pas de service, mais il se régalait de toutes les nouveautés dramatiques ; il recevait fort bien chez lui et ne montrait nulle trace d'une souffrance morale quelconque ; le soir, comme le commun des mortels il faisait sa partie de billard avec un de ses aides, un petit bonhomme aux traits réjouis qui cumulait la coupe des cheveux sur les condamnés avec une fabrique de crinolines populaires. Tous ces hommes qui vivent par la guillotine ne s'émeuvent de rien. n'ont pitié de personne et accomplissent leur triste besogne avec une entière indifférence. A qui peut-on faire croire qu'une âme accessible aux grandes émotions humaines puisse prendre un condamné par les cheveux ou par les oreilles, si le patient est chauve, jeter la tête coupée dans un panier et émarger pour cette besogne un salaire agréable ?

L'heure est donc sonnée de mettre le bourreau à sa place véritable ; c'est-à-dire parmi les tristes exceptions du genre humain. Je ne saurais exprimer tout ce que j'ai ressenti de honte et de colère, en voyant ces gens à l'œuvre. Qu'un temps soit forcé d'entretenir cette jolie société, c'est déjà assez triste, et que cinq cents amateurs se présentent chaque fois que la place d'exécuteur devient vacante, c'est déjà horrible ; mais

c'est outrager les trente-neuf millions, neuf cent mille
autres Français que de les comprendre avec les cinq
cents estimables citoyens qui convoitent le plaisir de
couper la tête aux condamnés de la Cour d'assises.

A l'époque où l'exécuteur, vêtu de rouge, armé d'un
glaive formidable et autrement imposant que la mécanique moderne, tranchait les têtes sur les places
publiques, en plein soleil, devant la foule assemblée,
il y avait une certaine grandeur dans son affreux
métier ; il pouvait au besoin passer pour le bras de la
justice que l'on se figure aisément armé d'un glaive,
mais que les peintres ne représentent jamais aiguisant,
presque clandestinement, son couperet sous quelque
hangar d'un quartier maudit. Le bourreau de l'ancien
jeu, comme on dit au théâtre, celui qui ne pleurait
pas, était autrement crâne que le nôtre, qui semble
avoir honte de sa profession ; il sent qu'il fait un
métier qui n'est plus avouable ; il travaille la nuit
dans l'ombre, non comme un bourreau qui frappe au
nom de la loi, mais comme un homme qui médite un
mauvais coup. La guillotine n'a plus le courage de
son opinion ; elle se glisse la nuit, le long des maisons,
comme si elle avait peur de rencontrer des sergents de
ville. C'est à la lueur blafarde des lanternes que le
bourreau sentimental et ses aides construisent la
sinistre mécanique, et la tête roule dans le panier à
l'heure où Paris dort encore. La société qui se venge
n'a donc pas le courage de son opinion. Toute la
philosophie de l'échafaud qui a fait verser tant

d'encre peut se résumer en cette simple question :

— Si une exécution capitale est un spectacle moral, pourquoi guillotine-t-on au petit jour quand Paris n'est pas encore levé? s'il est immoral, pourquoi n'abolit-on pas la peine de mort?

On peut croire que ce n'est pas le triste sort des assassins qui m'occupe ; les garnements qui coupent les vieilles femmes en petits morceaux, n'ont pas le don de m'émouvoir. Mais on ne saurait croire quel profond écœurement on rapporte de ce spectacle; sans les sergents de ville et les gendarmes on se jetterait, non sur le condamné à mort pour venger ce qu'on appelle la société, mais sur le boureau et ses aides dont le métier offense l'humanité. Je ne veux pas enfourcher le vieux dada philosophique et rechercher si on a le droit de prendre la vie à un homme ; ce droit est contestable, quand on pense qu'on a pu couper le cou à un innocent. Qui oserait le nier lorsque l'histoire du crime nous démontre que tel condamné à mort aurait été exécuté sans un vice de forme qui fit casser le jugement. Plus loin on lira l'histoire d'une empoisonneuse que les assises de Seine-et-Oise, condamnèrent à la peine capitale, dont le jugement fut cassé et dont l'innocence éclata ensuite. Sans ce vice de forme, cette pauvre femme eût été parfaitement guillotinée et l'estimable bourreau eut touché une prime pour cette belle besogne. Devant de tels faits on se range forcément du côté de ceux qui pensent qu'il vaut mieux faire cadeau grand misérable que de la prendre à un innocent.

Dans tous les cas, la façon dont les choses se passent est honteuse ; et plusieurs pays ont pu abolir la peine. capitale sans que le nombre des crimes eût augmenté. La Suisse a pensionné son bourreau et la Belgique a aboli la peine de mort de fait. Le roi Frédéric-Guillaume IV de Prusse n'a jamais voulu signer un arrêt de mort de peur d'envoyer un innocent à l'échafaud ; aussi quand, sous le règne de son frère, l'Empereur actuel, en présence des attentats réitérés contre Guillaume Ier, l'ouvrier Hœdel fut condamné à mort, il n'y avait plus de bourreau pour l'exécuter. Et alors, on vit cette chose épouvantable ; un homme ; ancien sergent, se présenta pour exécuter la sentence ! Seulement il demanda du temps, afin d'apprendre le métier. Chaque matin il se rendait à l'abattoir pour opérer sur des moutons. Quand il fut parvenu au degré de virtuosité voulue, on conduisit le condamné dans la cour d'une prison, on l'attacha sur un bloc ; et le bourreau lui sépara la tête du tronc d'un seul coup de hache ! Dans la relation officielle, il était dit que le condamné aussi bien que le bourreau « avaient montré beaucoup de courage. » Il est certain que le bourreau n'avait aucun mérite d'être brave, puisque sa tête ne courait pas le moindre danger. A qui veut-on faire croire que le meurtrier légal qui coupe la tête à un assassin non patenté, puisse dans notre admiration prendre une place parmi les braves célèbres tout aussi bien que le chevalier Bayard ?

II

L'EMPOISONNEUR LAPOMMERAYE

Ce livre consacré aux crimes parisiens ne serait pas complet, si je n'esquissais pas la physionomie d'un juge d'instruction qui a marqué sa carrière par quelques actions d'éclat. Au Palais on n'a pas encore oublié M. de Gonet qui a joué un rôle si important dans les dernières années de l'Empire, de 1863 à 1869 ; il fut mêlé à tous les procès politiques de la fin de l'Empire. Raoul Rigault, Flourens, Dacosta, Delescluze et *tutti quanti* furent pour ainsi dire les habitués de son cabinet. Dans le procès dit des Treize, M. de Gonet instrumenta contre MM. Carnot, Garnier-Pagès, Dréo, Hérold, Hérisson, Floquet, Durier, etc. Les journaux, eux aussi, ont eu plusieurs fois maille à partir avec M. de Gonet, et c'est à l'occasion d'un procès de presse que je fis la connaissance de M. de Gonet. J'avais accompagné M. de Villemessant chez le juge qui l'interrogea avec une parfaite courtoisie. Mais, ce fut long, trop long pour l'impatience du fondateur du *Figaro*. Au bout d'une demi-heure le prévenu lança au juge d'instruction une de ces boutades terribles qui lui étaient familières.

— Finissons-en, s'écria-t-il, à quoi bon me faire perdre mon temps ? je suis sûr que je serai condamné ; en ce moment l'empereur doit déjà manger l'amende que la Correctionnelle m'infligera la semaine prochaine !

M. de Gonet pâlit. Mais il fut assez maître de lui pour ne pas s'emporter. Avec un entier calme, mais d'un ton qui ne souffrait pas de réplique, il fit observer au journaliste inculpé qu'un juge d'instruction ne pourrait entendre une seconde fois de telles paroles, sans user des pouvoirs que la loi lui confère. Cela fut dit poliment, pour ainsi dire en souriant, avec un sang-froid remarquable. Évidemment, ce juge d'instruction était *quelqu'un*, comme on dit.

Depuis la fameuse scène dans son cabinet, j'ai souvent rencontré M. de Gonet chez un ami commun. Il y a toujours profit pour un écrivain à causer avec les hommes qui, par leur profession, voient l'humanité de près, et M. de Gonet est un causeur parfait. Comme juge d'instruction il laissera un souvenir durable au Palais ; plusieurs fois dans des affaires criminelles, il a eu des éclairs qui dénotent le magistrat d'essence supérieure. La première fois, ce fut dans le procès Bérézowski. Ce Polonais avait tiré sur l'empereur de Russie. Vous vous rappelez l'émotion produite dans Paris. Aux Tuileries, on fut consterné. Le préfet de police, toute la haute magistrature avaient été convoqués au Palais. Plus de doute, il y avait dans Paris une conspiration polonaise contre la vie du czar ! M. de Gonet fut mandé à la hâte ; il s'agissait de découvrir les conspirateurs. Au milieu de ces hommes agités, le juge d'instruction conserva son calme :

— Veuillez me faire voir le pistolet, dit-il.

On lui montra l'arme ; un simple coup d'œil suffit à M. de Gonet pour découvrir la vérité :

— Il n'y pas de conspiration, dit-il ; s'il y avait complot, l'arme serait meilleure ; des conspirateurs n'auraient pas laissé Bérézowski se servir de ce méchant pistolet, acheté chez un brocanteur.

M. de Gonet avait deviné juste.

La seconde fois que M. de Gonet a montré cette rare perspicacité, ce fut dans l'affaire de l'empoisonneur Lapommeraye, qui, on le sait, avait assuré sa maîtresse, madame de Pauw, pour une somme de cinq cent mille francs à son bénéfice et l'avait tuée ensuite. La victime était enterrée depuis des semaines et M. le docteur Lapommeraye pouvait se croire à l'abri du châtiment quand se produisit un incident curieux. Une dame se présenta au parquet ; cette dame, très liée avec madame de Pauw, manifesta des appréhensions sur la mort de son amie. En pareille circonstance, le procureur général agit toujours avec prudence : on n'arrête pas un homme sans antécédents criminels, sur un simple soupçon. Cependant les renseignements que fournit l'amie de la victime sur sa maladie et le parti pris du docteur d'éloigner les étrangers du chevet de la moribonde, le Parquet jugea bon d'instruire. On pria l'amie de madame de Pauw de garder le plus profond silence sur sa démarche et on confia l'affaire à M. de Gonet ; dans le silence de la nuit, le juge d'instruction et le docteur Tardieu se rendirent au cimetière ; on exhuma le corps ; sur l'heure, M. Tardieu fit l'autopsie du cadavre ; on ne trouva aucune trace de violence. Que faire ? Si la justice arrêtait tous les citoyens sur un simple soupçon, on en verrait de belles. Cette fois, on en était en présence d'un médecin. Une arrestation injuste eût ameuté tout le corps médical contre la magistrature. D'autre part, si M. Lapommeraye était coupable, il ne fallait pas lui laisser le temps de fuir. on fit prendre des renseignements sur le caractère de Lapommeraye ; il était léger ; il avait une maîtresse, mais à part les coups de canifs donnés dans le contrat conjugal, le médecin était le meilleur des époux ; le ménage était charmant ; une entente parfaite semblait régner entre le docteur et madame de Lapommeraye qui ne se doutait de rien. Seulement, le prix élevé de la prime annuelle pour une assurance d'un demi-million n'était dans aucune proportion avec le revenu du docteur ; il avait payé une première fois, mais la mort de madame de Pauw suivant de si près ce premier versement ne suffisait pas encore pour arrêter Lapommeraye. Cependant il fallait en finir d'une façon ou de l'autre et M. de Gonet se décida à surprendre le docteur au saut du lit et à avoir avec lui un entretien décisif. Dans la pensée du juge d'instruction, le docteur n'était pas coupable, mais enfin le devoir imposait cette démarche pénible. Par une froide matinée du mois de décembre, M. de Gonet, dès l'aube, se rendit au domicile du docteur. Accompagné seulement de son greffier, il monta au premier étage, après avoir laissé deux agents de la sûreté à la porte. M. de Gonet sonna; une bonne vint ouvrir.

— Le docteur est-il levé? demanda le juge.

— Oui, répondit la domestique; qui faut-il annoncer?

Et comme elle s'avançait vers la porte du salon, M. de Gonet l'arrêta; puis, ouvrant lui-même la porte, il entra. Lapommeraye était debout, en tenue du matin, et en le voyant si calme devant le juge qui avait brusquement décliné sa qualité, M. de Gonet commençait à regretter sa démarche et songeait déjà à s'excuser de sa visite matinale. L'assassin devait se livrer lui-même.

— Causons bas, lui dit le juge d'instruction; personne ne saura jamais que je suis venu si, comme je l'espère, je me retire emportant la conviction de votre parfaite innocence. Veuillez seulement me donner quelques renseignements sur vos relations avec madame de Pauw.

Le docteur se leva, ouvrit un meuble, prit un paquet de lettres soigneusement ficelé, et d'un ton dégagé :

— Voici toute sa correspondance, dit-il, lisez et jugez!

A ces mots, le jour se fit dans le cerveau du juge. Ce paquet de lettres, c'était la défense préparée d'un homme qui attendait la justice. Pour le magistrat, plus de doute : Lapommeraye avait tué madame de Pauw. Devant cette découverte terrible, le juge d'instruction ne perdit pas son sang-froid.

— J'étais sûr que le Parquet se trompait, dit-il, mais enfin il y a de certaines formalités à remplir, un procès-verbal de notre entretien à dresser. Nous serions bien mieux dans mon cabinet, ici nous pouvons, à tout instant, être dérangés par la venue d'un malade. Vous avez bien une demi-heure à me donner?

— Parfaitement, répondit l'empoisonneur du même ton dégagé.

Et, après s'être habillé à la hâte, il descendit avec le juge d'instruction en lui disant :

— L'homme qui a dit qu'il se sauverait si on l'accusait d'avoir volé les tours de Notre-Dame était dans le vrai !

— Mais non, lui répondit le juge sur le même ton enjoué, puisqu'un entretien de cinq minutes eût suffi pour prouver son innocence.

C'est ainsi que Lapommeraye fut arrêté sans que sa femme, qui dormait encore, s'en doutât. Le médecin fut conduit au cabinet du juge et l'interrogatoire commença, il dura dix heures. A huit heures du soir, M. de Gonet dit à Lapommeraye :

— Monsieur, je ne dois plus vous cacher que vous

êtes inculpé d'assassinat sur la personne de madame de Pauw.

— Rien que cela? fit l'assassin en riant.

Cette fois, d'un ton sévère, le juge répliqua :

— L'heure des plaisanteries est passée. Vous passerez la nuit au dépôt, et demain matin on vous conduira à Mazas.

— Vous outragez en ma personne la faculté tout entière, répondit l'assassin avec assurance.

Sur un signe du juge deux gardes s'approchent de l'inculpé et lui passent le *cabriolet* autour du poignet ; cette fois l'assassin pâlit :

— Ne serrez pas si fort, dit-il, je ne tenterai pas de m'évader parce que je n'ai rien à craindre.

Malgré les preuves évidentes de son crime, Lapommeraye persévéra jusqu'à la fin dans ses dénégations : son attitude devant les assises fut celle d'un homme qui n'aurait rien à craindre de l'issue des débats. Condamné à mort, il employa ses loisirs à la Roquette à écrire un drame dans lequel il se réservait le rôle d'un accusé innocent et à M. de Gonet celui d'un traître. Tous ces agissements par lesquels le condamné voulait plaider son innocence n'empêchèrent pas sa tête de rouler dans le panier du bourreau.

Cependant, et c'est là un détail peu connu, la veille de son exécution le docteur Lapommeraye avait été gracié et voici comment ; je tiens tous ces détails de Mᵉ Lachaud : madame Lapommeraye avait supplié l'éminent avocat de lui ménager une audience chez l'impératrice. La veille de l'exécution, à deux heures, M⁰ Lachaud conduisit la malheureuse femme aux Tuileries ; elle se jeta aux pieds de la souveraine, demandant grâce pour la vie de son mari. L'Impératrice, émue aux larmes par madame Lapommeraye, une très honorable personne d'ailleurs, intercéda auprès de l'Empereur qui promit la grâce séance tenante. La pauvre femme sauta dans une voiture et fit passer au condamné quelques mots écrits au crayon : L'Empereur vous a fait grâce de la vie !

Trois heures après le conseil des ministres se réunit aux Tuileries. Napoléon III, fidèle à sa promesse, inclinait pour la commutation de la peine de mort en celle de travaux forcés perpétuels, mais il rencontra une opposition unanime de la part de tous ses conseillers. Le ministre de la justice surtout s'opposa avec la plus grande énergie à cet acte de clémence que, selon lui et avec raison, rien ne pourrait justifier. Le condamné était médecin, il appartenait à une corporation qui tient la vie des citoyens dans ses mains, il fallait faire un exemple. L'Empereur se soumit à ces sages conseils et l'ordre fut, séance tenante, expédié au parquet de faire procéder immédiatement à l'exécution de l'empoisonneur. L'Impératrice ne sut rien de ce changement de front, mais on en informa M⁰ Lachaud par ordre de l'empereur. Le grand avocat ne voulait pas que le condamné pût à son heure dernière accuser sa femme de lui avoir menti ; il se fit conduire à six heures du soir à la

Roquette et demanda à pénétrer dans la cellule du prisonnier.

— Lapommeraye, lui dit l'avocat, vous êtes médecin, c'est-à-dire que par profession la mort ne doit pas vous effrayer. Votre grâce, accordée à deux heures, vient d'être refusée par le conseil des ministres. Vous serez exécuté demain matin.

L'empoisonneur reçut ce choc, formidable sans broncher.

— Adieu, monsieur Lachaud, dit-il, je n'aurai pas peur.

— Dans tous les cas je vous ai amené un ami qui vous donnera du courage, fit Mᵉ Lachaud.

Et ouvrant la porte de la cellule :

— Entrez, monsieur l'abbé, ajouta-t-il. Lapommeraye désire s'entretenir avec vous. Mon ministère est fini, le vôtre commence.

Et le grand avocat, ému jusqu'aux larmes, se retira tandis que le condamné se jetait en sanglotant sur la poitrine du prêtre qui lui avait ouvert ses bras. L'exécution de Lapommeraye eut lieu le lendemain matin devant une foule considérable ; il faisait beau, un ciel bleu planait sur la place de la Roquette et les oiseaux voltigeaient en chantant autour du couperet. C'était la première fois que j'assistais à ce sanglant spectacle et, quoique je fusse au dernier rang des spectateurs, je fus secoué par un tremblement nerveux que je ne pus dominer. Quand, émergeant au-dessus de la foule, Lapommeraye apparut sur la plate-forme

de l'échafaud, quand je vis cette tête livide que le
bourreau allait trancher, je m'enfuis épouvanté.
L'impression avait été telle que pendant de longs
mois je ne pus me débarrasser de la tête pâle de
cet empoisonneur qui, par un fait d'hallucination,
surgissait pour ainsi dire devant mes yeux dans
les ténèbres de la nuit; ce fantôme m'a persécuté
pendant de longs mois et je ne suis parvenu
à le chasser qu'après les plus grands efforts de
volonté. Mais on a bien raison de dire que l'homme
s'habitue à tout : on lira plus loin la relation de
l'exécution de Troppmann que j'ai accompagné jusqu'au pied de l'échafaud; la troisième exécution à
laquelle j'ai assisté est celle de Moreux; je m'étais
déjà à ce point familiarisé avec cet horrible spectacle
que je n'ai fermé les yeux qu'au moment où le patient
basculait sur la planche fatale; la quatrième fois
que j'eusse vu, sans pâlir, tomber la tête, et c'est pour
cela que je n'ai plus jamais voulu retourner sur la
place de la Roquette. Le vertige du sang existe
réellement.

Au moment où la tête de Lapommeraye roulait
dans le panier du bourreau un autre drame émouvant
se passait chez la malheureuse femme du docteur.
M⁰ Lachaud l'avait quittée la veille au moment où
elle emportait la promesse de grâce faite par l'Impératrice et confirmée par l'Empereur; la femme du
docteur n'en savait pas plus et elle s'était couchée
avec la certitude que son mari, si indigne qu'il fût,

ne mourrait pas sur la place de la Roquette. Madame
Lapommeraye venait de se lever quand on lui
annonça Me Lachaud ; elle courut au-devant du défenseur dans la certitude qu'il lui apportait la confirma-
tion de sa grâce. A l'aspect de Me Lachaud qui, livide
et tremblant, s'appuya contre un meuble sans trouver
une parole, la malheureuse femme devina tout.

— Il est mort ! s'écria-t-elle.

Me Lachaud fit un signe affirmatif de la tête.

Il y eut un moment de silence, puis tout à coup
madame Lapommeraye se laissa tomber dans un fauteuil et éclata en sanglots.

— Madame, dit respectueusement Me Lachaud, je
suis chargé d'une dernière mission.

Et il remit à la veuve du supplicié une mèche des
cheveux de l'empoisonneur que dans la dernière entrevue de la veille le condamné s'était fait couper pour
l'envoyer à sa femme comme un terrible souvenir.
Les faits que je viens de rapporter sont d'une rigou-
reuse exactitude. J'ajoute que par l'entremise de
Me Lachaud, madame veuve Lapommeraye a trouvé
dans un second mariage avec un très honnête négociant que je ne dois pas nommer, le bonheur domestique dont, à tous égards, elle est digne.

III

LA DERNIÈRE NUIT DE TROPPMANN

Des années se sont écoulées depuis l'exécution de Troppmann, et cependant je sens le besoin de raconter certains détails ignorés de cette sinistre nuit de la Roquette, qui a été pendant longtemps le cauchemar de ma vie. Si j'ai attendu douze ans avant de dire la vérité, c'est que je ne pouvais raconter cette nuit abominable sans nuire à trois hommes qui m'avaient obligé. Maintenant qu'ils sont morts ou oubliés, vous allez entendre le récit exact de l'exécution de Troppmann. Aucun romancier n'inventerait jamais des horreurs pareilles, car ce qu'il y a encore de plus dramatique au monde, c'est la réalité.

L'effroyable crime de Pantin produisit partout une émotion véritable ; l'assassinat de la famille Kink, l'égorgement des enfants, ameuta à ce point la population parisienne contre Troppmann, que la police dut prendre des précautions particulières pour protéger le condamné contre la fureur populaire à l'heure de l'exécution. Ordinairement les gardiens de la paix et un peloton de gendarmes suffisent pour tenir la foule à distance. Mais pour l'exécution de Troppmann, la préfecture avait dû requérir un régiment d'infanterie et deux régiments de cavalerie ; on s'attendait à une véritable émeute au moment de l'exécution ; il est certain que la foule, si on ne l'avait tenue en respect par un déploiement considérable de la force armée, eût été capable de mettre l'assassin en lambeaux, avant que le bourreau eût pu accomplir son œuvre sanglante.

Depuis une semaine, malgré le froid exceptionnel du mois de janvier 1870, de nombreuses bandes se dirigeaient à minuit vers la place de la Roquette, dans l'espoir de voir tomber une tête à l'aube. Depuis une semaine, j'avais attendu en vain que le préfet de police m'informât du dénouement. Le 19 janvier 1870, j'étais tranquillement chez moi, ne pensant plus du tout à Troppmann, quand un employé de la préfecture vint me dire :

— Monsieur le préfet de police vous fait savoir que c'est pour demain matin ! Je viens d'avertir M. Théodore Barrière, mais il y renonce ; je sors également de chez M. Victorien Sardou ; il vous donne rendez-vous au théâtre Déjazet. M. Claude, le chef de la sûreté vous attendra à minuit devant la statue du prince Eugène : il y a une telle exaspération dans Paris contre Troppmann, qu'il y n'aura plus moyen de traverser la foule quand la nouvelle sera connue. Donc, à minuit !

Barrière, Sardou et moi, nous avions en effet demandé au préfet de police l'autorisation d'assister à la dernière toilette du condamné : l'auteur des *Faux Bonshommes*, très nerveux, n'osait pas aller jusqu'au bout. Mais je trouvai Sardou au rendez-vous, au théâtre Déjazet, où l'on jouait une pièce nouvelle. Il ne me coûte rien d'avouer que j'étais très agité. Sardou, qui lui a des nerfs en acier fondu, me dit :

— Voyons, soyons pratiques avant tout. Nous allons entrer à la Roquette à minuit; nous en sortirons à huit heures du matin. Nous aurons donc parfaitement le temps de crever de faim. Faisons nos provisions.

A minuit, nous trouvâmes M. Claude, celui qu'on appellait le père Claude, devant la statue du prince Eugène, aujourd'hui statue de Voltaire. Nous avions acheté du pain, un jambonneau, deux bouteilles de bordeaux, du tabac et des cigares :

— Vous voyez que nous avons des vivres, dit Sardou au policier.

— Précaution inutile, répondit M. Claude, car je compte bien avoir l'honneur de vous inviter à souper. A tout hasard, j'ai envoyé une dinde truffée chez le pharmacien de la prison : vous m'en direz des nouvelles !

Déjà la place était occupée militairement : un régiment d'infanterie, deux régiments de cavalerie et la garde municipale eurent tout les peines du monde à maintenir la foule déjà nombreuse, d'un côté à la hauteur du Père-Lachaise, de l'autre, à l'angle de la rue

et de la place de la Roquette. Cette foule hurlait de
rage, car elle était venue pour voir ; du centre de
Paris affluaient des milliers de curieux vers la place
de l'exécution, décidés à passer, par un froid sibérien,
la nuit à la belle étoile pour voir mourir l'assassin de
Pantin. Les bois de justice, qui n'avaient pas encore
été remplacés par la petite mécanique d'aujourd'hui,
gisaient pêle-mêle au milieu de la place, en attendant
la construction de la guillotine avec l'estrade, opération qui durait alors à peu près quatre heures.

Depuis une semaine aussi, Troppmann, qui flairait
le dénouement prochain, voulait s'assurer la vie pour
le lendemain, par une ruse : chaque soir il faisait
venir le directeur de la prison, lui déclarait qu'il avait
d'importantes révélations à faire. Demain je dénon-
cerai tous mes complices : répétait-il chaque jour.
Demain et toujours demain ! C'est-à-dire qu'en pro-
mettant des révélations pour le lendemain, l'assassin
se croyait en sécurité pour vingt-quatre heures de
plus. Cependant, le 19 janvier, le directeur dit au
condamné :

— Pourquoi n'écrivez-vous pas, ce soir même, si
vous avez des aveux à faire ?

— Ce soir, balbutia Troppmann, c'est donc pour
demain matin ?

On le tranquillisa : non ce n'était pas pour demain,
mais enfin il valait mieux se mettre en règle : Troppmann se rassura ! à onze heures, il était endormi.

Donc, un des plus grands criminels de ce temps

allait mourir dans quelques heures. La société se
vengeait. Vous allez voir comment. Chez le pharmacien de la prison, le chef de la sûreté avait réuni une
quinzaine de personnes autour de la fameuse dinde
truffée ; les verres s'entre-choquaient ; les fourchettes
grinçaient sur la porcelaine ; les invités étaient de
fort belle humeur, et le petit père Claude racontait
des anecdotes. Mais nous fûmes à peine entrés dans
cette salle du festin, que nous en sortîmes précipi-
tamment :

— C'est abominable, me dit Sardou, installons-nous
avec nos provisions chez le concierge ; ce n'est vraiment pas le moment de s'amuser ; les invités de
M. Claude ont l'air content de gens de la noce ; vous
verrez qu'au dessert ils chanteront des couplets.

Nous fîmes un tour sur la place. Le froid était abominable : les fantassins soufflaient dans leurs doigts,
les cavaliers avaient mis pied à terre et battaient la
semelle. Les bois de justice venaient d'arriver sur la
place accompagnés par une foule énorme qui hurlait ;
elle s'était postée devant le hangar de la rue des
Amandiers où Monsieur de Paris conserve ses instru-
ments, les aides étaient venus les chercher ; cette fois
on ne passerait donc pas en vain la nuit sur la
place ; à droite de la porte de la Roquette la tapissière
s'arrêta ; les aides du bourreau déballaient, un à un
tous les morceaux de l'échafaud avec le calme de
marchands forains qui installeraient un carrousel.
Voici les poutres qui s'ajustent sur les cinq dalles

devant la Roquette; sur les fondations on cloue les planches : on appuie l'escalier tout fait contre l'estrade qui ressemble à un orchestre réservé à la fanfare municipale. Au loin ; la foule, tenue à distance aboie, miaule et fait retentir des chants à travers le bruit des hachés de charpentier s'abattant sur les poutres. Ce fut à la fois terrible et nauséabond. La petite fête chez le pharmacien nous avait écœurés et le spectacle sur cette place était répugnant.

Nous demandâmes au concierge la permission de nous installer dans la loge.

— Faites, messieurs, nous dit-il, mais je vous préviens que vous y trouverez le bourreau, si cela ne vous fait rien...

— Absolument rien, fit Sardou, au contraire; enchanté de faire la connaissance de ce fonctionnaire.

M. Heindereich fut certainement le plus beau bourreau qui ait embelli une époque; grand, fort, aux épaules puissantes, c'était l'idéal du genre; il était là, tout seul, au coin de la cheminée, trop fier pour frayer avec ses subalternes, et sachant fort bien que partout ailleurs il inspirait une légitime répugnance ; il était tout de noir vêtu, la redingote boutonnée militairement jusqu'au col ; car M. Heindereich avait été quelchose dans les infirmeries ; au bout d'un cordon noir se balançait un monocle. Sardou se nomma et lui tendit la main; puis, il me présenta :

— Oh! fit le bourreau. Je connais bien Monsieur Wolff, il m'a assez éreinté.

— Ce n'est pas vous que j'ai attaqué, monsieur, lui dis-je, mais la façon honteuse dont se font les exécutions au petit jour, comme si la société rougissait de son œuvre.

Et comme le bourreau demeura froid, Sardou lui dit d'un ton enjoué :

— Voyons ! Ne parlons donc pas de tout cela ; donnez-vous une bonne poignée de main et que cela finisse !

Et nous voici tous les trois devant la cheminée, causant comme trois amis ; cet enjôleur de Sardou avait un plan : il voulait se faire expliquer la guillotine par le bourreau lui-même ! Oh ! le raffiné ! M. Heindereich nous promit de nous chercher chez le directeur de la prison, qui venait de nous faire inviter à monter chez lui.

En traversant la cour, j'aperçus, pour la première fois de ma vie, l'abbé Crozes, et j'ai conservé de ce digne prêtre un souvenir attendri. Dans cette nuit terrible, lui déjà un vieillard de soixante-dix ans, ne se coucha point : tête nue, il courait à tout instant vers la cellule du condamné ; il avait peur que le bruit des charpentiers et les hurlements de la foule ne parvinssent jusqu'à Troppmann ; il était anxieux, fiévreux ; lui seul comprit la gravité de la situation ; au milieu de tous ces êtres insensibles par l'habitude de ces spectacles, lui seul avait conservé un cœur. Sardou et moi, en passant devant ce brave vieillard, nous nous découvrîmes instinctivement : sans que nous eussions échangé une parole, nous nous étions compris.

Nous voici maintenant dans les salons du directeur M. de la Roche d'Oizy. Le froid, je l'ai déjà dit, était abominable, et dans la cour de la prison on servait du café aux soldats. Quant aux officiers, M. le directeur, les avait fait prier de venir embellir ses salons. Des bougies dans les lustres ; tous les candélabres sur la cheminée. Flamboyant de lumière, un buffet dressé avec tout ce qu'il faut pour passer un bon moment : sandwichs, jambon froid, poularde, pâté de foie gras ; des domestiques circulant avec du thé, du punch, du vin. A quelques pas de nous, un homme dormait ses dernières heures de la vie, si bien que sa respiration était en réalité déjà un râle, et ici on avait l'air de célébrer un événement joyeux. « Mais prenez donc un verre de punch. — Merci, je préfère une tasse de thé ! — Il fait bien froid, cette nuit. — Il faut que cette foule soit enragée pour passer, sans y être forcée, cette abominable nuit dehors. — Et elle ne verra rien ! — Un verre de bordeaux, je vous prie ! — Avec une sandwich ? — Non, merci, je vais prendre un peu de poulet ! »

Non, de ma vie, je n'ai subi un pareil écœurement. Tourguenieff, l'écrivain russe, en devint malade ; il alla se blottir dans un coin, ferma les yeux pour ne pas voir et se boucha les oreilles avec son cache-nez pour ne pas entendre. Sardou, lui-même, avec toute son énergie, en eut assez.

— Ils vont bien ! me dit-il : souper chez le pharmacien, souper chez le directeur, nopces et festins, ce sont tout simplement des sauvages que tous ces gens-là.

De son côté le père Claude, à qui une grande pratique des condamnés à mort avait laissé peu de sentimentalité, descendit de chez le pharmacien, le cure-dents entre les lèvres, comme un homme qui aurait soupé dans un restaurant avant de se plonger dans son bon lit.

— Eh bien ? demanda-t-il à l'abbé Crozes dont la chevelure blanche flottait sous le vent glacial.

— Il dort! fit le prêtre.

— Allons, tant mieux, tant mieux! reprit le père Claude, la dinde était un peu dure ; j'ai été volé!

Nous rejoignîmes le bourreau. Précisément, on venait l'avertir que l'échafaud était terminé.

— Suivez-moi, nous dit M. Heindereich avec la satisfaction d'un homme qui va nous montrer sa collection de tableaux.

Il faisait un clair de lune superbe. En nous voyant émerger sur la plate-forme, les amateurs du côté du Père-Lachaise poussèrent des hurlements atroces ; ils pensaient sans doute qu'on guillotinait la nuit; ils étaient exaspérés qu'on leur volât de la sorte le spectacle qu'ils attendaient ; il se fit au loin un mouvement effrayant. Du haut de l'échafaud, je voyais les masses s'agiter, avançant toujours, et refoulées toujours par les cavaliers; ce fut, pendant un instant, comme un commencement de révolution. On entendait les chevaux piétiner sur le pavé et le bruit des sabres, sautillant dans les fourreaux. Puis, sans doute sur des explications fournies par les officiers de paix, le calme se rétablit.

M. Heindereich, avec une entière bonne grâce, nous fit les honneurs de la guillotine ; il était assisté par son premier aide qui voulut bien se placer devant la planche et basculer comme un condamné. Un petit vieux, le coiffeur de la bande qui, plus tard, devait couper les cheveux à Troppmann, appuya ses deux mains sur les reins du faux condamné étendu sur la bascule et dit, d'un ton dégagé, ces mots cyniques qui me firent froid dans le dos :

— Je les tiens ainsi pour les empêcher de *gigoter !*

Sardou, qui est pourtant un tempérament fort, en avait assez, lui aussi.

— Descendons, me dit-il !

Je ne demandais pas mieux ; depuis un bon moment déjà je regrettais d'être venu. En voyant mon empressement à quitter la plate-forme, le petit vieux eut un mot aimable :

— Ne vous sauvez pas tant que ça, fit-il en riant, il n'y a pas de danger ; nous ne travaillons pas avant le jour !

En présence de ce spectacle épouvantable et de ces acteurs horribles, notre impression est la même ; nous sommes venus avec une entière indifférence du sort de Troppmann et nous voici tout bouleversés. La férocité de tous ces gens qui préparent ce qu'on

appelle la suprême expiation surpasse en quelque sorte
les forfaits du condamné ; la petite bête qui som-
meillait, se met à s'agiter en tous : cette tuerie
légale sur la place de la Roquette n'est pas moins
sinistre que la tuerie dans la plaine de Pantin, un moment j'avoue que mon courage commence à s'ébranler.
Cependant une pensée suffit pour m'empêcher de
reculer : je songe aux enfants étranglés par Troppmann, je les entends dans leur désespoir crier
« Maman, maman! » je vois l'assassin de Pantin jeter
pêle-mêle dans le même trou la mère et les pauvres
petits. Sardou, qui me donne le bras et me sent tressaillir me dit :

— Voyons, pas de faiblesse ! Interrogez-vous; si,
d'un mot, vous pouviez sauver la vie à Troppmann,
le diriez-vous?

— Non ! lui répondis-je.

Chez le directeur, où nous sommes retournés, les
bougies se sont éteintes les unes après les autres sans
qu'on les ait remplacées; les salons ne sont plus éclai-
rées que par quelques lampes insuffisantes. Chacun
s'est assoupi dans un coin; vaincus par les fatigues
de cette longue nuit, ceux qui ne dorment pas profondément, sommeillent.

Tout à coup, vers six heures la voix forte du père
Claude nous réveille :

— Allons, messieurs ! s'écrie-t-il, l'heure est venue;
prenez vos pardessus et vos chapeaux : nous ne
repasserons plus ici.

12.

Quel réveil ! Nous suivons le chef de la Sûreté ; nous descendons dans la cour, nous entrons au greffe ; on ouvre une autre porte et nous sommes dans une petite pièce, éclairée par deux méchants quinquets ; c'est la chambre de la dernière toilette : au milieu de la pièce un escabeau sur lequel s'assied le condamné ; sur une table les vêtements que le condamné portait devant les assises et qu'on va lui rendre dans un instant pour ne pas détériorer l'uniforme de la prison ; il n'y a pas de petites économies. Nous nous regardons ; la même pâleur sur tous les visages, la même émotion dans tous les cœurs. L'abbé Crozes et M. Claude sont là, interrogeant leurs montres ; il est six heures et demie.

— Ne pensez-vous pas, Monsieur l'abbé, que c'est l'heure ? demande le père Claude sans la moindre émotion.

— Encore cinq minutes ! répond l'aumônier d'un ton suppliant ; le brave homme ne pouvant pas sauver la vie au condamné, lui assure de la sorte cinq minutes de répit.

L'aumônier de la Roquette et le chef de la police de Sûreté regardent toujours leurs montres.

On dirait qu'ils comptent les pulsations de l'homme qui va mourir.

— Allons ! dit enfin l'abbé Crozes.

Un gardien nous précède... avec une lanterne et un trousseau de clefs ; il a tout à fait l'air d'un geôlier de mélodrame. Nous nous engageons dans un étroit cou-

loir, nous montons une trentaine de marches ; nous
suivons un corridor, nous tournons à gauche ; une
petite porte s'ouvre, nous descendons un escalier
tournant en pierre, nous longeons un petit jardin...
nous sommes devant la cellule du condamné à mort.

Cette promenade à travers les couloirs sombres a
duré près de dix minutes ; on a simplifié la cérémonie
depuis, mais ce matin-là, ces dix minutes me parais-
saient des heures. Je ne saurais dire ce que j'ai
éprouvé pendant ce trajet ; j'avoue que j'avais le
cœur serré par d'effroyables angoisses ; plusieurs
fois Sardou, plus courageux que moi, m'avait soutenu...
Ah ! si j'avais pu me sauver ! mais c'était impossible ;
derrière nous le geôlier avait refermé toutes les portes ;
que se passera-t-il ? assisterai-je à une lutte désespérée
entre le condamné et le bourreau ? Cet homme dort,
pensais-je, on va le réveiller pour lui annoncer qu'on
le guillotinera. Rien ne peut donner une idée d'un tel
moment que pour rien au monde je ne voudrais revoir une seconde fois.

Brusquement le père Claude ouvre la porte de la
cellule et nous entrons avec lui. Troppmann est debout depuis une demi-heure ; il est là enfermé dans
la camisole de force. En apercevant M. Claude et
l'aumônier, l'assassin relève la tête, mais pas un
muscle ne tressaillit ; la lueur de la lampe suspendue
au plafond donne à sa chair un ton rougeâtre, disons
le mot, un air de santé qui épouvante en ce moment
lugubre.

Nous sommes tous bouleversés a ce spectacle ; seul, le chef de la Sûreté, habitué à de telles scènes, ne se déconcerte pas ; sans aucune solennité, sur un ton de causerie familière il dit :

— Allons, Troppmann, mon garçon, l'heure fatale est arrivée.

Et se tournant vers nous, il ajoute :

— Je réponds de lui, il aura du courage jusqu'au bout.

— Voulez-vous un verre de vin ? demande le gardien au condamné.

— Non. Je n'ai besoin de rien répond l'assassin de la famille Kink, resté imperturbable. Les gardiens lui enlèvent la camisole de force, et lui remettent les vêtements qu'il portait à la Cour d'assises. Troppmann s'habille avec le calme d'un homme qui va se promener, pendant que M. Claude lui demande :

— Voyons, Troppmann ! en ce moment suprême persistez-vous dans vos affirmations ? Avez-vous eu des complices ?

— Oui.

— Voulez-vous les nommer ?

— Non.

— Alors, vous niez toujours d'avoir commis le crime de Pantin ?

— Je n'ai pas frappé ! répond-il avec le plus grand calme, tout en passant son pantalon.

M. Claude, voyant qu'il n'arrachera pas un aveu à ce criminel, passe à un autre ordre d'idées.

— Troppmann, puis-je vous rendre un dernier service?

— Oui, répond le condamné.

— Lequel?

— Dans le tiroir de cette table il y a une lettre pour ma mère.

Ce disant, la voix de Troppmann se voile. Plusieurs d'entre nous se retournent et essuient une larme; mais aussitôt, pour chasser son émotion et la nôtre, l'assassin continue sur un ton enjoué :

— Il faudra l'affranchir, car je n'ai pas le sou.

— C'est bien, dit M. Claude, mon ministère est fini : à vous, monsieur l'abbé.

Nous nous retirons, laissant le condamné seul avec l'aumônier; l'entrevue ne dure pas plus de deux minutes, la porte s'ouvre; l'abbé Crozes, tantôt pâle comme un mort est comme transfiguré... peut-être a-t-il fait entrer le repentir dans l'âme du condamné!

Troppmann suit l'aumônier, et du jardin que nous longeons il entend les clameurs de la foule qui s'impatiente sur la place de la Roquette. Nous reprenons le même chemin pour regagner la chambre de la toilette; il est long et pénible, mais on veut éviter que le condamné traverse les différentes cours, afin de lui épargner les adieux cyniques des prisonniers. Dans la chambre de la dernière toilette toujours éclairée par les deux lampes, car le jour se montre à peine, le spectacle est terrifiant. Le bourreau et ses aides sont là; on fait asseoir le condamné sur l'esca-

beau et la toilette commence au milieu des prières
des agonisants que l'aumônier récite tout haut.
Troppmann, qui jusqu'alors n'a donné aucun signe
d'émotion, est à bout de forces : au moment où les
ciseaux de l'aide grincent dans sa chevelure, l'assassin
laisse tomber la tête sur la poitrine. M. Claude avec
un entier sang-froid guette tous les mouvements du
condamné : en le voyant faiblir :

— Encore une fois, persistez-vous dans vos décla-
rations, Troppmann ? lui demande M. Claude.

Le condamné lève la tête ; il a retrouvé toute son
assurance et, d'un ton insouciant qui glace le sang
dans nos veines, il répond vivement :

— Parfaitement, parfaitement.

On lui a coupé les cheveux et le col de la chemise.
Il est prêt !

Sans émotion apparente, l'assassin de la famille
Kinck traverse la cour entre Monsieur de Paris et
l'aumônier de la Roquette.

On ouvre à deux battants la grande porte ; pour la
foule, c'est le signal qu'on amène le condamné ; une
immense clameur... puis un silence qui effraie, c'est
à peine si le jour paraît. Sur la place retentissent
les commandements militaires. Les gendarmes à
cheval ont tiré le sabre au clair ; la foule ne crie
plus, ne chante plus ; un murmure d'effroi depuis le
Père-Lachaise jusqu'au bout de la rue de la Roquette.
Troppmann voit l'échafaud : cet aspect qui fait reculer
les plus courageux ne l'émeut pas ; il s'avance

toujours... l'aumônier lui donne le crucifix à baiser et embrasse le condamné sur les deux joues. Je vois Troppmann gravir les marches fatales, le voici sur l'échafaud ; je n'ai que le temps de de me jeter derrière la porte de la prison pour fuir l'épouvantable spectacle... L'officier qui commande le poste de la Roquette vient m'y rejoindre.

— Pas plus que vous, je ne veux voir cela, me dit-il.

Une seconde d'inexprimables angoisses : le bruit sourd du couteau... c'était fait.

Monsieur de Paris, calme et tranquille, descend de l'échafaud, tandis que déjà le fourgon roule vers le cimetière d'Ivry avec le corps du supplicié. Monsieur de Paris est blessé ; avec son mouchoir il essuie le sang ; là-haut, au moment décisif, Troppmann par un effort puissant a essayé de glisser au delà de la bascule ; le bourreau l'a ramené et dans cette lutte désespérée le condamné a mordu la main du bourreau ; avec cette main ensanglantée, Monsieur de Paris, tire un cigare de sa poche et vient à moi, me demandant si j'ai des allumettes. Je ne réponds pas... je tremble comme un faible roseau ; devant moi j'aperçois les formes vagues des aides qui lavent les bois de justice ; tout se trouble devant mes yeux. Sardou, qui a tout voulu voir, me saisit par le bras ; il est livide et me dit :

— Allons-nous-en. Allons-nous-en !

J'avais oublié ma canne dans les salons du directeur ; le jour les éclairait à peine ; les domestiques n'avaient pas encore fait disparaître les derniers vestiges de la petite soirée ; il y régnait une atmosphère empestée par le vin, le punch et la fumée du tabac ; sur les assiettes, les os rongés des volailles, la graisse des jambons et la croûte mélancolique du pâté de foie gras vidé jusqu'au fond. Machinalement l'œil cherchait l'endroit où l'on avait pu poster les musiciens, car cela ressemblait, à s'y méprendre, au lendemain d'une noce.

Voilà la véritable exécution de Troppmann dans sa hideuse réalité. Ce spectacle-là, je l'avoue, ne m'a pas laissé un très bon souvenir de la façon dont la société se vengeait en 1870. Tout au plus ai-je emporté de cette abominable nuit à la Roquette le plus profond mépris de la peine de mort et de tout ce qui l'entoure. Entre nous, au point de vue de la morale publique, je ne fais pas une différence sensible entre l'assassin qui tue un paysan pour lui voler cinquante francs et l'homme patenté qui se fait douze mille livres de rentes en coupant le cou à ses contemporains.

LA NOUVELLE GUILLOTINE

Le bourreau a fait le 17 juin 1872, sur la place de la Roquette, une exposition publique de la machine nouveau modèle, qui, dit-on, offre une foule d'avantages sur l'ancienne. Ces améliorations sont l'œuvre de feu Monsieur de Paris, qui, comme tant d'autres inventeurs, a quitté la vie au moment où il touchait au but qu'il a poursuivi avec une si louable ténacité. M. Heindereich fut ce qu'on appelle un hardi novateur, détestant les sentiers battus de la routine. C'est à son esprit original qu'est due la mécanique d'une si touchante simplicité qui a fonctionné pour la première fois à Paris à propos de l'exécution de Moreux, cette espèce d'hercule qui avait assassiné une fille pour lui voler ses hardes que cet excellent époux offrit ensuite à sa femme légitime pour sa fête. Le défenseur qui s'arma de cette bonne action de mari pour faire obtenir les circonstances atténuantes à son client, en fut cette fois pour ses frais d'éloquence. Moreux devait inaugurer le nouveau modèle.

Les départements avaient eu la primeur de cette

invention. Plus heureux que son prédécesseur, le citoyen bourreau de la République a voyagé dans le fourgon inventé par M. Heindereich, et qui contient une chambre à coucher, un cabinet de toilette et une cuisine, sans compter les compartiments pour les deux bras, la bascule, le panier, le couperet et les provisions de son. La guillotine, genre Heindereich, se transporte comme une clarinette dans un étui; les différents morceaux s'ajustent avec une précision remarquable; elle semble avoir été combinée en vue de l'exiguïté des appartements, pour les amateurs qui voudraient avoir ce joujou chez eux. C'est horrible!

Mes lecteurs me pardonneront de tant insister sur ce sujet lugubre. Il est inutile, je crois, de leur affirmer que je n'appartiens pas à la collection d'habitués de la Roquette qui aiment à voir une tête tomber dans un panier. Les hommes de lettres ne sont pas à ce point féroces. Nous étions une dizaine à l'exécution de Troppmann, et, comme on l'a vu, pas un d'entre nous n'a pu aller jusqu'au bout. Mais si l'on veut parler de la peine de mort autrement que par des phrases toutes faites, il est utile de surmonter ses répugnances et de la voir de près, pour en parler d'après des impressions personnelles. On est tenté de se rendre compte de quelle façon la société procède à cet acte suprême de son pouvoir, dont le droit est contesté par les penseurs, et que néanmoins elle maintient sous tous les gouvernements qui se succèdent; car la guillotine, essentiellement conservatrice, n'a pas d'opinions : elle est avec le plus fort, sous tous les régimes.

Il ne faut pas nous lancer dans des discussions interminables sur la peine de mort. Il ne s'agit pas de cet homme qui a tué une pauvre fille pour la voler, et qui expie son crime selon la loi. Qu'il meure, soit ! Tant que la peine capitale existera, on se montrera inexorable pour les assassinats dont le vol est le seul mobile. Mais du moins peut-on demander à cette société que, par respect pour elle-même, elle frappe le coupable avec quelque dignité. La guillotine, modèle Heindereich, a enlevé à la peine de mort tout son caractère ; elle est au ras de terre ; le condamné ne monte plus les fameuses marches fatales ; il s'avance entre l'aumônier et le bourreau, que les aides précèdent, il passe entre une double haie de gardiens de la paix qui empêchent la foule de voir quoique ce soit ; le bourreau a l'air honteux de son œuvre, et la société semble rougir du spectacle qu'elle s'offre au point qu'elle tient les indiscrets à distance ; l'aumônier présente au condamné le crucifix à baiser, comme on sait. L'intéressant Moreux n'en voulait plus détacher ses lèvres ; il savait fort bien que ce serait le signal de sa dernière minute. Du moment où la peine de mort est considérée comme un exemple, il était utile qu'aucun de ses détails terrifiants n'échappât à la foule. Tant pis pour les curieux ; nul n'était forcé de voir guillotiner son prochain.

On comprend le bourreau d'autrefois, qui, en plein

jour, se montrait vêtu de rouge sur l'estrade avec le glaive de justice ; la scène n'était pas moins lugubre, à la vérité ; mais la façon dont elle était présentée au public ne manquait pas d'une certaine grandeur. De nos jours, le bourreau travaille dans l'ombre comme s'il était honteux de sa profession : il dresse l'échafaud dans le silence de la nuit et frappe à l'aube ; il arrive sur la place de la Roquette suivi de charpentiers et de mécaniciens, pour leur expliquer sur place les changements qu'il rêve pour sa mécanique. Le voici à côté de son premier aide, surveillant les préparatifs ; il a l'air d'un notaire retiré qui se fait bâtir une maison de campagne aux environs de Paris. Son premier aide est un tout jeune homme, de frêle apparence, de noir vêtu comme son maître ; il porte encore les bottines vernies du dimanche, qui ont dû produire une certaine sensation dans son monde ; c'est lundi et ce fonctionnaire a dû pincer des cavaliers seuls dans les guinguettes de la barrière, jusqu'au moment où l'on est venu l'avertir que l'heure allait sonner où il lui faudrait prendre le condamné par les cheveux pour l'empêcher de rentrer la tête dans la lunette ; son patron a de jolies bottines en chevreau, avec des bouts vernis, comme un bourgeois qui va à la noce d'un sien cousin.

La façon dont se construit la guillotine est curieuse ; on déballe du fourgon un certain nombre de caisses numérotées qui contiennent les différents morceaux de l'instrument de supplice. Impossible de se tromper ;

on rajuste les nombreuses pièces comme les rouages d'une mécanique ; quand c'est fini, elle ressemble à un étal de boucher sur lequel on va sacrifier un veau ; le couteau est le dernier morceau et quand il est en place, on le fait tomber plusieurs fois pour se convaincre qu'il glisse admirablement dans les rainures ; puis on va réveiller le condamné pour le conduire à cet abattoir en plein air. La guillotine semble avoir peur de sa mission ; d'imposante qu'elle était, elle est devenu mesquine ; toute en fer elle ressemble à un établi de serrurier ; elle ne veut pas être vue ; c'est à peine si, au-dessus des gardiens de la paix, on aperçoit l'extrémité des bras avec le couperet ; encore un peu et elle tiendra dans un fourreau de toile cirée comme un parapluie. Là-haut, sur l'échafaud avec ses deux bras rouges, se dessinant dans l'espace et le couteau scintillant au soleil, la guillotine avait encore une certaine crânerie ; sur une estrade, le bourreau, se montrant à la foule, avait un côté imposant comme la loi dont il est la dernière et la plus féroce expression. Mais cette mécanique, nouveau modèle, auquel feu Monsieur de Paris a attaché son nom désormais immortel, dans sa simplicité cruelle, à fleur de terre, comme une machine à battre le blé, est hideuse à voir ; elle se cache comme un malfaiteur qui médite un mauvais coup ; elle n'a même plus le courage de sa mission ; les charpentes, autrefois peintes en rouge, ont été enduites d'une teinte jaunâtre plus *aimable* à l'œil. Le cou-

teau de peur de briller au soleil, est teinté de noir,
afin qu'on l'aperçoive moins. Le bourreau, les aides,
et la mécanique semblent désireux de s'effacer; ils
n'ont plus le courage de leur opinion. C'est un bourreau honteux et une guillotine honteuse de leur
œuvre.

A quoi bon alors maintenir la peine de mort, si
ceux qui la pratiquent semblent si peu convaincus de
leur mission? Si c'est un exemple que la société
compte faire, pourquoi ne frappe-t-elle pas en plein
jour devant la foule assemblée? Si, au contraire, elle
rougit de son œuvre, pourquoi n'y renonce-t-elle pas?

Mais ne nous égarons pas dans des questions aussi
difficiles à trancher. Le moins qu'on puisse demander
à la société qui tue un homme, si criminel qu'il soit,
c'est de procéder avec quelque dignité, et elle ne le
fait malheureusement pas. Le condamné, garrotté et
ficelé, est hideux à voir; pour cet homme qui va
mourir, on n'a même pas une corde un peu propre;
les entraves qui lient ses pieds sont faites de vieilles
ficelles, nouées les unes aux autres. Le fourgon qui
doit emporter le cadavre est nauséabond.

On dirait qu'on l'a pris exprès parmi les voitures
les plus délabrées d'une foire ; le cheval qui le traîne
est une rosse efflanquée, choisie parmi les plus inva-
lides ; et le cocher, avec sa vieille blouse rapiécée, sa
casquette crasseuse et son visage fané par la veillée,
est plus répugnant que le dernier des aides du bourreau. A voir cet attirail et les personnages du drame,

on pourrait se croire sur un champ de foire la veille
d'une fête patronale, alors que les hercules forains
dressent l'estrade où le lendemain Jocrisse va recevoir
les coups de pieds que lui applique son maître à
l'endroit que vous savez.

Dans cette assemblée vulgaire se détachait, pendant
de longues années, la figure austère et sympathique
du brave abbé Crozes, le digne vieillard qui avait
choisi la triste mission d'accompagner les condamnés
de la Roquette jusqu'au seuil de la tombe. Devant cet
homme de bien qui a consacré sa fortune à soulager
les malfaiteurs de la prison, le plus sceptique était
forcé de se découvrir respectueusement. Quoiqu'il ait
failli partager le sort des otages, il ne s'est pas décou-
ragé. Malgré les périls qu'il a affrontés, il avait conservé l'espoir de ramener à de meilleurs sentiments
le rebut de l'humanité. Lui seul représentait, sur cette
place, le côté vraiment humain : l'indulgence et la
pitié. Tous les autres personnages viennent à la Roquette comme pour traiter une affaire. Seul, l'aumônier des dernières prières exerce une mission avec la
dignité qui sied à son ministère. En voyant s'avancer
le condamné entre le bourreau et l'abbé Crozes, malgré
soi on s'inclinait devant ce digne vieillard. A côté
de ces deux hommes, dont l'un est le crime et l'autre
l'implacable châtiment, l'abbé Crozes apparaissait
comme l'incarnation de la bonté et du pardon. Le
misérable, que la société rejette impitoyablement de
son sein sur cette planche à bascule, seul l'aumônier

ne l'abandonnera pas : après l'avoir conduit au pied de l'échafaud, il suivra le cadavre au cimetière maudit des guillotinés.

Avez-vous vu passer ce cortège sinistre ? Si non, vous ne pouvez vous faire une idée de l'impression douloureuse qu'il produit. Deux gardes à cheval précèdent la tapissière crasseuse qui transporte le panier où gît le cadavre sanglant. Le ressentiment de la société semble survivre à l'expiation suprême, et c'est ici qu'elle se montre dans toute sa mesquine cruauté. Le criminel est mort et la société n'est pas encore satisfaite. Cette tête et ce corps qui furent un être humain, il y a cinq minutes à peine, on les transporte au cimetière comme un paquet de linge sale dans une tapissière invalide de quelque blanchisseur. Comme l'assassin furibond frappe encore la victime alors qu'elle a déjà rendu son dernier soupir, la société, après s'être montrée impitoyable pour le vivant, s'acharne encore sur son cadavre. Quoique le criminel ait expié son forfait, il demeure encore coupable ; pour transporter ce cadavre maudit, notre civilisation n'a même pas un fourgon de quelque hôpital ; à voir passer cette tapissière hideuse, conduite par un cocher à l'aspect sordide, précédée de deux gardes à cheval, on ne croirait jamais que la société vient de faire usage du plus grand pouvoir qu'elle s'est attribué. On penserait plutôt que les gendarmes viennent d'arrêter la voiture d'un saltimbanque qui se trouve en contravention avec la loi.

Voilà qui est hideux et tout à fait indigne de l'humanité. Le moins que l'on puisse demander à la peine de mort, c'est que son œuvre soit terminée quand le couperet à glissé dans les rainures savonnées par MM. les aides de l'exécuteur des hautes-œuvres. Ce mépris de la société pour ce cadavre qu'elle vient de faire lui donne je ne sais quoi de féroce et de barbare qui indigne le cœur humain. Ce châtiment qui survit à l'expiation, ce mépris posthume que l'on semble jaloux de témoigner au supplicié, révoltent la conscience ; cette tapissière crasseuse semble venir d'un abattoir. On demeure stupéfait de la barbarie antique qui s'est maintenue dans notre civilisation, et qui veut qu'après avoir mis à mort le coupable, on punisse encore son cadavre, tandis que l'état-major de l'exécuteur des hautes-œuvres se répand dans les cabarets pour réparer les fatigues de cette nuit sinistre.

13.

LES EXÉCUTIONS EN PROVINCE

On ne saurait assez engager messieurs les assassins qui ont l'intention de se faire guillotiner de choisir Paris pour théâtre du crime. Sur aucun point du territoire on ne vous expédie un homme dans l'éternité comme à Paris. On le réveille, et, vingt minutes après, il est devant notre juge à tous. Discrétion et célérité ! En province, au contraire, l'assassin ne rencontre pas le même confortable à l'heure suprême de l'expiation, comme on dit. Le bourreau qui touche de bons appointements pour couper une tête de loin en loin, comme le gouvernement organise son expédition triennale, ne travaille pas avec le même entrain en province qu'à Paris ; il est comme les artistes qui manquent d'inspiration loin du bruit et du mouvement de la grande ville ; il perd une partie de ses moyens, comme on dit dans les comptes rendus de théâtre ; le calme de la province ne l'inspire pas au même degré que l'agitation parisienne ; le public de province ne l'enlève pas. Les exécutions dans les départements sont une honte plus grande pour notre temps, que les abominables méfaits que les assassins expient. Quel que soit le crime du patient, cette fameuse société, quand elle se venge en province, le dépasse encore en sauvagerie.

Quelques exemples suffisent pour prouver ce que j'avance. A près de vingt années de distance, les mêmes cruautés inutiles se renouvellent au milieu des déclamations sur la marche du progrès et de la civilisation. Le progrès, soit : il est inconstestable que les différents bourreaux ont depuis M. Heindereich, apporté leur innovation à l'édifice de la guillotine. L'un a inventé le tampon en caoutchouc sur lequel tombe le couperet ; l'autre a perfectionné la bascule, un troisième a dit le dernier mot sur la pente savonnée où glisse le corps dans le panier. Voilà pour le progrès. Quant à la civilisation dont nous nous vantons, nous allons en causer à présent.

Le 19 mars 1867, on a guillotiné, à Soissons, un nommé Demignaux ; le jugement l'avait voulu ainsi, quoique ce criminel eût été jugé à Laon : c'est dans la prison de cette ville, qu'on lui annonce un peu avant minuit que l'heure de l'expiation a sonné : « C'est bien, dit-il, marchons. » Mais il ne s'agit pas de faire quelques pas comme à Paris, de la prison à l'échafaud ; cinq longues et cruelles heures lui restent à vivre ; son agonie commence vers minuit à Laon, et sa tête tombera à cinq heures du matin à Soissons. On veut le faire monter dans une voiture cellulaire ; mais l'assassin demande, comme une grâce suprême, de faire le trajet dans une voiture particulière et à ses frais ; on lui accorde cette faveur et voici le cortège en route, au milieu des ténèbres. La température est glaciale ; la neige couvre la campagne ; pendant cinq heures le condamné grelotte et pleure : on traverse au grand trot des chevaux les paisibles hameaux encore plongés dans le silence de la nuit : on passe devant les églises où la lampe éternelle brûle devant l'autel ; le condamné ne voit rien, sinon la guillotine qui se dresse menaçante à chaque détour du chemin : c'est peut-être ici ! Non, pas encore : tour à tour le criminel espère et se lamente. On ne peut donc pas en finir tout de suite ? Au bout d'une heure de cette promenade : « Guillotinez-moi, hurle le condamné, guillotinez-moi ; c'est trop de souffrances. » Le condamné en parle à son aise. On va lui couper le cou, c'est vrai, mais sans une irrégularité ; il est haletant, à bout de force ; en traversant je ne sais quel village, il appelle : Au secours ! Ce meurtrier crie : à l'assassin ! et il a raison. Nul ne l'entend et les gendarmes, hommes du devoir strict, restent impassibles en apparence, mais au fond ils tremblent. N'est-ce pas effroyable ? Comment un homme ne devient-il pas fou pendant ces cinq heures d'agonie ? Quel chapitre Victor Hugo écrirait, sur la tempête dans le crâne de ce condamné à mort ! Ah ! si la voiture pouvait tomber dans un fossé et se briser ! Il n'y a pas de danger. Les cochers qui conduisent les condamnés à mort sont plus adroits que les postillons de comédie. La pensée de l'assassin est la-bàs sur la place de Soissons où le bourreau l'attend ; il ne sait pas au juste combien de temps durera encore son supplice : il compte les minutes, les secondes. Si la voiture s'arrête il frissonne et demande si l'on est arrivé? Quand les fers des chevaux retentissent sur le pavé d'une petite ville, il tremble, car il croit entrer à Soissons : avant de mourir définitivement, le condamné expire graduellement pendant cinq heures. Sa victime à lui n'a cependant souffert que quelques minutes, pense-t-il : décidément la société est plus féroce que les meurtriers!

Oui, je sais bien ce que vous me direz : Est-ce que le condamné se plaint de vivre encore cinq heures? c'est tout bénéfice pour lui! Mais ici il ne s'agit pas du bon plaisir de cet assassin qui va expier son crime, mais de nous. C'est pour notre civilisation qu'en ressent la honte d'une si longue agonie! Les assises ont condamné le meurtrier à la peine de mort, et nous lui infligeons par-dessus le marché des tortures inconnues sous la Sainte Inquisition. Et tout cela parce que, selon une formule démodée dans sa barbarie, il faut que le condamné meure sur la place de la ville où le crime a été commis; il ne s'agit pas seulement de lui couper le cou, mais encore de faire un exemple. Et quel exemple, grand Dieu! celui d'une impitoyable férocité dans la façon dont la société se venge et qui dépasse la cruauté du meurtrier. Voilà comment nous nous vengeons en province.

Dix-sept années se sont écoulées depuis l'exécution sinistre à Soissons, et rien n'est changé. Nous avons fêté la marche ascendante du progrès par plusieurs expositions universelles qui sont, à ce qu'il paraît, les étapes de cette fameuse civilisation ; mais l'exécuteur des hautes-œuvres procède toujours en province selon la même méthode. En 1883, on a exécuté en une même semaine deux assassins, à Reims et à Versailles : le cas est rare car la bonté providentielle de M. Grévy fait de l'emploi de bourreau une sinécure ou à près ; au point où en sont les exécutions capi-tales, elles reviennent un peu cher ; en divisant le budget du bourreau et de ses aides, y compris les frais de déplacement par le nombre restreint des exé-cutions, on trouve que chaque tête de supplicié coûte en moyenne six mille francs au peuple français : c'est à coup sûr plus qu'elles ne valent l'une dans l'autre! Mais enfin ce n'est pas de cela qu'il s'agit. On a vu plus haut comment, en 1867, on guillotinait à Soissons. La façon dont les choses se passent en 1883, à Reims et à Versailles, prouve que rien n'est changé. Le par-ricide de Versailles ne me fera certainement pas verser une larme ; dans les annales du crime, on chercherait vainement un misérable plus féroce que celui-là ; la pensée de faire venir de Nice des bou-quets de violettes fraîches pour les déposer sur cette tombe est loin de mon esprit. Qu'on ait coupé cette tête, c'est le cadet de mes soucis ; toutefois, il faudrait nous arranger de façon à ne pas rendre le supplicié en quelque sorte intéressant, par la cruauté démesurée dont on entoure ses derniers moments ; on finira par nous prendre pour des Canaques qui donnent un bal autour du petit blanc qu'ils viennent d'immoler.

Les critiques de l'échafaud sont unanimes à déclarer que notre éminent et sympathique M. Deibler n'a plus cette sûreté du doigté qui a fait de lui un véritable virtuose dans sa partie. Depuis le regretté Heindereich, dont le souvenir vit encore aux environs de la place de la Roquette, aucun bourreau n'a débuté avec plus d'éclat que M. Deïbler ; on pouvait croire un instant que cet homme de bien était ce qu'on appelle « une excellente acquisition ». La nature l'avait doué particulièrement ; il avait une façon à lui de jeter le patient sur la bascule et une grâce particulière dans le geste quand il pressait le bouton qui fait tomber le couteau. Le long chômage, auquel la clémence présidentielle a condamné M. Deibler, lui a, dit-on, fait perdre une partie de ses avantages. Maintenant, quand il reparaît, ce n'est plus le même artiste ; il tâtonne ; il prend des temps ; il prolonge l'agonie du condamné au delà de tout ce qu'une société, fût-elle féroce, peut tolérer. Le bourreau entre dans une décadence manifeste qui impose sa retraite à bref delai.

Mais ce n'est là qu'un des côtés de la question et le moins important. Ce qui est plus grave pour notre civilisation, c'est la façon dont se passent les choses en province, depuis le réveil du condamné. Ce qui est arrivé à Reims pour l'exécution du nommé Holtz dépasse tout ce qu'on peut imaginer. On a réveillé cet homme à la première lueur du jour et on l'a tenu pour ainsi dire pendant deux heures sous le couteau de la guillotine. A Paris, un quart d'heure suffit ; on a aboli toutes les formalités inutiles. Mais en province, la vieille tradition est encore debout ; cela rappelle le vieux jeu de la sainte Inquisition. A Paris, le directeur de la prison annonce au condamné que sa dernière heure approche ; on lui fait rapidement la toilette suprême ; on le laisse une minute avec le prêtre ; il n'a que dix pas à faire sur la place de la Roquette. En province, on réveille le patient ; on lui lit l'arrêt, puis on le conduit à la messe.

Oh ! cette messe de Reims, quel long et cruel supplice préparatoire ! Ne pensez-vous pas que le digne abbé Crozes qui, en deux minutes, disait au condamné tout ce qu'il avait à lui dire, ne remplissait pas son mandat aussi bien et mieux peut-être que le prêtre de province qui dit la messe devant ce condamné déjà à moitié mort par la terreur ? A vous franchement parler, je ne crois pas que le bon Dieu en demande tant. S'il est réellement un Dieu de miséricorde, il aura certainement pitié du criminel à qui l'on va trancher la tête, et il ne saura pas le moindre gré au prêtre qui prolonge outre mesure la cérémonie religieuse et ne fait pas grâce d'un mot latin, au condamné.

Vous croyez que c'est fini ? Pas du tout. Ce n'est que

le commencement. A Paris l'échafaud est dressé devant la prison ; en province, il y a encore des emplacements maudits hors la ville, comme du temps où Louis le Hutin faisait pendre son ministre à Montfaucon. C'est là qu'il faut transporter le condamné. Avec un corps de musiciens en tête jouant la marche funèbre de Chopin, le cortège serait complet. Il est moins brillant que celui qui conduit la Juive d'Halévy au bûcher, sous le règne de l'empereur Sigismond, mais il est aussi solennel. A Paris, on apprend une exécution capitale par les journaux. En province, on l'impose à toute la ville ; impossible d'échapper à ce lugubre spectacle ; pour se rendre au lieu du supplice, il faut traverser toutes les rues, et comme le bourreau n'attelle pas des trotteurs Orloff à vingt mille francs la paire, le trajet se fait au pas lent d'une haridelle qui mènerait un veau à l'abattoir. C'est du propre !

En tête, les gendarmes graves, le chapeau en bataille, le sabre au clair ; puis, dans un fiacre, le commissaire central ou tout autre officier de police ; ensuite la tapissière dans laquelle le condamné, grelottant, tremblant, livide, est assis entre les collaborateurs du bourreau ; pour finir, un choix de magistrats dans des landaus. Lentement le cortège traverse la ville au milieu de la foule, dont le bruit dit au captif qu'elle est nombreuse. Si quelque grossier chenapan trouve bon de faire des lazzis sur le panier à salade, ils n'échapperont pas au condamné ; cette promenade dure encore une demi-heure. Je ne sais pas combien de

temps cela a pris à Reims, mais, à Versailles, on a
réveillé Houy à quatre heures vingt minutes, et ce
n'est que deux heures après que sa tête, après de
longs tâtonnements du bourreau, a roulé dans le panier.

Or, cette promenade à travers la ville est certainement une des plus effroyables monstruosités que je
sache. A Paris, personne n'est forcé de voir les exécutions; en province, il devient, pour ainsi dire, obligatoire d'en subir la terreur. Comment s'y soustraire?
On a beau rester chez soi, l'exécution capitale vient
vous relancer à domicile. Le lugubre cortège traverse
lentement les rues; le fourgon du bourreau, qui n'est
pas un huit-ressorts, sautille sur le pavé; tous les enfants sont dans la rue. Les hommes, aux fenêtres,
sont livides, et les femmes, qui se cachent, ont des
attaques de nerfs. Toutes la ville est sens dessus des-
sous, comme pour un concours régional. Chaque tour
de roue de l'équipage du bourreau est un nouveau
supplice pour l'homme ficelé qu'il renferme. S'il ne
voit pas, il entend et les frémissements de la foule
et les gaudrioles grossières et les cris de terreur. On
le guillotine lentement pendant une demi-heure avant
de lui trancher définitivement la tête. Le spectacle à
l'intérieur de ce fourgon doit être terrifiant. Si le fourgon s'arrête un instant, parce que la foule l'empêche
d'avancer, le condamné se dit : « Nous y voici ! »
Vingt fois, dans cette sinistre promenade, il entend,
dans ce qui lui reste de conscience, le couteau s'a-

battre sur sa nuque. C'est tout simplement épouvantable.

En présence de ces scandaleuses et cruelles formalités d'une exécution en province, on peut se demander si les champions attendris de l'antivivisection ne feraient pas mieux de garder leur émotion pour les condamnés à mort qu'on torture bien autrement que les petits lapins, et si une société qui tolère de pareilles férocités a bien le droit de verser les meilleurs de ses pleurs sur le triste sort des grenouilles ? Toutefois, à propos de ces deux exécutions de province, je ne soulèverai pas la fameuse question de la peine de mort, quoique rien ne plaide mieux contre elle que les procédés barbares dont on l'entoure. Que la société se débarrasse par les moyens violents d'un être sanguinaire, c'est son droit mais la guillotine n'a jamais rien empêché. La statistique du crime prouve que les forfaits ne sont pas plus nombreux dans les pays où la peine de mort est abolie que dans ceux où elle subsiste toujours.

Nous n'avons donc pas besoin pour le moment de nous égarer dans la philosophie de l'échafaud, qui n'a rien à faire dans les circonstances présentes. Ce qui nous préoccupe, c'est la façon, indigne d'une civilisation quelconque, dont les choses se passent. Si la guillotine doit être maintenue, on peut du moins demander qu'on entoure l'acte suprême de la loi de quelque dignité. L'Angleterre pend ses criminels dans l'intérieur des prisons ; Paris les expédie en un quart d'heure sur la place de la Roquette, entre une double haie de sergents de ville qui empêchent la foule brutale de se régaler du sanglant spectacle. La province a seule encore le monopole des exécutions qui durent deux heures et qu'on impose à toute la ville.

Le premier résultat obtenu par ces férocités inutiles c'est le dégoût profond de la peine de mort. Si peu intéressant que soit un condamné qu'on guillotine pendant deux heures entières, il l'est encore plus que les fonctionnaires qui lui imposent un si abominable supplice. Quand une société se venge, il ne faut pas qu'on puisse la confondre avec un dompteur qui conduit son fauve dans une cage fermée, vers un champ de foire, à travers toute une ville en émoi. Le sentiment public est simplement révolté par le récit de ces exécutions en province. Entre l'abolition de la peine de mort ou son maintien dans les conditions effroyables dont on la pratique dans les départements, l'hésitation n'est pas permise. Il vaut mieux mettre le bourreau à la retraite que de nous couvrir de honte.

AÜ-DELA DU COUPERET

Après chaque exécution capitale se renouvelle une bien grave et bien terrible question, celle de savoir s'il reste encore aux suppliciés une dernière trace de la vie violemment interrompue?

Au lendemain de l'exécution d'Albert, ce garçon qui avait assassiné, à la Tour-Malakoff, la femme Pelletier, et qui expia son crime le 25 octobre 1867 sur la place de la Roquette, on remit à l'ordre du jour la question pendante depuis si longtemps, dans le monde scientifique, à savoir si le couteau de la guillotine, — le *méchant* comme on l'appelle en argot de bagne — détermine la mort instantanée ou si, dans cette tête séparée du tronc, la vie et la pensée survivent encore pendant quelques minutes. Les hommes de l'art ne sont nullement d'accord à ce sujet.

Pour savoir à peu près le dernier mot sur cette question palpitante, il faudrait permettre aux savants de faire des expériences sur les suppliciés, immédiatement après la décollation. On y viendra le jour où les exécutions auront lieu dans l'intérieur des prisons, ainsi que cela se pratique en Angleterre, en Allemagne et en Autriche. La science ne peut pas admettre que la vie disparaisse sur-le-champ avec la section. En vain objecte-t-on, par exemple, que la pesanteur du couteau produit un choc si formidable qu'il arrête la vie instantanément. Ce poids, au contraire, est un argument en faveur de ceux qui n'admettent pas la mort instantanée, il n'y a pas de secousse, la section s'opère si rapidement, que la vie n'a pas le temps de disparaître complètement. Assurément si, au lieu de trancher la tête à un condamné, on lui cassait la colonne vertébrale avec la masse de plomb dans laquelle le couteau est enchâssé, il se produirait dans tout l'organisme une commotion telle, que la mort devrait être instantanée. Mais ce n'est pas le cas. Plus un couteau est tranchant, moins la blessure est douloureuse, moins le choc est violent. Si, par exemple, vous vous coupez avec un méchant couteau de cuisine, vous ressentez une douleur bien plus vive qu'en vous coupant avec un bon rasoir; dans ce dernier cas, le plus souvent, on n'éprouve pas la moindre douleur et on ne s'aperçoit de l'accident que par le sang qui coule. Par la pesanteur même du couteau de la guillotine, la section s'opère si rapidement que le supplicié ne doit sentir aucune douleur ni subir une commotion assez vive pour que les fonctions de l'organisme s'arrêtent à l'instant.

Il fut un temps où cette question me passionnait au plus haut degré et, par les faits que je vais avoir l'honneur de présenter au lecteur, il verra que je n'en parle pas avec une entière légèreté. A une époque déjà lointaine, le hasard de la vie me fit précisément témoin de nombreuses expériences qui tendent à prouver que la décollation ne produit par la cessation instantanée de la vie organique.

Dans ma première jeunesse, je m'étais lié avec un étudiant en médecine qui depuis est devenu une des plus grandes autorités parmi les savants allemands et son nom ne doit pas être inconnu à l'Académie des sciences. Il s'appelle Édouard Pflueger et il est depuis une dizaine d'années professeur de physiologie à l'université de Bonn. A vingt ans l'étonnant adolescent était déjà à la recherche des grands problèmes qui lui ont donné la célébrité à trente ans.

A l'époque où je fis la connaissance du jeune savant, il cherchait à établir que le siège de la pensée n'était pas uniquement dans le cerveau, mais encore dans la moelle épinière, et que, par conséquent, la pensée pourrait survivre pendant un certain temps dans le tronc séparé de la tête aussi bien que dans la tête privée du corps. Je m'étais lié avec ce garçon dans une brasserie où souvent nous dînions ensemble. Nous avions pris l'habitude de causer de mille choses au café en fumant notre cigare. Depuis qu'il est un grand savant, je ne l'ai pas rencontré, mais de loin j'ai suivi ses travaux, comme dans un âge mûr notre pensée à tous est préoccupée des souvenirs de nos jeunes années. Je vois encore le futur grand savant, à vingt ans, avec sa tête singulièrement intelligente, ses yeux bleus, son abondante chevelure blonde et avec son front plus bombé que celui de Victor Hugo. Un soir, à brûle-pourpoint, à propos d'une discussion scientifique, il m'adressa cette question étrange :

— Que pensez-vous de l'immortalité de l'âme ?

Ma foi, sur-le-champ je ne sus que répondre à cette singulière interpellation. Et le jeune savant, en lançant dans l'espace les bouffées de fumée, ajouta en riant :

— Venez me voir demain, je vous la montrerai cette âme immortelle.

Le lendemain je m'en fus chez mon nouvel ami. Je fais grâce au lecteur des théories matérialistes qu'il développa devant moi. Aussi bien on ne saura jamais le dernier mot sur l'organisme humain, cet éternel problème plein de ténèbres et de mystères. On a vu de très grands savants puiser dans l'étude de la vie humaine, de ses origines et de ses fonctions, une nouvelle ardeur pour leur foi; d'autres au contraire ont laissé leurs illusions et leurs croyances aux ronces du chemin. Il y a donc un problème supérieur à la science même qu'on ne résoudra jamais, et c'est bien heureux, car, le jour où les savants n'auraient plus rien à aprofondir, la science serait morte. Ce serait la fin du monde intellectuel. Glissons donc sur ce thème scabreux. Mon intention ne saurait être de définir les rapports insondables entre la matière et l'esprit. Revenons bien vite à mon ami l'étudiant en médecine. Je le trouvai dans une chambre étroite, au milieu des restes en décomposition des animaux sur lesquels il ne cessait d'opérer.

— Vous croyez donc, me dit-il après une longue conversation, que le siège de la pensée est uniquement dans le cerveau?

— On me l'a toujours dit.

— Eh bien, vous allez vous convaincre du contraire.

Ce disant, il plongea la main dans un vaste bocal, en retira une grenouille vivante et lui trancha la tête.

— Voici, me dit-il, la tête et voici le corps; j'étends le tronc sur le dos et je brûle le ventre au moyen de l'acide que voilà.

L'effet fut si vif que ce corps sans tête se frottait avec la patte droite l'endroit atteint par l'acide comme s'il avait voulu chasser la douleur. Je demeurai stupéfait.

— Ne vous étonnez pas de ce que vous voyez en ce moment, fit le savant; c'est une expérience \déjà vieille ; seulement la science prétend que la conscience est étrangère à ce phénomène qu'elle attribue à une simple réflexion musculaire. Eh bien, moi, je vous dis et je vais vous prouver que ce corps sans tête obéit à un raisonnement, et, pour ce faire, j'ai découvert un moyen aussi simple que le fameux tour de l'œuf de Colomb. Si donc, la conscience et la liberté d'action demeurent étrangères à ce mouvement, il faut que la même cause produise le même effet.

D'un coup de bistouri, mon ami coupa la patte droite, et la grenouille décapitée, après avoir essayé en vain de se soulager de ce côté, se décida à se frotter avec la patte gauche.

— Vous voyez donc, continua le jeune homme, que le corps sans tête a encore conscience de ses actions; de là je conclus à l'évidence que le siège de la vie et de la pensée n'est pas seulement dans le cerveau, que la moelle épinière a une part aussi large que le cervelet dans nos agissements, et je parviendrai, je l'espère, à définir nettement les fonctions de chaque partie de l'épine dorsale. Maintenant, voyons la tête.

Après la section, le savant avait exposé la tête de grenouille en plein soleil sur le rebord de la fenêtre : cinq minutes étaient écoulées depuis la section.

— Je ne prétends pas, me dit-il, vous démontrer qu'un corps sans tête ou qu'une tête sans corps puissent conserver longtemps la vie, mais ne croyez pas que la mort ait déjà tout à fait éteint cette tête de grenouille. Voyez plutôt.

Il prit un petit miroir qu'il agita devant les yeux de la tête décapitée, aussitôt elle clignait des yeux comme nous ferions, vous ou moi, si on agitait un objet brillant devant nos regards.

Ceux de mes lecteurs qui ne sont jamais occupés des questions scientifiques auraient tort de supposer un instant que je leur sers ici une fantaisie de mon cru. L'éminent savant français, M. Claude Bernard, a fait sur ce terrain des expériences bien autrement surprenantes encore, mais je ne pense pas qu'il ait constaté un phénomène plus étonnant que celui dont je vais parler et dont je fus témoin non une fois, mais cinq cents fois.

Il arrive une époque déterminée de l'année où les grenouilles s'occupent de la reproduction. Le mâle et la femelle restent étroitement enlacés pendant de longs jours. Nous allions pêcher ces couples. Mon ami leur trancha la tête à tous les deux et les corps demeurèrent enlacés comme auparavant. Alors, leur brûlant les pattes avec l'acide, le jeune savant les força de se séparer, il laissa les deux troncs pendant plusieurs minutes l'un à côté de l'autre ; les corps ne donnaient plus signe de vie.

— Après ce que vous avez déjà vu, me dit mon ami, vous ne serez plus surpris de ce que vous allez voir.

Il rapprocha les deux corps, et le reste de chaleur qu'ils se communiquaient, leur rendait la vie pour un instant. Le mâle sans tête enlaçait la femelle décapitée.

— L'expérience vous semble-t-elle concluante ? me demanda-t-il.

Et comme je demeurais hésitant, mon ami ajouta :

— Nous allons donc recommencer ! Voici le mâle décapité ; au lieu d'une grenouille femelle, nous rapprochons son corps d'un morceau de bois. Regardez bien : pas un mouvement, cette bête décapitée raisonne donc parfaitement ; elle ne se dérange pas sous le contact d'un morceau de bois ! elle paraît bien morte n'est-ce pas ? Eh bien, attendez une seconde.

L'étudiant remplaça le morceau de bois par une grenouille vivante et aussitôt le corps sans tête se ranima ; de ses deux pattes il entoura la femelle. Vous voyez donc que la réflexion n'a pas le cervelet pour unique siège : c'est tout ce que je tends à prouver. Maintenant tirez de là toutes les conclusions que vous voudrez sur les exécutions capitales et demandez vous, s'il n'est pas probable que la vie persiste encore pendant quelques instants dans le tronc aussi bien que dans la tête du supplicié ; à ceci on vous répondra que les mêmes phénomènes ne se présentent pas chez l'homme décapité. Laissez dire et croyez à ce que vous avez vu !

Ainsi parlait cet étudiant de vingt ans qui est devenu une des incontestables autorités de la science. Quant à moi, je n'ai pas la prétention de dire ici le dernier mot sur cette grave question, à savoir si la vie demeure encore pendant quelque temps dans le corps mutilé d'un supplicié. La science, qui ne conteste point les effets constatés sur des animaux, peut être d'avis que l'organisme humain diffère du système nerveux de la bête, et que, par conséquent, les mêmes causes ne doivent pas forcément produire les mêmes effets sur un homme ou sur une grenouille. Soit ! Mais, étant

donné que la vitalité n'est pas complètement éteinte
dans un animal après la décollation, les savants qui se
prononcent pour le même phénomène chez le supplicié ont pour eux les probabilités, qui ne sont pas tout,
mais avec lesquelles il faut compter néanmoins.

On ne saura pas la vérité absolue avant d'avoir
tenté l'épreuve sur les guillotinés de la place de la
Roquette. La peine de mort qui, au fond, répugne à
tous, aurait du moins l'excuse de rendre un service
à la science.

VI

LES ADULTÈRES SANGLANTS

Le mari qui tue. — Gabrielle Fenayrou. — La Vénus aux
domestiques.

I

LE MARI QUI TUE

Un drame terrible a mis Paris en émoi au mois de
mai 1872. Un mari féroce a labouré de coups d'épée
le corps de sa femme tandis que l'amant s'enfuyait par
la fenêtre de la mansarde. Madame Dubourg est
morte à l'hôpital où on l'avait transportée d'urgence;
sa fin terrible a racheté la faute de cette jeune femme,
issue d'une famille honorable.

Le drame dont la première partie s'est dénouée à
l'hôpital n'est pas seulement un drame parisien; il
est de tous les peuples et de toutes les époques
quant au fond; la forme en varie suivant le temps
et la civilisation où il se produit. Cette fois il a
pris un caractère tout moderne; le juge se présente sous un aspect nouveau; il n'a ni la bon-
homie de ceux qui pardonnent, ni l'aveuglement de

ceux qui frappent dans les fureurs d'une affection trahie; il procède avec méthode; il a de l'ordre ; il n'oublie aucun détail. Le sang qui s'échappe des blessures de la victime ne le trouble ni ne l'émeut ; l'agonie ne désarme pas ce vengeur de son honneur; son ressentiment survit à l'expiation ; cette femme qui vient de payer si cruellement une faute que je ne veux point excuser n'est plus une épouse ou une mère ; que lui faut-il ? Un médecin et un prêtre! On les lui fournira; puis, qu'elle s'en aille mourir à l'hôpital, tandis que le mari, sachant de quel pouvoir effroyable il est investi de par la loi, se constitue prisonnier pour être aussitôt rendu à la liberté.

La loi est à peu près la même chez tous les peuples; elle reconnaît au chef de la communauté le droit de se faire justice quand il surprend sa femme en flagrant délit; elle ne recherche pas les causes, elle ne s'arrête pas aux circonstances atténuantes ; elle ne s'occupe que du fait brutal, elle n'interroge pas le passé, elle ne veut pas connaître le prologue du drame; que la femme ait subi un coupable entraînement ou que le juge ait, le premier, négligé les devoirs de la famille, peu lui importe. Le mari peut commettre des fautes sans perdre pour cela ses droits de seigneur et juge. La loi ne s'inquiète pas de savoir par quelles circonstances mystérieuses une jeune femme honnête déserte souvent le foyer conjugal, et si le doux roman d'amour qui se dénoue par le meurtre trouve son excuse dans des circonstances qui lui échappent; si la femme adultère est morte selon les articles du Code, le mari est un juge, et non un assassin.

L'opinion publique ne partage pas toujours la froide et implacable logique du législateur; elle juge avec ses nerfs et avec son cœur, et en France, plus que partout ailleurs, les sympathies de la foule vont droit à la victime. Il y a au fond des cœurs parisiens un sentiment chevaleresque qui défend la femme jusque dans ses fautes. Entre l'homme, si outragé qu'il soit, entre l'homme armé d'un poignard et une femme abandonnée à ses propres forces, déjà brisées par l'émotion, la lutte ne leur semble pas égale. On se sent entraîné du côté du moins fort, fût-il le plus coupable. La femme qui meurt devient plus intéressante que l'homme qui frappe; quelle que soit sa faute, on ne veut pas voir mourir la femme; M. Émile Augier, pour avoir essayé au théâtre d'être implacable comme la loi, a compromis l'une de ses meilleures pièces : *le Mariage d'Olympe*.

Très certainement je n'ai pas l'intention de faire le moindre rapprochement entre la jeune femme qui vient de mourir et la courtisane du Vaudeville : elles n'ont de commun que la fin tragique, motivée par une même faute; pour faire accepter le coup de pistolet du *Mariage d'Olympe*, M. Émile Augier a fait de l'homme qui tue l'incarnation de la loyauté; c'est un vieillard défendant l'honneur de son nom qui frappe, et non un mari. Une courtisane, sortie de la boue, s'est fait épouser par un jeune homme bon et confiant; le nom qu'elle a escroqué, elle va de nouveau le traîner dans la honte. Le vieillard sent que son fils serait trop faible pour se faire justice ; et, après avoir en vain essayé de ramener Olympe à des sentiments plus dignes, il la tue d'un coup de pistolet.

Certes, s'il est une créature indigne de toute pitié, c'est bien Olympe, et cependant voyez ce qui se passe : le sentiment humain s'éveille chez le spectateur, la conscience publique proteste contre le meurtre commis sur une femme. Cette foule assemblée dans une salle de spectacle ne se connaît pas ; elle est composée des éléments les plus divers, et cependant l'impression est la même ; quoi que l'on fasse pour excuser le meurtre froidement accompli, le cœur humain proteste contre la justice qui se manifeste par de telles cruautés. Le cœur humain est enclin au pardon ; l'indulgence lui plaît, et ce qui le frappe et l'émeut le plus, ce n'est point l'implacable châtiment du coupable, mais bien la généreuse indulgence du juge qui est la particularité des âmes vraiment grandes.

Alexandre Dumas fils a, lui aussi, dénoué la question de l'adultère par le meurtre dans son beau drame : *Diane de Lys;* il n'est pas homme à reculer devant une audace, et cependant voyez avec quelles précautions il marche vers la fin sanglante. Il ne frappe pas la femme, mais l'amant ; et encore ne le frappe-t-il pas sans l'avoir fait prévenir par le mari

du sort qui l'attendrait au cas où il le surprendrait
chez sa femme. Malgré tout cela, Dumas fils sentait
très bien que le meurtre froidement accompli révolte-
rait la fibre humaine du spectateur. Le mari qui, à la
fin du dernier acte, tue à bout portant l'amant, qui
n'a même pas un canif pour se défendre, devait
froisser la généreuse fibre parisienne. Aussi Dumas
s'est-il bien gardé de faire un Parisien de ce juge
féroce : le mari outragé est Russe ; il appartient à
cette race du Nord qui, à tort ou à raison, passe aux
yeux du public pour une race cruelle.

A l'époque où Shakespeare écrivit *Othello*, la froide
appréciation des passions humaines n'avait pas encore
envahi la société et le théâtre qui en est le reflet. Le
More ne tue pas Desdemone parce que la loi lui confère le droit de se faire justice, ainsi que cela se passe
de nos jours, mais parce que l'amour trahi affole sa
pensée et trouble sa raison ; il ne vient pas discrète-
ment frapper à la porte de l'épouse coupable, lui
jurant qu'il ne lui serait fait aucun mal. Dans les
fureurs de la jalousie, il se précipite sur elle, l'étrangle
de ses mains ; puis, le meurtre accompli, et sentant
que cette femme a emporté le meilleur de sa vie, il se
tue. Ici, le meurtre de la femme par l'homme se présente dans les conditions les plus effroyables ; mais
le spectateur l'accepte, parce qu'il sait les tortures
d'Othello ; il l'excuse, parce qu'après avoir tué par
passion, il meurt de cette même passion.

Si Shakespeare revenait parmi nous, s'il voulait

remanier son drame selon les mœurs de notre temps, Othello, après avoir étranglé Desdemone, se tournerait vers le public et s'écrierait :

— Et maintenant... au café Anglais !

Il est vrai que dans la vie les maris n'ont pas à compter avec le public comme au théâtre ; l'homme outragé dans son honneur d'époux se soucie fort peu de l'opinion de la foule et de la presse ; il ne fait pas son drame en vue du feuilleton du lundi. Il ignore les emportements du héros de théâtre, aussi bien que la douce sérénité du *plus heureux des trois ;* il n'enfonce pas la porte d'un vigoureux coup d'épaule, pour surprendre les amants et les tuer dans le délire de la passion ; il est l'homme d'une époque positive qui ne livre rien au hasard. L'amant, jugeant qu'il n'aura pas à défendre la femme, se sauve parce qu'il pense que sa présence ne pourrait qu'aggraver la situation de la femme adultère. Voulant la sauver, il la livre au meurtrier. Quel châtiment terrible !

Dans le cas spécial qui a jeté une si grande émotion dans Paris, tout conspire pour entourer la victime de la sympathie publique. Assurément l'idée de me faire le défenseur de l'adultère est loin de ma pensée. La femme la plus digne de notre admiration est, selon moi, l'épouse fidèle, la mère irréprochable ; mais comment la sympathie pourrait-elle se détourner un instant de cette jeune femme, née au sein d'une famille honorable et qui meurt sur un lit d'hôpital comme une femme perdue ? Si grande que soit sa faute, le châtiment la dépasse dans ses proportions.

Et puis il y a dans ce drame lugubre une scène, l'avant-dernière, qui commande la pitié et le pardon ; avez-vous bien pensé aux tortures de cette malheureuse, pendant les quelques secondes qui se sont écoulées entre la fuite de l'amant et l'entrée du mari ? L'épouse coupable est seule dans cette petite chambre. Si ce n'est pas la mort qui l'attend, c'est très certainement le déshonneur ; sa vie passée défile avec une rapidité vertigineuse dans sa pensée ; elle voit le chemin parcouru depuis sa première jeunesse dans la maison paternelle, où elle vivait entourée du respect de tous, jusqu'à cette chambre modeste où elle va comparaître devant son juge. Peut-être pense-t-elle à se tuer ou du moins à se défendre ! Mais un mot du mari lui fait oublier ses angoisses de femme adultère.

— Louise, s'écrie Dubourg, vite, venez, notre enfant est malade !

A ce mot, l'amante s'éclipse et la mère reparaît dans toute sa grandeur ; il ne s'agit plus d'elle, mais de son enfant : elle ne mesure plus le danger qui la menace ; elle ne se demande plus si sa vie est en danger, si son honneur est en péril. L'enfant est malade ; la mère s'éveille en cette malheureuse femme. Elle s'élance vers la porte, l'ouvre et... tombe baignée dans son sang. La femme qui n'a pas su vivre en épouse fidèle meurt de la mort presque héroïque de la mère. Voilà ce qui l'excuse et l'absout, et lui rend dans la tombe le respect que tous ne lui auraient plus témoigné dans la vie.

La profonde commisération que Paris a dès la première heure, éprouvée pour la femme, s'est doublée d'un mépris profond pour le mari quand le procès nous a fait connaître ce misérable époux. Les débats ont fait le jour sur cette affaire terrible : ils ont dissipé les ténèbres qui l'enveloppaient et nous ont montré dans toute sa laideur un coin des mœurs contemporaines. La Cour d'assises ne m'attire pas : messieurs les assassins qui font salle comble au Palais de Justice ne m'ont jamais intéressé ; mais, cette fois, j'ai voulu voir ce mari implacable et les témoins du drame. La question Dubourg touche à un coin intime de la vie de Paris ; j'ai voulu apprendre comment une femme, née au sein d'une famille honorable, peut tomber si bas et quelles sont les circonstances qui ont amené sa chute ?

Il n'y a plus de mystère dans cette affaire. Tout est connu, et de ma vie je n'ai éprouvé un pareil écœurement ; à mesure que les témoins parlaient, les illusions s'évanouissaient. Dans ce drame, le mari n'est pas le seul coupable ; il a des complices moralement responsables du meurtre ; les uns ont défilé devant le tribunal, les autres doivent vivre dans le remords éternel d'avoir fait un mariage qui a fini comme vous savez.

Le mariage de madame Dubourg s'est bâclé en quinze jours : mariage de convenances, comme on appelle ces accouplements ; la jeune fille a à peine le temps de réfléchir ; elle ne connaît point l'homme à la vie duquel elle va unir ses destinées. La veille du mariage, elle hésite, et il est trop tard. Le maire attend, et le prêtre aussi ; les invitations sont lancées, il faut aller en avant. Ce n'est qu'après le mariage que les époux apprennent à se connaître ; le mari et la femme s'aperçoivent que ce qu'on appelle un beau mariage, est le plus souvent un mariage détestable. L'époux ne trouve pas l'épouse à son goût, et celle-ci se dit que son mari ne répond point à son idéal. L'amour se change en indifférence, puis en haine. L'homme va chercher des distractions ailleurs ; la femme se met en quête du plaisir que le mariage ne lui a point apporté. On en vient aux reproches, puis à la colère et à une sorte de séparation.

Deux ans après, le mari est devant la Cour d'assises, et de la femme il ne reste qu'un paquet de vêtements ensanglantés, dits pièces à conviction.

Cette histoire est commune, mais je ne pense pas qu'elle se soit jamais présentée dans des conditions plus navrantes. Il y a là quatre acteurs principaux : le mari, la femme, l'amant et l'amie ; dans tous ces drames, il y a toujours une trahison qui mène à l'assassinat. De l'amant, je ne veux rien dire. On l'a écarté du débat. Le seul silence convenait à sa situation ; Paris a consenti à croire que le jeune homme ne s'est pas sauvé par lâcheté ; et, en effet, on ne peut pas supposer un être assez méprisable pour abandonner sa maîtresse en un pareil moment. Le moins qu'il lui devait, c'était le sacrifice de sa vanité ; il ne l'a pas compris. Dans une lettre à jamais mémorable, la mère de ce fils a demandé qu'il fût entendu, dans l'intérêt de son honneur. Cette insistance est férocement égoïste. De cet honneur, il est peu question dans un tel débat ; il s'agit de sa maîtresse assassinée, et ce jeune homme pense à lui ; malgré l'avis du magistrat, il veut être entendu ; il veut imposer sa présence à ce mari qui l'exècre ; peu lui importe que son apparition devant le tribunal mette en péril le sang-froid de l'accusé : il ne songe qu'à sa petite personne ; il pense que ce drame ne doit pas se dérouler sans son concours ; il réclame son rôle ; il y tient. Ce jeune homme n'est pas intéressant. Il faut le vouer à l'oubli et ne pas imprimer son nom.

Ce que fut ce ménage, mes lecteurs le verront, ils jugeront si un mari peut encore parler au nom de son honneur domestique, après avoir placé sa femme dans un milieu si complètement nauséabond ; il la traîne dans la maison d'une amie, maison singulière, telle qu'on n'en voit que dans la classe la plus abjecte de la société, et il s'y passe des scènes comme on n'en voit que chez des femmes de bas étage et leurs souteneurs. Sous prétexte de ramener le mari à sa femme rebelle, madame de Boos consent à partager leur couche. Le mari impose cette condition, la femme ne se révolte point, l'amie accepte, tout en se réservant, dit-elle, de s'éloigner au moment voulu.

Voilà où est descendue, après deux ans de mariage, une fille née au sein d'une famille honnête, entourée de parents des plus honorables, dont le beau-frère est un homme d'honneur dans la plus large acception du mot, dont la sœur porte un nom justement estimé. Le rôle odieux de l'amie ne doit pas s'arrêter là ; elle sait les secrets du mari tout aussi bien que ceux de la femme et se charge de *retenir* celui-là pendant que celle-ci va trouver son amant ; elle est au courant de ce dévergondage domestique ; elle est la maîtresse de Dubourg ; la confidente de sa femme et, à son choix, elle trahira sans une hésitation l'un ou l'autre.

Un beau matin, ce mari croit s'apercevoir qu'on le trompe, et, chose curieuse, lui qui a fait descendre une jeune femme de vingt-deux ans jusque dans le lit à *trois*, il se croit en droit de se fâcher ; il ne s'aperçoit pas de quel crime il est coupable, et il juge à propos d'y ajouter un autre, plus terrible, sinon plus écœurant. Ce singulier mari-là invoque son honneur domestique, et, après avoir contribué à la dégradation de sa femme, il pense encore avoir le droit de la punir. C'est ici que la trahison fait son entrée en scène.

Ce qui attriste et révolte, c'est que la loi ne puisse rien contre un tel forfait. Cette amie est là devant la cour ; mais elle est libre. C'est un châtiment purement moral qui l'attend. Ce qu'elle a été dans ce drame, le président le résume par ces mots sanglants :

— Si les confidences de madame Dubourg avaient été respectées, vous ne seriez pas ici !

Et puis c'est tout! Cette trahison qui amène la mort de madame Dubourg n'est pas un crime prévu par le Code pénal. Ce témoin n'ira pas s'asseoir à côté de l'accusé ; il viendra prendre sa place auprès des autres témoins du drame ; le ministère public se fera l'interprète de la conscience publique en lui jetant à la face sa conduite abjecte, et tout sera dit. Pour de tels forfaits, il n'y a pas d'autre châtiment. Après l'audience, l'amie rentrera tranquillement chez elle avec sa honte, et tout sera dit.

Que fait alors le mari si soucieux de son honneur? Au lieu d'arrêter sa femme sur le bord de l'abîme, il l'y pousse ; il consent à ce qu'elle s'installe toute seule dans un hôtel afin de la laisser plus libre. Lui, retourne dans la maison hospitalière où il y a toujours un lit pour les amis. Ainsi, voilà une jeune femme de vingt-deux ans, dont les instincts sont mauvais; le mari le sait et il la laisse tranquillement s'installer sous un autre toit ; il fraye lui-même la voie à l'adultère : il y pousse moralement sa femme; il établit ce que M. le président a appelé une *souricière;* il médite froidement sa vengeance, et quand le meurtre est accompli et que le coupable est devant ses juges, il ose répondre aux questions du président :

— Laissez-moi respecter sa mémoire!

Ah ! il est bien temps de respecter cette malheureuse femme dont la vie a été impure, mais dont la mort est sublime!...

Comment faire comprendre à mes lecteurs l'émotion

qui serrait toutes les poitrines à mesure que les débats déroulaient tous les détails effroyables du meurtre? L'accusé était là cachant sa tête, — qui, d'ailleurs, est sans distinction aucune, — dans ses mains; devant lui, la chemise ensanglantée de sa victime. Si coupable que paraisse un homme, en le voyant à cette place, devant ce tribunal austère, on éprouve pour lui, sinon de la sympathie. du moins de la pitié.

Mais j'avoue que tout cela s'est évanoui devant cette monstruosité acquise au procès, que ce mari, pour se faire ouvrir la porte, a évoqué le cœur de la mère en cette malheureuse femme. Oui, cet homme, après avoir froidement médité le meurtre, ne rougit pas de faire intervenir le nom de son enfant dans le crime :

— Louise ! dit-il, je viens de recevoir une dépêche. Votre enfant est malade !

On sait le reste et je n'ai pas besoin de faire ressortir l'émotion du public aussi bien que de la cour. M. le président lui-même, si habitué qu'il soit à sonder les abîmes du cœur humain, ne pouvait ici se défendre du trouble que cette scène effroyable jetait dans toutes les âmes. Sa voix s'est attendrie en interrogeant l'accusé sur ce chef terrible. Sous la robe du magistrat, on sentait battre le cœur d'un galant homme et d'un père.

Vraiment, voilà qui chasse la pitié, et devant cette fin de la femme coupable qui meurt comme une mère, on ne se sent plus le courage de parler de sa vie désordonnée. Sauf madame Dubourg tous les acteurs de ce drame sont également méprisables, l'amant qui fuit lâchement par la gouttière aussi bien que l'amie qui trahit et le mari qui combine froidement le meurtre. Des quatre personnages de ce drame sinistre, la femme seule survit dans l'estime du public. C'est bien l'estime que je dis, car il n'y a pas de faute que la mort de cette mère héroïque n'ait rachetée. Cet élan d'une femme qui retrouve toute la noblesse de son sexe devant le danger qui menace son enfant, prouve qu'elle était née pour de plus heureuses destinées : une mère qui ne compte plus avec sa propre vie quand les jours de son enfant sont en péril, une mère capable d'un tel dévoûment eût été une honnête femme si les circonstances ne l'avaient pas poussée dans l'abîme où elle a roulé.

Et voilà à quoi tiennent les destinées d'une jeune fille élevée pour le bien et qu'un beau matin on jette dans les bras d'un homme qu'elle ne connaît point. Ah! que ceux qui ont cru faire son bonheur, selon les usages consacrés par la société, doivent éprouver de cruels remords! Et dire que si cette honnête jeune fille avait rencontré l'homme de son choix, si le mariage lui avait apporté l'idéal rêvé, elle serait peut-être à cette heure une femme entourée de respects et de dévoûments. Non, vraiment, quand on suit cette existence tourmentée depuis sa sortie de la maison paternelle jusqu'à son entrée dans la chambre fatale de la rue des Écoles, en passant par le lit hospitalier de madame de Boos, on ne se sent plus le courage de la condamner. Je ne sais pas de mort plus touchante que celle de cette malheureuse, qui quitte le monde sans un reproche pour son meurtrier, et dont le dernier soupir invoque le pardon de celui qu'elle a offensé et qui s'est si cruellement vengé. Jamais écrivain de génie n'a trouvé des paroles plus émues que celles que cette pauvre jeune femme puise dans son cœur à l'heure de l'expiation. Quitter la vie à vingt-deux ans, dans les conditions tragiques que vous savez, sans une malédiction sur les lèvres, la résignation dans l'âme, voilà qui réhabilite sa mémoire bien mieux que les regrets tardifs du mari, qui, Dieu merci, n'ont pas égaré le jury.

Un tel forfait, froidement médité, précédé des circonstances dégradantes qui ressortent du débat, méritait un châtiment. La loi, en conférant à un mari outragé dans sa dignité le droit de se faire justice, n'a pas entendu protéger l'époux qui pousse sa femme dans la voie de la démoralisation et qui prétend ensuite venger ce qu'il appelle son honneur. Le verdict du jury a soulagé la conscience publique, en condamnant le méprisable époux à cinq années de réclusion ; il est mort en prison.

II

GABRIELLE FENAYROU

Dans l'affaire Dubourg la femme adultère était la victime ; dans l'affaire Fenayrou, dix ans plus tard, elle est au contraire l'instigatrice du crime : c'est elle qui fait massacrer son amant.

C'est en Août 1882, que s'est accompli ce drame monstrueux, où le pharmacien Marin Fenayrou, aidé de son frère Lucien, a assassiné dans une villa de la rue d'Épréménil à Chatou, après l'y avoir fait attirer sous prétexte d'amour par sa femme, le pharmacien Aubert, amant de Gabrielle Fenayrou, et a jeté le cadavre de son rival à la Seine. Trois accusés sont devant les assises de Versailles. La salle est petite, presque misérable ; elle est bondée de bonne heure ; au premier rang, les témoins, qui quitteront le prétoire après la lecture de l'acte d'accusation ; les membres du barreau sont venus en nombre, les défenseurs sont à leur banc. Les journalistes judiciaires sont au grand complet. Les pièces à conviction sont étalées sur une table devant la cour et à leur vue on ressent une colère profonde de ne pouvoir faire justice, sur l'heure, des assassins. Le

crâne d'Aubert est là, troué par les coups de marteau,
à côté de la canne à épée, des tuyaux de plomb
aplatis, de la corde, du piège à loup et de la petite
voiture qui, après avoir servi au transport du cadavre,
devait servir de jouet aux enfants de Fenayrou. Cet
épouvantable crime consommé par le mari assisté de
son frère, est l'œuvre d'une petite bourgeoise dévoyée
qui, après avoir trompé son mari avec un amant, arme
ensuite l'époux contre son rival. Cette audience des
assises de Versailles est certainement une des plus
émouvantes qu'on ait vues ; on peut dire qu'au fond
de tous les cœurs gronde une même colère contre cette
misérable femme et. qu'on l'entendrait condamner à
mort sans la moindre pitié ; je l'ai vue de près à Versailles et je ne me souviens pas d'avoir avec tant d'indignation appelé le châtiment sur la tête d'un assassin.
La petite salle des assises de Seine-et-Oise est bondée ;
on a, pour les besoins de la cause, construit une sorte
d'amphithéâtre sur des poutres. Vers dix heures,
l'huissier annonce la cour ; tout le monde est debout
et on introduit les accusés. Marin Fenayrou est le
premier : quoique ce soit un ancien pharmacien,
c'est-à-dire un « Monsieur », il a conservé le type de
l'ouvrier. C'est certainement un simple garçon de
laboratoire parvenu au grade de pharmacien ; son
frère, le tabletier, l'inférieur de l'autre, pourrait
passer pour le supérieur tant qu'il ne parlera pas.
Entre les deux vient s'asseoir Gabrielle Fenayrou,
l'héroïne sinistre autour de laquelle tourneront les

débats ; elle est l'âme du crime abominable de Chatou.
Type de petite bourgeoise, toute de noir vêtue : robe
noire, chapeau noir, voile noir, gants noirs; visage
pâli par la prison, qui d'abord paraît disgracieux,
parce qu'on est naturellement prévenu contre l'accusée,
mais qui paraît plus régulier, je dirai même assez
joli, une fois que la première répulsion instinctive est
passée.

Si grande que soit la colère qui gronde au fond des
cœurs humains, elle se tait à l'entrée de ces trois êtres
escortés par les gendarmes et qui vont disputer leurs
têtes au châtiment. On sent qu'un grand acte de
justice va commencer. On est envahi par je sais quel
respect de la loi qui, le glaive à la main, plane sur
les accusés. Impossible de se défendre contre ce
tressaillement de l'âme devant une terrible cata-
strophe qui se prépare. Ce qui ajoute encore à l'austérité de la scène, c'est la tenue du président, M. Bérard
des Glajeux. Ce n'est pas le vieux magistrat, sur sa
proie attaché, mais un grand justicier humain pénétré
de sa mission, on le devine aux premières questions
qu'il adresse aux accusés et il le prouvera par la suite.
C'est, à mon humble avis, le type d'un président
d'assises, c'est le magistrat homme du monde, à la
parole claire, nette, sans faiblesse comme sans excès
de sévérité ; il parle aux accusés simplement, poliment, sans chercher la phrase qui, naturellement,
prend un ton aisé et élégant, s'envolant parfois dans
les sphères où cela devient de l'art.

Le pharmacien répond le premier ; il a le verbe facile de l'homme qui a beaucoup parlé au café et lu pas mal de romans judiciaires, soyez-en bien convaincus. On ne sait jusqu'à quel point il est sincère, même quand il paraît ému ; il a, pour dépeindre sa jalousie, des accents qui feraient réfléchir, s'il ne parlait pas sans la moindre émotion de la victime dont le crâne troué est à deux pas de lui sur la table des pièces à conviction. C'est une figure curieuse à observer. Comme le crime est un mélange de Shakespeare et de Ponson du Terrail, l'assassin est à la fois Othello et Rocambole ; le mobile du meurtre fait penser au More de Venise, l'exécution froidement combinée et lâchement accomplie est le fait d'un vulgaire malfaiteur qui a étudié, dans l'œuvre de Gaboriau, l'art de se soustraire aux poursuites de la justice ; quelques accents pénétrants du milieu d'un fatras qui rappelle le style du vieux mélodrame. Mais ce qui surnage dans ce tissu de mensonges, mélangé de quelques lambeaux de sincérité, c'est son intention nettement dessinée de disculper sa femme. C'est par là que Marin Fenayrou a droit à la pitié des hommes ; il vaut mieux que sa femme. Gabrielle l'a trompé, puis elle a armé son bras. Et il l'aime toujours ; il a suffi d'un regard de cette abominable femme pour faire une victime d'Aubert et un assassin de son mari. Tout l'intérêt des débats est là ; la logique explication du crime est dans cette attitude : elle dénote à l'évidence que si le mari a frappé, c'est la femme qui lui a mis l'arme à la main ; dans l'épouvantable crime de Chatou, Gabrielle est l'intelligence, la haine implacable, la femme sans entrailles à qui le président, d'un ton ému qui ressemble à une sentence, dira tantôt :

— On vous trouve partout dans le crime, avant, pendant et après : vous avez trahi le mari pour vos amants ; vous avez trahi vos amants l'un pour l'autre, pour revenir ensuite à votre mari et enfin pour le dénoncer à la police.

Gabrielle Fenayrou est en effet dans toutes les phases du crime ; elle trompe son mari, elle trompe son amant ; elle embauche son beau-frère pour l'assassinat. La vengeance de la femme se montre partout avec sa ténacité à marcher vers son but sans une hésitation ; c'est elle qui livre l'amant, et comme elle craint probablement que Marin Fenayrou n'aille pas jusqu'au bout, elle lui donne pour aide son frère Lucien, le tabletier, un comparse, qui reste au second plan. Que l'assassinat se complique d'une question de chantage, qu'on ait volé de l'argent d'Aubert ou simplement des lettres compromettantes, c'est une question secondaire sur laquelle on ne saura d'ailleurs jamais le dernier mot. Mais ce qui est certain, c'est que deux mobiles du crime éclatent dans les débats du premier jour, les seuls dont je m'occuperai dans le procès : c'est, d'une part, la haine du mari contre son ancien élève, qui marche vers une apparente prospérité ; de l'autre, la haine de la femme contre son ancien amant. A l'heure où ces deux haines se rencontreront, le crime se préparera.

Marin Fenayrou est un dévoyé, un déclassé, laborieux d'abord, puis glissant peu à peu sur la pente fatale du découragement vers la paresse et la soif des ressources faciles. A mesure qu'il descend d'un échelon, son élève monte. Tandis que l'ancien pharmacien, décavé, ruiné, marche d'un pas certain vers la misère, Aubert s'achemine peu à peu vers une petite aisance ; il vend ses drogues au rabais, c'est vrai, mais il fait des recettes, la clientèle lui arrive. Quelles sombres pensées ont dû agiter la cervelle de Fenayrou en passant devant cette boutique ! Que de fois a-t-il dû se dire combien le destin était injuste pour lui, le maître, et clément pour l'élève ! C'est dans la nature humaine qu'on ne s'avoue jamais ses fautes, si convaincu qu'on en soit au fond. Fenayrou considérera bientôt Aubert comme la cause de sa propre dégringolade, et il le haïra de toutes ses forces.

C'est alors que la maîtresse abandonnée entre en scène : Fenayrou ruiné, frappé d'un jugement correctionnel qui le condamne à trois mois de prison et à une amende qu'il est incapable de payer, est à bout de ressources ; dans cette crise il apprend que Gabrielle l'a trompé avec Aubert, avec l'homme qu'il exècre déjà. Qui le lui a dit ? Peut-être est-ce Gabrielle elle-même qui juge son mari mûr pour le crime qu'elle médite depuis longtemps. J'ai vu quelque chose qui ressemble à cette scène de très près dans un ménage de mes amis. Un soir le mari rentre et naïvement dit à sa femme :

— Tu as eu bien tort d'être en colère contre notre ami Paul parce qu'il nous négligeait. Je sais maintenant pourquoi Paul ne vient plus nous voir ; il se marie dans huit jours.

A ces mots sa femme se lève :

— Le lâche ! s'écrie-t-elle, il est mon amant depuis quinze ans et tu vas le tuer !

Le mari ne tua pas ; il quitta cette femme et ne la revit jamais. C'était un homme du Nord ; Fenayrou, lui, est du Midi ; de plus il se trouvait dans la misère, à bout d'expédients ; en tuant l'amant, il se vengeait en même temps de son successeur, plus heureux que lui. Voilà le mobile du crime.

Ce qui s'est passé dans le ménage Fenayrou est facile à deviner.

C'est le soir, dans le misérable logement de neuf cents francs où les Fenayrou se sont réfugiés. Plus d'issue ! La gêne, la misère, la prison pour le falsificateur des eaux minérales, la ruine et la honte. Pendant ce temps, Aubert est dans sa belle boutique toute neuve, il encaisse des recettes de deux cents francs. Si cet homme faisait fortune tandis que les Fenayrou tombent plus bas encore ! Pensée odieuse à la fois à l'ancien patron et à l'amante délaissée. Que de haine dans ces deux âmes ! Gabrielle alors se dit que son mari est mûr pour la vengeance que froidement elle a méditée depuis de longues semaines ; elle se jette aux pieds de Marin et lui confirme ce que le pharmacien soupçonnait seulement, à savoir qu'Aubert a été son amant. Quelle explosion féroce chez Marin quand sa femme lui avoue tout ! S'il a encore hésité, il a maintenant un prétexte ; il tuera l'amant et l'élève d'un seul coup. Le mari outragé et le pharmacien déclassé se réunissent et font un criminel.

A ce malheureux, Gabrielle dit des mots d'amour peut-être ; elle lui fait entrevoir des jours heureux pour le ménage, du moment où Aubert aura disparu. On tombera dans les bras l'un de l'autre ; tout sera comme autrefois. Peut-être que Fenayrou se trompe lui-même et pense qu'il a maintenant le droit d'assassiner le rival de la pharmacie et de l'amour conjugal. Toutes les passions sont déchaînées dans cette cervelle envahie par toutes les folies, toutes les envies et toutes les colères. Gabrielle se charge du reste et comme elle devine qu'Aubert se défendra et qu'elle tremble que sa victime échappe à sa haine, elle va chercher son beau-frère. Elle est donc partout dans l'assassinat ; son influence se dessine nettement dans d'horribles silhouettes. C'est le démon du mal implacable qui tient tous les fils du crime.

Il est certain qu'une explication eut lieu entre les époux Fenayrou avant le crime. Gabrielle lui livrera l'amant et tout sera pardonné. Marin remettra la couronne nuptiale sur la tête de l'épouse coupable qu'il aimait toujours, qu'il aimait avec passion, car il ne la tue point ; toute sa haine, attisée par la femme, se tourne contre l'amant. Si donc Gabrielle donne pour excuse de sa trahison la terreur que lui inspirait son mari et les menaces de mort contre ses enfants, elle ment, et le président lui dira ces mots qui sont toute la philosophie du procès :

— Vous n'aviez rien à craindre de votre mari, car vous saviez bien qu'il vous aimait encore !

Oui, Fenayrou aimait encore sa femme et il l'aime toujours, et c'est pour cela que devant le juge d'instruction, aussi bien qu'aux assises, ce criminel cherche à défendre Gabrielle qui ne défend personne et qui, d'un ton sec et sans une émotion, accusera tantôt avec un accent qui donne froid dans le dos, son ancien amant de lui avoir soutiré de l'argent. La misérable ! Combien ? Huit cents francs en deux ans, dit-elle. Déjà, sur la foi des témoins entendus dans l'instruction, le président réhabilite la victime en adressant à Gabrielle ces mots sévères :

— Quand on a conduit un homme à la mort, il ne faut pas le calomnier !

. L'interrogatoire de cette misérable dure une heure au milieu d'un silence glacial ; on étouffe les murmures d'indignation sur les lèvres, on voudrait être moins cruel que cette coupable ; mais le moyen de ne pas l'exécrer après chaque phrase qu'elle prononce ; j'ai cherché en vain, dans cette créature, un coin où l'on pourrait accrocher un lambeau de clémence ; elle a été aimée par deux hommes et elle n'en a aimé aucun : elle trahira son mari, comme elle a trahi Aubert ; épouse coupable, maîtresse qui tue son amant, c'est elle qui organise le complot, qui arme le bras et cherche des renforts pour la perpétration du crime. Si Marin hésite, elle lui donnera Lucien pour le soutenir ; elle a successivement parcouru d'un cœur léger toutes les étapes ; elles sont au nombre de trois que le président définit ainsi : « Infidèle, libertine, débauchée ! » C'est elle qui attirera Lucien dans le complot ; épouse coupable, maîtresse affolée, elle est encore mère sans entrailles. Gabrielle choisit, pour faire les premières ouvertures à Lucien, le jour où un repas joyeux réunit toute la famille à l'occasion de la première communion des enfants. Ce n'est même que pour cela qu'elle s'est réconciliée avec le comparse qu'elle avait cessé de voir. La vue de ses enfants ne l'arrête pas dans ses sombres projets, tant elle est affolée par la haine de l'amant qui doit disparaître. C'est pendant ce repas, et alors que la joie d'un si grand jour rayonne sur les visages de ses filles, qu'elle attire Lucien Fenayrou sur un balcon et l'embauche pour le crime ; vous voyez la scène d'ici ; dans cette chambre, autour de la table, les enfants au milieu de la famille, et dehors, sur le balcon, des paroles de haine contre Aubert et l'excitation au crime. Peut-on imaginer créature plus féroce et moins digne de la pitié des hommes que celle-ci ?

Telle qu'on se la figure dans cette scène terrible,

Gabrielle Fenayrou apparaît à l'audience. Pas une émotion. D'un ton sec elle avoue tout : les efforts qu'elle a faits pour livrer Aubert, les épouvantables circonstances qui ont précédé, accompagné et suivi le crime ; elle ne s'émeut jamais, et quand on lui demande ce qui a pu se passer dans le wagon roulant vers Chatou, elle affirme avoir causé avec Aubert de choses indifférentes ; cette femme est le crime même ; d'un pas sûr elle se dirige avec Aubert vers la maison où il va mourir et quand, dans l'allée d'Éprémenil, sombre et abandonnée, le malheureux lui dit : « Où me conduis tu, Gabrielle ? je ne suis pas un héros d'aventure ! » elle appuie amoureusement sa tête contre l'épaule d'Aubert et le plaisante sur sa peur ; elle avoue tout sans une émotion : elle parle de l'horible trahison comme d'un vulgaire accident de la vie. Le voile noir qui couvre le côté droit de son visage et me le cache, ce voile noir si près de sa bouche qu'un souffle le remuerait, reste immobile, tant les paroles sortent lentes et calculées de ces lèvres pincées ; quand on arrive à la scène de l'assassinat, Gabrielle porte un instant le mouchoir à ses yeux que n'humecte pas une larme ; elle ne perd pas un instant son assurance pour affirmer qu'elle n'a pas aidé son mari et qu'elle n'a pas tenu Aubert en lui criant :

— Misérable ! tu veux maintenant me tuer mon mari !

Mais ces tardives dénégations ne trompent personne. Les médecins viennent déclarer par la suite

que Marin, tenu a la gorge par sa victime, n'aurait
pas pu donner les terribles coups de marteau portés
à distance par un bras libre, si on n'était pas venu
à son secours. Lucien faisait le guet dehors. Le mari,
tenu sous l'étreinte d'Aubert, était perdu sans
Gabrielle ; elle s'élance sur son ancien amant et elle
aide son mari à l'achever. Par amour de Fenayrou?
Allons donc ! Est-ce que cette femme a jamais aimé
quelqu'un? Non, par peur, par instinct de conservation, car Aubert libre, c'était le châtiment terrible
qui s'avançait pour elle. Tout est de la froide combi-
naison chez cette petite bourgeoise, qui porte encore,
devant la justice, la raie provocante tracée sur le côté
gauche de sa chevelure brune. Tout est l'œuvre de
cette petite femme haineuse, l'idée du crime comme
son exécution, tout est étudié, tout est vil et bas en
cette nature de monstre ; tout est calculé jusqu'à ses
aveux au chef de la Sûreté, par lesquels elle espère se
sauver en dénonçant son mari ; elle sait fort bien qu'elle
n'a pas à craindre de représailles, car son mari l'aime
encore : elle est bien sûre d'être défendue par cet homme
qui est meilleur qu'elle. C'est cette générosité de Marin
Fenayrou qui fait qu'il reste jusqu'à un certain point
intéressant dans le crime odieux qu'il avoue et dont
il veut être seul responsable. C'est l'absence de tout
sentiment humain chez Gabrielle Fenayrou qui fait
qu'on est sans pitié pour elle. Et c'est pour cela que
la peine capitale prononcée contre le mari semble
excessive, tandis que la réclusion perpétuelle de

Gabrielle n'apaise pas encore la concience publique.
Ce jugement cassé par un vice de forme a sauvé la
tête au mari qui a vu sa peine commuée par le second
procès; il a sauvé sa tête, tant mieux pour lui. Heureusement on a maintenu le maximum de la peine
prononcée contre Gabrielle! la voici à Clairvaux et
on peut affirmer que jamais prison n'a hébergé une
plus complète misérable que cette petite bourgeoise.

III

LA VÉNUS AUX DOMESTIQUES

Nous avions déjà la Vénus de Milo, la Vénus de Médicis, et la Vénus aux carottes. En octobre 1881, le Tribunal correctionnel de Bruxelles nous a fait connaître la « Vénus aux domestiques », qui a été condamnée par défaut à deux années de prison, tandis que son amant, un simple cocher qui a comparu devant la Cour, en a été quitte pour six mois. Le mari de cette Vénus aux larbins, qui a tiré plusieurs coups de revolver sur l'intéressant couple, a comparu un mois après devant les assises, et a été acquité. Parbleu. Vous allez faire plus ample connaissance avec cette Vénus qui ravageait les offices.

Si le scandaleux procès de madame Husson de Sampigny s'était passé entre Belges, je laisserais à mes confrères de Bruxelles le soin d'en parler à leurs lecteurs. La lessive de notre linge sale nous suffit; inutile d'étendre le cercle de nos opérations au delà de la frontière. Mais ce drame de l'adultère a pour acteurs des Français qui sont en représentation devant la magistrature belge, comme nos comédiens en vogue

vont aux Galeries-Saint-Hubert. On peut même affirmer
qu'ils y sont à cause de leur qualité de Français,
parce que les époux de Sampigny ont vécu sous la
protection de notre admirable Code civil que l'Europe
nous a tellement envié que, trois ans après cette affaire, il a fallu rétablir le divorce banni de l'admirable
Code ; il était temps ; avec le divorce, M. Husson de
Sampigny n'en aurait pas été réduit au meurtre pour
se débarrasser dè la Vénus aux larbins qui desho-
norait son nom. Avant comme après le premier procès
en adultère, la Vénus aux larbins était madame
Husson de Sampigny ; c'est sous ce nom qu'elle
s'était fait inscrire sur les registres de l'hôtel, à
Bruxelles. Dans l'impossibilité où se trouvait son
mari d'imposer un pseudonyme à sa femme, il a
demandé à un armurier ce que le Code ne pouvait pas
lui donner ; c'est le divorce à coups de revolver.

Nous sommes ici en présence de l'adultère sans circonstances atténuantes, du dévergondage d'une femme
de bonne naissance qui cherchait dans le parfum des
écuries la plus voluptueuse des ivresses, et qui ne pouvait pas voir passer un domestique sans transports.
L'adultère est ici du dernier naturalisme ; aucune
poésie ne l'enveloppe ; aucune circonstance atténuante
ne l'excuse. Je ne nie pas qu'il y ait des cas où la
femme qui trompe son mari soit plus intéressante que
l'homme : tout dépend des circonstances où l'accident
se produit. Ah ! si nous étions ici en présence d'une
jeune femme qui aurait trébuché sur les fautes de son

mari ! — car c'est là le point de départ de quatre-
vingt-dix-neuf adultères sur cent, si, dans l'abandon
où on l'a laissée, dans la solitude cruelle que le mariage crée à tant de jeunes filles, madame de Sampigny
avait rencontré un homme de son rang, qui lui aurait
apporté toutes les tendresses qu'elle avait espérées
dans le mariage, le mari serait assurément mal venu
de venir se plaindre à l'opinion, et la Cour d'assises
l'aurait frappé sévèrement, comme jadis elle frappa
M. Dubourg, tandis que le sentiment public absolvait
la femme.

Mais tel n'est pas le cas de la Vénus aux larbins.
Chez cette femme, l'adultère est une vocation ; chacun se crée un idéal dans la vie : pour elle, cet idéal
était un cocher, répandant autour de son élégante
personne les parfums enivrants du fumier. Ce garçon
qui a été condamné à six mois de prison pour avoir
consommé l'adultère avec la Vénus aux larbins,
ce cocher, dis-je, m'inspire quelque pitié ; il n'avait pas
l'ambition de jouer les Ruy Blas dans les familles auxquelles il ne demandait qu'une livrée et des gages ; ce
n'est pas sa faute. Quand cet être petit, trapu, mal
vêtu — c'est ainsi que nous le dépeignent les chroniqueurs judiciaires, — quand ce palefrenier venait
demander :

— Madame sort-elle aujourd'hui en coupé ou en
landau ?

Madame de Sampigny lui passait les mains dans les
cheveux et lui disait de sa voix la plus douce :

— Anatole, que tu es donc beau !

Que vouliez-vous que fît cet homme d'écurie ? Devait-il laisser son manteau à triple collet dans les mains de la dame, et s'enfuir comme le doux Joseph, qui a été récompensé de tant de vertus par son avénement final au trône d'Égypte ? Mais, lors même que le cocher Tanvet eût entrevu pour lui une telle apothéose, il aurait passé outre, car le trône d'Égypte ne tente même plus un simple palefrenier. Une première fois, cet infortuné cocher a payé d'un mois de prison, à Rennes, la joie d'avoir bu à la coupe de toutes les voluptés, comme disent les poètes, puis il est allé rejoindre à Bruxelles la dame de ses pensées. A sa vue la Vénus aux larbins a poussé un cri de joie. L'être aimé était là devant elle avec sa longue redingote jaune, ornée de gros boutons en cuivre au chiffre du mari, le gilet rayé noir et jaune, en un mot un modèle de suprême élégance et bien fait pour séduire une femme du monde. Madame de Sampigny avait loué pour cet Adonis une chambre dans un hôtel de Bruxelles ; l'être idéal était nourri, logé, et de temps en temps, un bijou quelconque, soit une montre en or, soit une épingle, cimentait cette liaison charmante ; les relations furent d'une tendresse excessive, l'aubergiste a pu le constater *de visu* à travers le trou de la serrure, que le couple amoureux n'avait pas pris la peine de boucher. Cela l'amusait, ce brave aubergiste du Brabant.

Après tant d'ivresses, le réveil du pauvre cocher a

été terrible. Un matin, le mari a surpris les amants, et a déchargé sur eux les six coups de son revolver qui n'ont atteint personne ; mais le cocher a été ensuite condamné à six mois de prison et tandis que sa maîtresse se soustrayait par la fuite à la paille humide du Brabant, l'irrésistible Tanvet a été coffré. C'est dur pour tout le monde, mais plus encore pour cet homme d'écurie à qui les débats ont révélé des choses curieuses. Le palefrenier n'a pas été seul à être aimé par la grande dame. O souffrance !

Ce cocher avait un rival ! Quel drame ! Madame de Sampigny ne se contentait pas de ce seul cocher ! Cette femme du monde avait l'ambition plus haute : il lui fallait un domestique flamand par-dessus le marché ! Ah ! que l'homme à la montre a donc dû souffrir en voyant arriver devant le tribunal belge le domestique flamand ! O perversité de la femme ! Madame de Sampigny trompait l'homme à la montre avec un grand garçon au tablier bleu, aux mains barbouillées de cirage, et portant sous ses bras quatorze paires de bottines, sans compter les bottes. Cette femme du monde avait tous les appétits ; il lui fallait la cavalerie et l'infanterie, aussi bien l'homme de cheval habile à étriller son attelage, que le Flamand qui nettoyait les habits du 23, dans le couloir de l'hôtel. Après avoir passé ses doigts mignons dans la chevelure crêpue du cocher, elle les passait avec la même volupté dans les cheveux roux de l'être adoré qui descendait les malles des voyageurs en murmurant :

— N'oubliez pas le domestique; il n'est pas compris sur la note dans le service.

Je crois qu'on aurait beau fouiller l'histoire universelle de l'adultère, depuis les Romains jusqu'à nos jours, on ne trouverait pas facilement un pendant à la Vénus aux larbins. Mon Dieu, je sais bien que ce n'est pas la première fois que de grandes dames s'amourachent d'un laquais, mais du moins avaient-elles l'excuse de succomber devant la beauté d'un être privilégié des dieux. On a vu de jeunes filles nées pour les tendres amours jetées, par leurs parents, dans les bras d'un vieux singe et se consoler ensuite de toutes leurs désillusions avec un beau gars, né dans des conditions humbles, mais bâti comme l'Apollon du Belvédère. La Vénus aux larbins n'exigeait pas la beauté antique chez ses amants. Le palefrenier Tanvet dont je possède une photographie est certainement le Français le plus laid qu'on ait vu depuis Roquelaure : mais la grande dame n'y regardait pas de si près; elle était venue au monde avec la passion du domestique. Quand elle descendait dans un hôtel, plus moyen le lendemain de faire cirer ses bottes; le brosseur était sorti avec elle; elle avait conduit « son petit ange » aux courses, pour l'initier aux usages mondains comme la veille elle avait amené le cocher dans une avant-scène. C'est le triomphe des nouvelles couches sociales, c'est le cas de le dire. Cette femme était naturaliste avant tout; si jamais elle revient devant un Tribunal, elle répondra peut-être :

— Je suis une femme naturaliste, et je cherche l'amour expérimental ; ce que Claude Bernard a fait pour la science, et ce que Zola fait pour la littérature, je le pratique, moi, pour l'amour ; les domestiques sont pour moi autant de documents. Dans dix ans, le faubourg Saint-Germain sera naturaliste ou il ne sera pas !

Mais, en attendant, M. Husson de Sampigny trouve avec raison que son honneur ne lui permet pas de laisser cette femme récolter des documents dans toutes les écuries et dans tous les couloirs d'hôtel. Si dans le Code que l'Europe nous envie, le magnifique législateur avait plus tôt donné au mari le droit de se débarrasser par le divorce de cette naturaliste et de lui retirer un nom qu'elle déshonore, M. de Sampigny n'en aurait pas été réduit à demander à un armurier la satisfaction que le plus merveilleux des Codes ne pouvait pas lui donner pour le moment. La Vénus aux larbins serait devenue, à son choix, madame Tanvet, selon le cocher de ses rêves, ou madame Schellekens, du nom du triomphateur flamand. Si donc le révolver a cherché à dénouer cette scandaleuse affaire, c'est que le mari n'avait à attendre aucune protection efficace de la loi, et qu'il ne lui restait que le choix de supporter le déshonneur de son nom ou d'y mettre un terme à coups de pistolet. « Le mari est un meurtrier ! » s'écrie le ministère public. « Le mari est un justicier ! » répond le jury, et il l'acquitte.

Quant au cocher Tanvet, il a dû récolter, après sa
libération, les lauriers qui lui sont dus. Toutes les
cuisinières et pas mal de femmes de chambre ont dû
se disputer ensuite cet homme d'écurie qui pouvait
se vanter d'avoir porté la désolation dans une grande
famille ; on ne sait pas ce que la Vénus aux larbins
est devenue, elle continue probablement sa vie à la
grande joie des palfreniers de tous les pays. Quant
au cocher, je le vois d'ici : c'est le soir à l'office ; il se
dandine sur une chaise en paille, se verse un nouveau verre de vin et commence le récit de ses amours
par ces mots étonnants :

— Du temps où j'étais avec la marquise...

VII

LES VICTIMES DE LA JUSTICE

La famille de l'accusé. — Histoire du boucher Lebœuf. — La fausse empoisonneuse. — Le fils de l'assassin. — Un innocent à Mazas.

I

LA FAMILLE DE L'ACCUSÉ

Le 8 octobre 1876, à Neuilly, M. Courtefois, ruiné par un M. Godefroy, venait menacer ce dernier de déposer contre lui une plainte en détournement de fonds et en escroquerie ; un coup de pistolet retentissait et M. Courtefois tombait mort aux pieds de celui qu'il accusait.

Les mauvais antécédents de Godefroy et diverses circonstances fort graves, faisant éloigner toute idée de suicide, le parquet poursuivit l'homme chez lequel ce drame venait d'avoir lieu, et il fut accusé de meurtre sur la personne de Courtefois.

Les débats ont confirmé la mauvaise opinion qui régnait au sujet de l'accusé. — Certes, ce Godefroy ne m'inspire aucune espèce d'intérêt ; quel que fut le verdict du jury, il ne pouvait pas être question pour lui de la pitié d'un honnête homme. Condamné, Godefroy est allé rejoindre dans les prisons des gens souvent moins méprisables que cet Alphonse de la parfumerie ; il n'est pas de l'espèce de ces accusés qui éveillent la sympathie ou la pitié. Et cependant depuis des années on n'a pas vu l'opinion publique se préoccuper à ce point d'une procédure criminelle ; c'est que depuis des années on n'a pas vu d'accusé plus malmené que celui-ci. Il faut remonter au fameux procès de Casque-de-Fer, accusé de complicité d'assassinat, pour trouver un spectacle aussi pénible. Fort durement traité par le président des assises, ce vagabond sans éducation eut un mot superbe :

— J'ai bien le droit d'être innocent ! s'est-il écrié.

Il l'était en effet.

Godefroy était coupable, mais la loi ne s'est pas contentée de le frapper ; le magistrat a mis en cause la famille du meurtrier.

Ce procès Godefroy, on peut l'espérer du moins, appellera l'attention du législateur sur la procédure criminelle, il y a là quelque chose à faire. Quoi ? je n'en sais rien. Je ne suis pas assez présomptueux pour vouloir trancher en quelques lignes hâtives un sujet d'une telle gravité ; je ne suis et ne veux être en cette circonstance qu'un écho de l'opinion publique alarmée, d'un bout à l'autre de Paris. Dans toutes les classes de la société s'est fait entendre ce cri de la conscience irritée : Il y a quelque chose à faire ! Ce cri, il faut le répéter afin qu'il parvienne aux oreilles de ceux qui peuvent faire quelque chose. Nous avons plusieurs centaines de députés. L'un d'eux trouvera peut-être qu'il y a dans l'humanité des questions plus graves qu'une interpellation inutile.

Ce qu'il y a de certain, c'est que cela ne peut pas marcher indéfiniment ainsi. On sent que dans la justice criminelle il y a quelque chose de dérangé et que le législateur n'a pas tout à fait voulu que les choses se passassent ainsi. Dans sa pensée, voici de quoi doit se composer une Cour d'assises :

De l'accusé, assisté d'un avocat, habile à lutter contre le ministère public ; du procureur de la République représentant la société alarmée par un forfait et en poursuivant l'auteur réel ou présumé ; du président qui représente la justice avec sa balance, qui ne doit ni accuser ni défendre, mais faire froidement jaillir la vérité du débat, afin que les douze bourgeois désignés par le sort puissent juger en toute sérénité et selon leur conscience. Les choses se passent-elles vraiment ainsi ? Si nous soulevons cette question ardente, ce n'est certes pas pour récriminer contre la justice ; il faut faire remonter la responsabilité plus haut, à la loi peut-être défectueuse, qui n'a pas nettement défini les attributions de chacun. Je ne suis pas de ceux qui versent des larmes sur le triste sort des grands criminels ; mais, en écrivant ces lignes, je pense aux honnêtes gens qu'un hasard — cela s'est vu — conduit sur le banc des assises. Cela nous peut arriver, à vous, lecteur, et à moi, pour des faits que nous ignorons aujourd'hui, mais qui peuvent surgir demain.

Il faut donc se demander si l'accusé qui comparaît devant la Cour d'assises est dans l'état normal, voulu par toute société civilisée, d'un homme placé entre un accusateur et un défenseur ? Je ne le crois pas. Si on avait de pareilles illusions, le procès Godefroy serait là pour nous apprendre le contraire. Voyez l'accusé : il a contre lui l'instruction laborieuse se traduisant dans un acte d'accusation concluant toujours à la culpabilité : autrement l'accusé ne serait pas là ; il a contre lui le ministère public qui guette sa moindre défaillance pour s'en faire une arme terrible, et si maintenant il a encore contre lui, dès la première heure, M. le président des assises, si la justice même descend de son piédestal et se laisse entraîner par la passion, que reste-t-il à l'accusé ? Son avocat, quand on le laisse parler. Il y a des jours où cette procédure nous fait frissonner. Un greffier est venu donner lecture de l'acte d'accusation. Le président, dans un moment d'emportement, parle à l'accusé avec un suprême mépris. L'avocat veut se lever pour combattre sur l'heure cette fâcheuse impression produite sur les jurés.

— Vous parlerez plus tard, lui répond la justice. Demain, après-demain, quand votre tour viendra.

Est-ce tout ? Nous avons encore le médecin ; il est nécéssaire ! C'est lui qui doit éclairer la justice sur la question scientifique. S'il y a empoisonnement, il doit rechercher la substance ; il doit préciser la nature des blessures. Or, le rôle de ce médecin ne me semble pas nettement défini ; c'est un accusateur de plus qui surgit devant l'accusé ; il se présente devant la Cour, fait son rapport, ce qui est son devoir, et carrément il déclare l'accusé coupable, ce qui n'est peut-être pas son droit rigoureux. Dans le procès Godefroy, le docteur a fait des expériences sur des lambeaux de peau humaine ; il est d'avis que le coup a été tiré à une distance de plus de vingt centimètres. Rien de mieux ; mais de là à venir affirmer que l'idée du suicide est inadmissible, il y a un monde. Qu'en sait-il ce docteur qui devait se borner à communiquer le résultat de ses recherches et laisser au ministère public la tâche aride d'en tirer des conclusions fatales pour l'accusé ? Ce n'est pas encore assez. Un quatrième accusateur public surgit : c'est l'avocat de la partie civile. Celui-là ne se borne pas à présenter des observations dans l'intérêt de ses clients ; il se lève et traite Godefroy d'assassin, de misérable, d'homme sans honneur. C'est peut-être son droit, mais à coup sûr ce n'est pas son devoir. En somme, quatre accusateurs publics contre un défenseur. La partie n'est pas égale. Il y a quelque chose à faire, n'est-il pas vrai ?

Quand je dis qu'il n'y a qu'un accusé, je me trompe ; il y a la belle-mère qui ne comparaît pas devant le tribunal, innocente du meurtre de Courtefois dans tous les cas. Pas bien intéressante encore cette bourgeoise romanesque qui écrit des lettres d'amour dans

un style d'opéra comique ; si ce n'était pas odieux, ce
serait grotesque ; elle ressemble moralement à une
duègne d'opérette. Mais il y a le beau-père de
l'accusé, un brave homme bien naïf qui ne se doutait
pas que, le jour où l'on jugerait son gendre, on dé-
noncerait en même temps sa femme, comme épouse
infidèle, et qu'on apprendrait à sa fille qui l'ignorait
que sa propre mère était la maîtresse de son mari.
Il est vrai que dans toutes les circonstances de la vie
la parodie se mêle à la tragédie. La justice, ayant
donc à éclaircir et à punir un crime, ne se contente
pas dans cet abominable procès d'atteindre le coupable ; elle flétrit en même temps de pauvres créatures
dignes de la pitie des hommes. La belle-mère de
Godefroy n'est pas bien intéressante, c'est certain :
cette vieille hystérique qui porte l'adultère dans le
ménage de sa fille, ne mérite aucune indulgence ; s'il
ne s'était agi que de la flétrir à l'audience, on com-
prendrait au besoin la férocité du ministère public
qui divulgue à l'audience ces navrants secrets de
famille sans se soucier des autres victimes qu'il fait :
Godefroy est accusé de meurtre et non d'adultère ;
les charges sont si accablantes que le Parquet n'aura
pas grande peine à le faire condamner. Et cependant
le représentant de la société outragé, comme on dit,
va chercher l'accusé dans sa famille et divulgue des
secrets terribles que le beau-père et la femme de Godefroy ignoraient et dont les révelations les frappent au
cœur. M. Claye apprend que sa femme est une catin

et madame Godefroy sait maintenant que sa mère
était sa rivale.

Et voilà pour le moins deux malheureux de plus à
ajouter à la liste déjà nombreuse des victimes de la
justice. Pour le mari trompé, ce n'est pas assez de
douleur de voir son gendre accusé de meurtre sur les
bancs de la Cour d'assises : il faut lui apprendre, et
en même temps l'affirmer devant le monde entier qui
écoute, que sa femme est indigne et qu'il existe dans
le ménage un enfant qui est à la fois la fille et la belle-
sœur de Godefroy. Que de honte tombant sur la tête
de ce pauvre homme innocent! Quelles douleurs
effroyables! Quel désespoir profond! Et si les maris
malheureux vous font toujours rire, comme on le
prétendait autrefois, que direz-vous de madame
Godefroy, de cette malheureuse femme, innocente
des escroqueries, innocente du meurtre, innocente de
l'adultère odieux que vous savez? Y a-t-il assez de
miséricorde dans le cœur humain pour plaindre
cette infortunée victime à laquelle, à l'heure où elle
pleure son mari, on apprend qu'il lui faut aussi mé-
priser sa mère! Dans le désastre qui la frappe, on ne
lui laisse même pas le souvenir heureux du jour de
son mariage ; il ne lui restera pas dans la vie un point
lumineux où sa pensée, désormais obsédée par les
plus infâmes tripotages, puisse se reposer. Et ces
enfants, qu'ont-ils fait pour être de la sorte stigma-
tisés devant l'avenir par le mépris qui s'attache à leur
nom? N'est-ce donc pas assez que l'opprobre tombe

sur le père, et fallait-il absolument leur enseigner le mépris de tout ce qui les entoure, de tout ce qui leur est cher ? Vous me direz que la justice a de ces devoirs cruels. C'est possible, mais je ne le crois pas.

Admettons un instant que Godefroy fût accusé d'un autre crime, d'un attentat à la pudeur, par exemple. Dans l'intérêt de la vérité, il faut que la justice descende dans les abîmes : dans les alcôves où des mineurs subissent des outrages, dans les égouts où la plus vile des passions confond les sexes. La justice pense en pareil cas qu'il est inutile de livrer au public un si profond écœurement, et dans l'intérêt de la morale, elle ferme ses portes. Le débat se déroule à huis clos ; il n'en parvient au dehors que la constatation de la culpabilité de l'accusé et l'énoncé du jugement qui contient le châtiment. Si, dans un pareil procès, de braves et honnêtes gens sont, sans leur faute, mêlés au débat, les journaux ne livrent pas leurs noms à la publicité. Aucune éclaboussure n'atteint les innocents. Et dans ce procès, bien autrement terrible, où l'honneur d'une famille est en jeu, vous laissez les portes ouvertes et vous livrez tous les secrets à la foule ! Vous faites assister la France tout entière à cette orgie épouvantable où s'engloutissent l'honneur d'une mère, le repos d'un père et la vie tout entière de la pauvre madame Godefroy et de ses enfants ! S'il s'était agi d'une petite fille à qui on aurait fait violence ; s'il s'agissait d'une de ces folies hysté-riques qui font de l'homme le plus brutal des ani-

maux, vous fermeriez les portes, jugeant avec raison
que ces infâmies ne sont pas faites pour être étalées
au grand jour et que la morale a tout à gagner si la
justice les expédie promptement, à huis clos, s'il ne
reste en présence que le crime et la loi. Oui, en pareil
cas, le magistrat agit bien! Et son pouvoir discrétionnaire n'irait pas jusqu'à sauver l'honneur d'une
famille innocente? Et il n'aurait pas l'obligation de
préserver du déshonneur et de la désolation les pauvres créatures innocentes de tant de hontes? Et son
devoir ne serait pas autant d'atteindre le coupable
que de protéger les victimes qui l'entourent?

Si le magistrat n'a pas ce pouvoir, je dis plus, si
vous ne lui dictez pas ce devoir, croyez-vous que la
procédure criminelle soit arrivée à son apothéose?
Jugez-vous que tout est pour le mieux dans le meilleur des mondes, quand la justice, en frappant un
coupable, flétrit à jamais des innocents? Si vous
croyez cela, n'en parlons plus. Mais il est impossible
que tous ceux qui, dans les bonnes heures de la vie,
ont, une seule fois, senti palpiter leur cœur en faveur
des malheurs immérités, il n'est pas admissible que
ceux de mes lecteurs qui pensent à madame Godefroy, à ses enfants, à ce malheureux Claye, à toutes
ces innocentes victimes de cet épouvantable procès,
ne partagent pas la profonde tristesse et le cruel
écœurement de l'écrivain. Si une famille de braves
gens est frappée par la dégradation d'un ou de plusieurs de ses membres, il serait du devoir de la justice

de protéger l'honneur des autres. Le procès Godefroy a été une pure monstruosité, et les inutiles révélations faites à l'audience sur des faits en dehors du chef d'accusation, ont, on se la rappelle, jeté une profonde émotion dans Paris. Ce n'est pas une raison, parce que le mari est criminel, pour ravir les dernières illusions à sa femme. On a vu des épouses d'assassins reprendre une place honorable dans la société. Témoin madame Lapommeraye dont on a lu la douloureuse histoire.

II

HISTOIRE DU BOUCHER LEBŒUF

Au nom de la loi je vous arrête, toute résistance est inutile ! dit le chef de la police de sûreté en février 1874 au boucher Lebœuf.

Celui à qui ces paroles terribles s'adressent est un pauvre garçon boucher nommé Lebœuf, que la police soupçonnait d'avoir trempé dans la série de crimes qui avaient épouvanté Limours. La police de sûreté est depuis une semaine à la recherche du coupable. Il y a des cadavres, il lui faut un meurtrier. Ce n'est pas sans de grands efforts qu'elle est parvenue à découvrir ce misérable que l'entrée des agents a à ce point bouleversé qu'il ne répond pas.

Les agents profitent de la stupéfaction de l'assassin pour lui mettre les menottes. Lui, le malfaiteur, qui ne s'attendait point à la visite de la police, ne cherche même pas à se défendre ; d'ailleurs, il ne le pourrait pas : la subite apparition des agents a paralysé ses forces herculéennes ; l'émotion étrangle le son dans le gosier. Il ne s'est pas encore rendu un compte exact de ce qui se passe autour de lui, que déjà il est en voiture et en route pour le Dépôt.

Telle est l'histoire du boucher Lebœuf, qui a, pendant un mois, passé pour un assassin.

Le voici à la préfecture. Il passe au greffe ; il proteste de son innocence ; il jure qu'il ne sait ce qu'on veut de lui. Mais les employés en ont vu bien d'autres ; ils savent qu'il n'est pas facile d'arracher à un assassin l'aveu de son crime ; du matin au soir, ils entendent les protestations des criminels qui attestent leur innocence. Pour eux, cet assassin, s'il pleure, verse des larmes de crocodile. Au cachot, misérable ! Tu t'expliqueras avec le magistrat instructeur !

Enfin, l'homme est seul dans la nuit silencieuse. Quand on lui a dit de quoi on le soupçonnait, il a poussé un rugissement de rage et de honte ; puis il s'est affaissé comme un condamné à mort à la vue de de la guillotine. On lui a dit qu'avant de mourir, le facteur rural Désiré l'a dénoncé comme l'un des malfaiteurs de Limours. Comment en douter ? le facteur affilié à la bande s'était suicidé pour se soustraire au châtiment, disait-on, et avant de se pendre, il avait dénoncé le malheureux boucher.

Et voilà l'homme dans son cachot, seul avec ses souvenirs ; il se demande s'il n'est pas fou ; il essuie la sueur qui perle sur son front, pour se convaincre qu'il ne rêve point ; il se rend compte de sa situation terrible ; il tombe sur son lit... il sanglote comme un enfant perdu dans l'immensité ; il ne sait pas ce qu'on lui veut, pourquoi la fatalité s'acharne après lui. Le facteur a parlé, ce facteur qu'il n'a pas vu depuis quinze ans, et dont il ne se souvient guère.

Au désespoir succède la rage. Ce ne sont plus des sanglots, mais des hurlements ; la puissante poitrine de ce boucher menace d'éclater ; il essaye ses muscles contre les murs, dans l'espoir de faire s'écrouler la maison et d'ensevelir sa honte sous les ruines ; il appelle à son secours ; il prie, il supplie ; il menace !

— Tenez-vous tranquille, lui crie le gardien à travers le judas de la porte, ou sinon...

Et l'assassin sent renaître son courage. Pensant que tout être humain doit compatir à sa situation terrible, jugeant à tort que le premier venu peut lire son innocence sur son front, le boucher Lebœuf, avec la voix suppliante de l'enfant, murmure :

— Mais je ne suis pas coupable !

— C'est bien, répond le gardien, vous vous expliquerez demain avec le juge d'instruction. En attendant, tenez-vous tranquille, car il y a le cachot noir pour les gens qui troublent la tranquillité, ici ; tenez-vous-le pour dit et ne criez pas comme un ivrogne.

Et la lucarne se referme. Un long silence, puis on entend dans le couloir le pas cadencé du gardien qui continue sa ronde. L'assassin tombe sur son grabat et pleure. Comment ? rien ! Dans ce grand monde, il n'est pas un être humain qui vienne à son secours ?... Tiens ! on marche dans le couloir ; on entend des voix... ils s'approchent ; ce sont eux : mes camarades qui témoignent de mon honneur ; ils m'arrachent à cette odieuse prison… Une porte s'ouvre qui se referme avec fracas : c'est un nouveau criminel qu'on a amené au Dépôt. — Le silence se rétablit… plus rien !

Si l'assassin pouvait se voir, il se ferait peur à lui-même : son teint est livide et ses yeux sont injectés de sang ; la rage, la honte, les angoisses l'étranglent. Après avoir en vain invoqué les hommes, il tourne ses regards vers Dieu. Toi là-haut qui sais tout, qui vois tout, Dieu puissant, pour qui ont été mes premiers bégaiements, et que j'invoquerai à mon heure dernière, toi qui punis les méchants et qui protèges les bons, toi qui lis dans mon âme, protège-moi, viens à mon secours ! Tiens, me voici à genoux ; si parfois je t'ai offensé, histoire de rire avec les camarades, Dieu juste, Dieu bon ! pardonne-moi !!

Rien !

Alors, à la rage succède l'abattement : cet hercule n'est plus qu'une masse inerte, sans volonté, presque sans conscience de son état… Ses paupières se ferment ; il dort. Et dans son rêve il voit défiler sa vie entière : son enfance renaît dans ses souvenirs ; il voit sa mère au regard tendre ; il sent sa main passer sur son front en sueur.

L'assassin voit son adolescence : les moments heureux de sa vie ressuscitent dans son cerveau ; il dort et il sanglote ; puis tout à coup un cri rauque ; dans les ténèbres se dresse le spectre du facteur Désiré, la corde au cou, étendant vers l'assassin sa main livide et lui criant :

— Misérable ! tu vas expier un crime que tu n'a pas commis!

Le jour arrive enfin, et avec lui apparaît le magistrat instructeur. Enfin, se dit l'assassin, me voilà sauvé !

Et il s'élance vers l'homme de la loi et proteste de son innocence avec une conviction qui attendrirait un marbre. Mais le juge d'instruction ne se laisse pas émouvoir pour si peu. Dans la vie privée, c'est peut-être le meilleur des hommes; mais l'exercice de ses fonctions terribles a endurci son cœur. Il n'est pas un homme comme un autre, en chair et en os, accessible aux sensations qui émeuvent le commun des mortels, mais une statuette, une réduction Collas de la Justice: son premier devoir n'est point de rechercher un innocent, mais bien de découvrir un coupable; il représente la société menacée, défiante, alarmée par une série de crimes épouvantables dits de Limours. Le magistrat n'est pas à cette place pour faire du sentiment; et d'ailleurs il en a vu défiler tant sous ses yeux, que ce criminel perd son temps à parler de son honneur, de sa probité. Il invoque sa vie tout entière. Parbleu! les assassins les plus fameux n'ont pas parlé autrement; presque tous, devant le magistrat instructeur, devant la cour, même en face de la guillotine, protestent encore de leur innocence. Et puisque le facteur a parlé et a accusé cet homme, pourquoi ne serait-il pas coupable, n'est-il pas vrai ?

Comment sortir de cet enfer? Si le magistrat est un

brave homme, ce qui n'est pas rare, il essayera d'attendrir l'assassin ; il le presse de faire des aveux ; il parle à cet innocent de la justice indulgente à ceux qui rachètent une partie de leur faute par la confession du crime. Si l'inculpé s'emporte, on le rappelle au respect de la justice ; s'il se tait, on lui dit qu'il ne peut qu'aggraver sa situation par le mutisme. Si sa voix tremble, on pense que le remords trouble sa conscience ; s'il se révolte, on est tout prêt à se dire que voilà un homme endurci dans le crime et qui ne perd rien de son audace en face de la justice.

Il ne faut pas légèrement accuser le magistrat: il ne peut pas parler autrement, il ne doit pas agir d'une autre façon ; il n'est pas *lui*, ce n'est pas un homme en présence d'un autre homme ; une grave responsabilité pèse sur sa tête. La société lui a confié sa sécurité ; il est responsable, non pas seulement devant ses chefs, mais encore devant le pays. Tant que cet assassin n'a pas prouvé son innocence, prouvé par des actes irréfutables, il demeure criminel. Le facteur a parlé avant de mourir. Avouez que voilà bien des circonstances écrasantes.

Cette lutte entre le magistrat et le prévenu dure des heures, des jours, des semaines, des mois ; elle se renouvelle toujours, lutte inégale entre un maître de la parole et le pauvre diable qui ne trouve au fond de son cœur que ce cri : « Mais je suis innocent! » L'un combine toutes ses phrases en vue de l'aveu qu'il veut arracher à l'assassin ; l'autre, intimidé par la prison,

la solitude et la présence de ce juge qui parle si bien,
ne sait que répondre. Et après des heures d'angoisses,
la nuit revient, et l'homme injustement soupçonné
d'un crime odieux ne conserve plus d'espoir dans le
lendemain. Qui saurait dépeindre un tel désespoir, un tel martyre, le plus effroyable qu'on
sache ?

Pendant ce temps les camarades sont là au cabaret,
et puisque la police a mis la main sur Lebœuf, pourquoi ne le croiraient-ils pas coupable ? Peut-être bien,
se disent-ils : « Je me suis toujours méfié de ce gredin ! » ou bien : « Tu sais, l'année dernière, je te l'ai
déjà dit, que Lebœuf était un pas grand'chose. » L'un
découvre que ce boucher a toujours eu le regard
mauvais, l'autre l'a vu rôder dans les rues à l'heure
où les honnêtes gens sont couchés. Les meilleurs
d'entre eux ne le condamnent peut-être pas, mais très
certainement ils n'oseraient déjà plus l'absoudre. Sur
ce vaste globe il n'est qu'un homme convaincu de son
innocence, et c'est l'inculpé. Il se peut encore que,
dans un coin de la grande ville ou de la campagne,
une bonne âme, une seule, ne le soupçonne pas d'un
tel crime. S'il a une mère, l'assassin peut espérer
qu'un cœur humain le comprenne et partage sa douleur ; sinon, rien !

Puis, un beau jour, la lumière se fait. L'assassin
Lebœuf est un honnête homme : son innocence est
prouvée à l'évidence. Le magistrat se console de ce
long martyre d'un brave garçon par la pensée qu'il a

fait son devoir : devoir douloureux, pénible, effroyable, mais enfin son devoir!

On lève l'écrou; les portes de la prison s'ouvrent ! Mon garçon, tu es libre!

Et c'est tout.

Mais c'est ici que la conscience humaine se révolte et que tout ce qu'il peut y avoir en nous de bon et de généreux se sent atteint et blessé. Comment ! voilà tout? Toi, société, tu as fait arrêter cet homme, tu l'as tenu sous les verrous pendant un mois, tu l'as livré au plus atroce désespoir qui puisse gronder dans la poitrine d'un homme; tu ne lui as pas seulement pris sa liberté, mais tu lui as arraché l'honneur par lambeaux. Et maintenant, société, que, pour ta sécurité personnelle, tu as fait une monstruosité, comment t'y prendras-tu pour la réparer? La loi a-t-elle prévu le cas? Y a-t-il un article du Code qui restitue à un tel martyr son honneur tout entier? Que fais-tu pour rendre à ce malheureux la considération qu'il a perdue? Le commissaire qui l'a arrêté le reconduit-il dans son quartier, et là, devant le peuple assemblé, au nom de la morale et de la justice des hommes et de Dieu, le commissaire affirme-t-il à voix haute que Lebœuf est un honnête garçon, digne de l'estime de ses concitoyens ? Non ! Chose étrange, le commerçant failli est réhabilité en audience solennelle. Vous rappelez-vous ce chapitre magnifique où Balzac raconte la scène? On rend l'honneur à un honnête homme qui a eu des malheurs, publiquement, avec éclat.

Les larmes vous viennent aux yeux en parcourant ce chapitre de Balzac, il est impossible de lire cette scène émouvante sans être remué jusqu'au fond des entrailles. C'est beau, c'est grand, et c'est humain.

Maintenant, quand un homme est injustement soupçonné du plus odieux des crimes, et que, pendant un mois, on l'a tenu sous les verroux, on lui ouvre tout simplement la porte de la prison, et on lui dit :

— Adieu, mon garçon, tu peux retourner à tes affaires. Peut-être bien laisses-tu quand même un lambeau de ton honneur dans cette prison, et qu'en te revoyant quelques-uns diront : « Tiens! tiens ! il paraît qu'il n'y avait pas de preuves suffisantes. » Que veux-tu, mon ami? nous n'y pouvons rien. Nous avons agi dans l'intérêt de la société : nous ne te devons rien. Bonsoir !

Eh bien, moi qui ne suis ni législateur ni magistrat, rien qu'un écrivain qui juge avec son bon sens et son âme, je trouve tout simplement monstrueux qu'on puisse arrêter un honnête homme, faire peser sur lui la plus terrible des accusations et se contenter d'une ordonnance de non-lieu pour toute réhabilitation. Quand les juges s'assemblent pour condamner un coupable, la cour s'entoure d'une solennité d'où lui vient son prestige. Ces magistrats en robe rouge, sous l'image du Christ, sont superbes à voir. On ouvre toutes grandes les portes du prétoire, afin que le peuple qui passe puisse voir comment fonctionne la justice de son pays. Eh bien ! serait-ce aller trop loin que de

demander à la loi de forcer les mêmes magistrats à
se réunir avec le même apparat pour confirmer en
audience solennelle, l'ordonnance de non-lieu rendue
en faveur du pauvre diable qui, pendant un mois,
a passé pour un assassin? Si c'est vraiment trop
demander, eh bien! n'en parlons plus! Laissons aller
les choses. Seulement, toi, société, qui es trop préoccupée de tes petits tripotages pour t'intéresser à ces
grandes questions, tu en porteras la peine, et il ne
faudra plus t'étonner si, à l'heure des crises, les misérables qui souffrent de ton indifférence, désespèrent
de la commisération des hommes et de la pitié divine,
se révoltent, montrent le poing au ciel et s'écrient :

—.Dieu juste ! où donc es-tu?

III

LA FAUSSE EMPOISONNEUSE

Jamais Paris ne fut plus beau que le 30 juin 1878 quand il se releva de ses désastres pour l'ouverture de l'Exposition que toute la ville salua d'un cri de joie parce qu'elle rendit à la capitale l'éclat de jadis. Paris était resplendissant. Cette date mémorable de la vie parisienne coïncide avec celle qui a rendu l'honneur à une pauvre femme injustement condamnée comme empoisonneuse.

Dès l'aube, à travers le bruit du canon et les fanfares qui ont salué la fête, un cri de douleur a retenti : il a passé inaperçu ; les tambours, les musiques, les chants, les pétarades des feux d'artifice l'ont étouffé ; dans son enivrement légitime, Paris ne l'a pas entendu.

En même temps que les journaux ont donné le programme des réjouissances de la journée, ils ont constaté un fait monstrueux, c'est qu'un innocent peut être condamné pour un crime qu'il n'a pas commis, qu'une tête peut rouler dans le panier du bourreau ou qu'un martyr peut aller au bagne sur la simple expertise d'un pharmacien appelé à étaler sa science devant une cour d'assises.

Il s'agit de cette femme Leroudeau, accusée d'avoir empoisonné son mari, et condamnée, six mois auparavant, à Versailles, pour ce crime, à vingt années de travaux forcés. L'éloquence de l'illustre Lachaud lui avait sauvé la vie : elle n'avait pu préserver cette malheureuse de l'infamie, et cependant cette femme Leroudeau était innocente. Qu'en dites-vous ? Ne sentez-vous pas que votre tête n'est plus solidement assise entre vos deux épaules ?

Cette femme était innocente et un pharmacien de Versailles l'avait fait condamner. Cet étonnant pharmacien-chimiste qui embellit le département de Seine-et-Oise s'était carrément prononcé pour l'empoisonnement par l'acide oxalique, qui se trouve entre autres dans la bienfaisante oseille, *rumex acetosa*, dirait le puits de science de Versailles. Chargé d'une enquête par le parquet, le savant pharmacien n'a pas hésité à constater l'empoisonnement. Les apparences étaient contre la femme Leroudeau, de Châteaufort. Devant le jury réuni, le colossal pharmacien a maintenu son affirmation avec une énergie telle que les douze braves gens désignés par le sort, mais émus par la plaidoirie de Me Lachaud, n'ont octroyé à la malheureuse que vingt années de travaux forcés : c'était pour rien.

Et le soir, tandis que le pharmacien, couvert de lauriers, reposait son immense cerveau sur l'oreiller conjugal, rêvant peut-être à la gloire que le procès devait jeter sur sa boutique, une femme innocente se roulait dans sa cellule, en proie au plus grand désespoir qui puisse déchirer le cœur humain. Le pharmacien avait parlé, et la justice semblait avoir dit son dernier mot. A Châteaufort, on trouvait probablement que le jury s'était montré trop clément. Une telle misérable appartenait de droit au couteau du bourreau, n'est-il pas vrai ?

Le hasard, un rien, ce fameux grain de sable sur lequel trébuche la renommée du plus illustre pharmacien de Seine-et-Oise, a sauvé cette pauvre femme. Sur un vice de forme, la Cour de cassation a renvoyé la femme Leroudeau devant la Cour d'assises de la Seine. M. le président Sevestre n'a pas cru devoir en appeler aux lumières de l'énorme pharmacien-chimiste, dont la cité de Hoche aurait tort de tirer un orgueil démesuré. Le cas a été soumis à MM. Vulpian et Würtz, auxquels est venu se joindre le docteur Bergeron, le fameux médecin légiste s. g. d. g. A l'unanimité, les trois savants ont déclaré que l'acide oxalique, que l'apothicaire de Versailles a entrevu dans ses rêves, n'était pour rien dans la mort de défunt Leroudeau qui est mort d'une maladie. Le jury a acquitté cette fois la femme Leroudeau.

Je ne sais ce qui a pu se passer dans la tête du pharmacien de Versailles après ce verdict. La pharmacie n'exclut pas la conscience. On peut vendre plusieurs grammes de bismuth à ses contemporains sans avoir pour cela le cœur endurci à jamais. Si ce grand savant de Seine-et-Oise, ce que j'ignore, avait une belle chevelure, il doit à cette heure être chauve. De deux choses l'une : ou ce surprenant apothicaire se figure toujours qu'il a sauvé la société en faisant condamner une femme innocente, ou bien, dans un désespoir légitime, il doit avoir remplacé par une élégante perruque les cheveux qu'il avait le droit de s'arracher. Dans tous les cas, on peut croire que, pour son action d'éclat devant la Cour d'assises de Versailles, ce pharmacien ne sera pas nommé membre de l'Académie des sciences. M. Vulpian, le doyen de notre Faculté de médecine, et M. Würtz, l'éminent chimiste, n'ont rien à craindre ; ils ne seront pas remplacés de sitôt par le pharmacien de la cité qui a vu les fastes de Louis XIV.

Il me faut appuyer sur un point qui semblera puéril à plus d'un lecteur. Mais on peut ne pas connaître les rouages de la justice. Bien des personnes se figurent encore que la Cour de cassation est une sorte de Cour d'appel où le procès criminel se plaide en dernière instance. C'est une erreur. La Cour de cassation ne se préoccupe pas du fond du procès ; elle ne recherche pas si le condamné est plus ou moins coupable ; sa mission se borne à vérifier si tout s'est passé selon la loi ; sinon elle annule le jugement sans acquitter pour cela le condamné. Dans ce cas particulier, la Cour a trouvé que le serment d'un expert avait été irrégulièrement transcrit. C'était peu, mais c'était assez. Sans ce petit vice de forme, la femme Leroudeau s'en allait au bagne et le pharmacien de Versailles jouissait d'une légitime célébrité jusque dans les siècles futurs. Ce pharmacien entrait tout botté dans la galerie des savants célèbres; il aurait peut-être doté la postérité d'un traité sur l'acide oxalique et quelques académies l'auraient nommé membre correspondant. Le hasard avait tiré ce pharmacien de l'obscurité; il l'avait pris par la main, comme le bon génie conduit un prince de féerie devant la rampe. L'avenir s'ouvrait brillant devant cet apothicaire.

O gloire, tu n'es qu'un vain mot !

Et maintenant, après avoir restitué le pharmacien à l'obscurité d'où il a eu tort de sortir, parlons de cette affaire attristante sur le ton grave qu'elle exige. Elle ne contient pas seulement un enseignement ; elle nous dicte le devoir de réclamer à cor et à cri la revision du Code d'instruction criminelle. qui n'est plus en harmonie avec notre temps. C'est un tort de croire que l'Europe nous envie notre Code de haut en bas, de long en large. Nous poussons la vanité de notre supériorité en toutes choses au delà des limites. Un homme d'infiniment d'esprit, M. Gondinet, a marqué d'un trait mordant notre excès de vanité. Dans une de ses pièces, un personnage, en parlant du nouvel Opéra, s'écrie avec emphase :

— Cet escalier que l'Europe nous envie !

Sans doute, l'Europe peut envier bien des choses à la France, mais je vous étonnerai peut-être en affirmant que, sous le rapport de l'instruction criminelle,

nous pouvons envier un petit pays comme la Belgique.
Là-bas, l'instruction n'est pas secrète ; elle est contra-
dictoire ; l'accusé ne se trouve pas enfermé dans une
cellule, soutenant un combat inégal contre le juge
d'instruction, habile à flairer un crime, et un pharmacien, qui a sur l'acide oxalique des idées à lui. Une
fois la première enquête terminée, le prévenu est interrogé contradictoirement : d'un côté, le juge d'instruction : de l'autre, le conseil du prévenu. Ici, l'accusé
n'est plus séquestré ; il lui est permis d'appeler à
son secours la parole et la science. Ce n'est qu'après
avoir entendu le pour et le contre que la chambre des
mises en accusation se prononce. Avec ce système,
dont la supériorité se montre dans l'affaire que la femme
Leroudeau, cette malheureuse fermière aurait, dès la
première heure, appelé un défenseur à ses côtés ; cet
avocat aurait sur l'heure requis un savant en renom,
qui, devant le juge d'instruction, eût mis à néant les
affirmations audacieuses du pharmacien-chimiste. La
femme Leroudeau n'aurait pas subi une trop longue
détention préventive ; elle n'aurait probablement
jamais été traduite devant une cour d'assises ; on
ne l'aurait pas condamnée à vingt années de travaux
forcés. Voyez maintenant à quel résultat écœurant
peut aboutir l'instruction secrète ; quelles épouvantables souffrances elle prépare à un accusé innocent,
à quelles terribles erreurs elle expose la justice.

Le législateur qui s'occuperait de cette grave
question et réformerait le Code d'instruction crimi-

nelle obtiendrait certainement une gloire durable.

Notre Code d'instruction criminelle a fait son temps. Sans doute, à son apparition, il marquait un progrès, mais le législateur ne saurait prétendre à dire à jamais le dernier mot en toutes choses. Le monde entier subit d'incessantes transformations; rien de ce que nous voyons, de ce que nous entendons, de ce que nous acclamons, n'est définitif. Chaque jour nous ménage de nouveaux étonnements, chaque temps a ses exigences particulières. L'affaire cruelle de la femme Leroudeau nous montre que tout n'est pas pour le mieux dans le meilleur des mondes.

La révision du Code d'instruction criminelle s'impose comme un devoir suprême, d'où doit jaillir une sécurité plus grande pour l'accusé. Toute cette journée du 30 juin, le procès de la femme Leroudeau m'a préoccupé. J'ai pensé à cette malheureuse au milieu des fanfares; il m'a gâté ma profonde joie et attristé mes plus douces sensations; j'ai songé à cette condamnée innocente du matin au soir; au milieu des transports de joie qui éclataient aux quatre coins de la ville, il m'a semblé entendre le cri de douleur d'une femme reconnue empoisonneuse par douze honnêtes bourgeois assistés d'un pharmacien, parce que, contrairement à ce que la civilisation exige de notre temps, il ne lui a pas été permis de faire mettre à néant dans l'instruction les audacieuses affirmations d'un apothicaire qui joue les Bergeron en province.

Il est inutile d'insister davantage sur une réforme qui est une des nécessités de notre temps. L'acquittement de la femme Leroudeau, condamnée d'abord à vingt ans de travaux forcés pour un crime qu'elle n'a pas commis, aurait dû porter ses fruits ; il était permis de penser que, après une si monstrueuse erreur judiciaire, on n'aurait rien de plus pressé à faire que de réformer le Code d'instruction criminelle ; mais nos législateurs ont d'autres préoccupations que de sauvegarder la vie et l'honneur des citoyens par des réformes qui s'imposent. Et cependant on peut croire que la magistrature, elle aussi, doit appeler de tous ses vœux la transformation du Code d'instruction criminelle, A mesure qu'on entoure le prévenu de garanties nouvelles, la majesté de la justice grandit aussi bien que l'autorité du magistrat.

Et maintenant, quand je pense que, sans l'éloquence de Mᵉ Lachaud, la femme Leroudeau aurait pu être condamnée à mort ; que, sans un petit vice de forme, la Cour de cassation n'aurait pas annulé le premier jugement, que cette innocente empoisonneuse aurait été guillotinée et enterrée, je me demande s'il est encore possible de défendre la peine de mort ?

IV

On a bien raison de dire que nous vivons à une
époque étonnante. Si nos pères revenaient parmi
nous, ils seraient très surpris du progrès que ce siècle
a accompli en toutes choses. Nous avons, par exemple, l'assassinat qui, grâce à la civilisation toujours
croissante, prend des proportions extraordinaires.
Le meurtrier de notre époque est à l'assassin d'autrefois ce qu'un grand fabricant de chaussures à vis
est au misérable savetier qui raccommode les souliers
dans une échoppe. Les criminels opèrent en grand ;
ils n'ont pas encore appliqué la vapeur au crime
et créé des compagnies anonymes ; mais ils y vien-
dront.

Au moment même où à Durham, en Angleterre, on
jugeait une misérable femme du nom de Mary Ann
Cotton, qui a empoisonné une trentaine de personnes,
y compris trois de ses maris, en France comparaissait,
devant la cour d'assises de Bordeaux, le facteur rural
Johannés Mano, accusé d'avoir, le 10 avril 1872,
massacré à coups de pic, dans la métairie de Tastous,

sa femme, son beau-père, sa belle-mère, et deux de ses propres enfants.

L'antique assassin, qui n'exterminait qu'un contemporain, semble disparaître de nos mœurs. Dans notre siècle civilisé, le crime travaille en gros; il ne fait presque plus de détail; nous sommes à ce point habitués à entendre parler d'une grande quantité de méfaits commis par un seul individu, que l'assassinat simple, enregistré dans les faits divers, ne produit pas plus d'effet que l'annonce d'un chien écrasé par un omnibus.

Ce procès du facteur Mano est une des causes les plus émouvantes que je connaisse, car le bandit a été condamné pour ainsi dire par son propre fils, un bambin de sept ans; jamais romancier n'a inventé d'histoire plus horrible; aucun dramaturge n'a mis au théâtre de scène plus émouvante. Le bambin a été témoin du crime et il n'a pas poussé un cri, il a fait semblant de dormir tandis que son père assommait sa mère, et il raconte au jury tous les détails de la scène avec une netteté et un sang-froid qui font frémir. Cette déposition du jeune Bernardin Mano contre son père est une des pages les plus cruelles qui aient froissé la générosité humaine; elle fait du Troppmann bordelais un être presque sympathique.

De ce père et de ce fils, c'est l'enfant qui m'épouvante le plus.

Il a sept ans, il est frais et rose. En apparence, c'est

un enfant comme un autre, mais au fond c'est un
phénomène comme on en voit peu, heureusement. Sa
mère est morte sous les coups d'un assassin. Cet assassin est son père, et, au lieu de se jeter en sanglotant
dans le bras du premier gendarme qu'il rencontrera
sur la route, il se tait, car cet enfant de sept ans a
son plan : il ne dira rien, mais avec un sang-froid
effroyable, il prendra un couteau, l'aiguisera dans
une forge et cherchera à tuer son père. Les faits sont
constatés et avoués; si le jeune Bernadin n'a pas
plongé son couteau dans la poitrine de son père
c'est que le facteur Mano a été arrêté avant que le
petit monstre ait pu exécuter ses projets.

Le fils de Mano n'est pas appelé devant les assises,
comme témoin parce que la loi ne le permet pas;
mais comme elle est élastique cette fameuse loi, elle
autorise d'autre part le président du tribunal, en
vertu de son pouvoir discrétionnaire à entendre l'enfant à titre de renseignements. La différence est peu
sensible pour l'homme ignorant des subtilités judi-
caires; ce qui saute aux yeux, c'est que ce fils par sa
déposition ou les renseignements, le mot ne change
rien au fond de la chose, peut faire rouler la tête de
son père dans le panier de la guillotine.

Cet enfant est d'ailleurs à proprement parler un
petit monstre. La magistrature ne l'effraye point; il ne
tremble pas, dans l'austérité du prétoire; ses paroles
sont nettes; son accusation est formelle; il ne se
trouble pas; il n'a pas, au fond de l'âme, ce sentiment

humain inné chez toute créature. En voyant son père
là entre deux gendarmes, le bambin ne s'émeut pas;
il ne pleure point; il répond nettement à toutes les
questions ; chacune de ses réponses est précise. Il a
été témoin de l'assassinat, pour ainsi dire : il n'a pas
crié, il n'a pas sangloté ; il a fait semblant de dormir !
Quel sang-froid !

Évidemment, ce n'est pas un enfant comme un
autre ; il est venu au monde avec des instincts curieux
qu'on ferait bien de surveiller. L'innocence ne parle
pas par sa bouche; il y a dans cette petite tête un
germe terrible. On se demande quel homme peut
devenir un jour ce moutard, qui à son âge ne connaît
déjà pas d'autre loi que cette loi antique qui se traduit
par « œil pour œil, dent pour dent ».

Le souvenir de cette scène de cour d'assises n'est
pas fait du tout pour développer dans ce jeune
Bernardin les sentiments généreux. Certes, la pensée
de vouloir rendre la magistrature responsable de
cette scène barbare est loin de mon esprit. Le magistrat n'obéit pas à sa propre volonté et à ses goûts : il
est l'instrument de la loi; il n'a pas le droit d'interroger son cœur; le devoir seul, le strict devoir, le
devoir implacable lui dicte sa conduite.

Si le président de la cour d'assises de la Gironde
est père, il doit souffrir horriblement lui-même d'être
contraint de par la loi, dont il est le serviteur, d'interroger un enfant de sept ans, dont chaque parole,
pour ainsi dire, aiguise le couteau du bourreau. Ce

n'est pas sans une profonde émotion que le président procède à cet interrogatoire qui restera très certainement l'un des souvenirs les plus pénibles de sa carrière de magistrat. Dans le procès de Mano cette émotion s'est clairement manifestée chez le magistrat qui dirigeait les débats. Quand l'enfant eut raconté la scène de l'assassinat, le président s'est empressé de poser une seconde fois les mêmes questions à Bernardin, et, cette fois, dans les termes les plus favorables à l'accusé. Quelle scène dramatique! Quand l'enfant fut emmené, il y eut un frémissement dans la salle. Le misérable Mano est haletant et pâlit effroyablement, et il sait bien que son sort est dans la déposition de son fils. L'enfant entre : d'abord il se trouble ; il faut que l'huissier le pousse doucement en avant. Pendant ce temps, l'accusé ne quitte pas son fils des yeux ; il a l'air d'implorer sa pitié : ses lèvres tremblent dans une prière qui ne peut pas les dépasser ; chaque mot de Bernardin peut être l'arrêt de mort de son père! N'est-ce pas épouvantable?

Soit ! Le meurtrier ne mérite aucune pitié, mais cet enfant n'est pas coupable. Et de quel droit le force-t-on à déposer contre son père? Pourquoi charge-t-on sa jeune conscience d'un tel fardeau ? Que répondrez-vous à l'homme de vingt ans qui aurait mal tourné et qui viendrait vous dire un jour :

— Vous me demandez pourquoi? Je vais vous le dire. J'avais sept ans ; mon père était un criminel. On m'a conduit devant un tribunal ; on m'a interrogé. Je ne savais pas ce que je faisais. Mais, plus tard, quand j'ai grandi, je me suis mis à réfléchir. L'idée d'avoir envoyé mon père au bagne a empoisonné ma vie, et j'ai pris en horreur cette société qui impose à un enfant de sept ans un devoir aussi cruel et si peu humain. Voilà pourquoi !

Et si la société répond à son tour :

— Que voulez-vous ? la loi le veut ainsi !

On peut lui dire :

— Toi, société civilisée, tu n'as pas le droit d'avoir une loi aussi cruelle, et il est des jours où vraiment tu donnes raison à ceux qui te dénigrent et te combattent.

A ceci, le législateur pourrait riposter pour sa défense :

— J'ai donné au président le droit d'interroger le fils de l'assassin, mais en même temps j'ai armé la défense et l'accusé contre l'abus. L'un et l'autre peuvent récuser ce témoignage et Me Crémieux, entre autres, a fait casser un arrêt de la Cour d'assises parce qu'on avait appelé comme témoin le fils d'un assassin.

Nous autres qui jugeons avec notre émotion et notre bon sens, nous ne comprenons rien à ces formalités. Le défenseur sait fort bien qu'en de telles circonstances toute opposition de sa part est pour le jury une charge morale et accablante.

Quant à l'accusé Mano, il espérait probablement que son fils se troublerait devant le tribunal. Mais, quoi qu'il en soit, dans sa terrible position, s'opposer à ce que son fils fût entendu, eût été pour ainsi dire un aveu. Dans une cause criminelle, où les preuves positives manquent, où l'esprit du jury flotte de ci et de là au hasard, l'accusé doit craindre surtout de susciter contre lui des impressions fâcheuses, dont la moindre pourrait contribuer à le perdre. Or, refuser l'audition de son fils, présenté comme témoin décisif, équivalait pour Mano à la crainte que la vérité pût se manifester, et cela pouvait suffire pour amener une condamnation à mort.

La vérité de cette observation saute aux yeux et elle explique pourquoi ni le défenseur ni l'accusé ne se sont opposés à ce que l'enfant fût entendu. Mais cette situation terrible rend la scène encore plus pénible. Jamais aucun dramaturge n'a traité d'incident plus empoignant. Si peu intéressant que soit Mano, il faut avouer que voilà un châtiment effroyable. Le père dispute sa tête à la loi. Si son enfant parle, il est perdu ; s'il l'empêche de parler, il s'avoue coupable. Je ne pense pas que l'on puisse rêver de situation plus terrible, plus cruelle, mieux faite pour froisser le cœur humain.

Il faut bien se présenter la situation de Mano pour en comprendre la profonde horreur. Jusqu'ici les débats sont enveloppés de ténèbres ; son fils est le dernier espoir qui lui reste. Vous et moi, nous pouvons nous indigner et nous récrier ; lui seul ne le peut pas. Nous pouvons dire que moralement, au nom de l'humanité, nous récusons la déposition d'un fils contre son père, Mano n'a pas cette dernière ressource. S'il proteste contre l'apparition de son fils devant la cour, il s'avoue coupable ; s'il ne proteste pas, sa vie peut être à la merci de son propre enfant.

Peut-on rien imaginer de plus dramatique, de plus douloureux ? Y a-t-il dans les annales. de la Cour d'assises une scène plus émouvante, plus douloureuse, et, disons le mot, plus écœurante que celle-ci ?

Voilà donc l'enfant qui parle et avec quel sang-froid, vous le savez : le doute n'est plus possible. On n'invente pas ces choses-là à sept ans. L'accusation est nette, accablante, l'opinion du jury est faite : il se retire dans la salle de ses délibérations. Ce qui s'y passe, on peut le deviner par le verdict. Ces douze braves gens se révoltent à la pensée qu'un criminel peut mourir sur l'échafaud par la faute de son propre fils. Quoique rien dans les forfaits de Mano ne soit excusable, le jury, qui ne veut pas charger sa conscience d'un éternel remords rapporte un verdict de culpabilité mitigé par des circonstances atténuantes qui préservent Mano du châtiment suprême. L'enfant devenu homme n'aura pas le remords d'avoir fait trancher la tête à son père ; Mano finira sa vie au bagne tandis que l'enfant grandira et demandera un jour compte à la société de la mauvaise action qu'elle lui a fait commettre, en vertu d'une loi abominable, qui autorise le monstrueux témoignage d'un fils contre son père.

18.

V

UN INNOCENT A MAZAS

Un homme, en rentrant chez lui à deux heures du matin, est assommé dans une rue solitaire. La police survient. La victime déclare que l'agresseur était vous, lecteur, ou qu'il a reconnu l'écrivain qui vous parle ; peut-être bien nous a-t-il dénoncés tous les deux ; on court chez le chef de la police de sûreté. Celui-ci se met en campagne, comme on dit dans les journaux, et le soir, vous ou moi nous couchons à Mazas. Ce n'est pas vraisemblable, me direz-vous ! Et pourquoi pas ? Cela vient bien de se passer ainsi pour un brave garçon, nommé Pierre Bussac, qu'un élève pharmacien, assommé pendant la nuit dans sa boutique, a dénoncé au Parquet. Voici les faits. Au mois d'avril 1877, un peu après minuit, on sonne à la boutique d'un pharmacien ; un inconnu demande un remède et, tandis que l'élève pharmacien le prépare, cet inconnu l'assomme à coups de canne plombée, puis il disparaît. La police, appelée sur les lieux du crime, apprend que la victime a cru reconnaître Pierre Bussac, ancien garçon du laboratoire. En un tour de main, Pierre Bussac est arrêté et coffré. Cet homme a beau protester de son innocence! La belle affaire! Tous les malfaiteurs tiennent le même langage. Allons! En route, mon garçon! A Mazas d'abord! Vous vous expliquerez ensuite avec le juge! Le lendemain, tout Paris apprend par les journaux que l'auteur de la tentative de meurtre est sous les verroux, grâce à M. Jacob, alors chef de la Sûreté. Quel homme étonnant que ce fonctionnaire!

Je n'entends pas faire le procès à un homme; je m'attaque à un système; pour le moment ce système a tel nom. Hier, il en avait un autre. Demain, il s'appellera Trois-Etoiles; peu nous importe le fonctionnaire qui représente ce système! Les hommes passent, les procédés restent.

Le plus simple bon sens, le sentiment de la sécurité individuelle, les plus élémentaires principes d'humanité protestent contre cette arrestation sommaire. Pierre Bussac est dénoncé comme l'auteur d'un crime; tout en le surveillant, ne vaudrait-il pas mieux ouvrir une enquête rapide? Si, par exemple, Pierre Bussac peut établir son alibi, s'il peut constater à l'évidence qu'à l'heure du crime, il était tranquillement dans son lit, pourquoi jetterait-on cet honnête garçon dans un cachot? Ce n'est pas une petite affaire que de déshonorer publiquement un innocent par une arrestation hâtive, et la chose vaut bien la peine qu'on y regarde à deux fois. Eh bien, non! Pierre Bussac est arrêté, conduit au Dépôt, et de là transféré à Mazas. Le voici

dans une de ces abominables prisons inventées par
notre admirable civilisation moderne et qu'on appelle
la prison cellulaire, séquestré aussi bien que Moyaux
qui, de notoriété publique, a assassiné sa fille et qui
a tenté de tuer sa femme et son beau-père. L'innocent
subit le sort du coupable. Le brave homme est numé-
roté comme le grand criminel. Du moment où l'on
franchit le seuil de Mazas entre deux agents de la Sûreté, on est réputé coupable jusqu'à nouvel ordre.

Voilà donc ce pauvre innocent à Mazas! Qui a vu
cette prison comprend l'horreur qu'elle m'inspire. Qui
n'a pas vu Mazas ne peut comprendre le désespoir qui
doit s'emparer d'un pauvre homme séquestré dans
une telle circonstance. Pierre Bussac est enfermé dans
une cellule de quelques mètres carrés; il est ce qu'on
appelle au secret; deux fois par jour, à travers le
guichet étroit, on lui passe sa nourriture comme à un
fauve. J'ai vu Mazas à l'heure où les animaux man-
gent; sur les rails graissés, pour éviter le bruit, un
chariot roule dans les couloirs silencieux. Le gardien
ouvre le guichet, passe la ration; on voit deux mains
saisir l'écuelle; puis le guichet se referme. Quand le
prisonnier est un grand criminel, on lui donne un
compagnon pour le faire jaser. L'honnête homme
soupçonné d'un meurtre n'a même pas cette consolation; il reste seul dans sa cellule. Le voici isolé du
reste de l'humanité, séquestré jusqu'à ce qu'il plaise
à la justice de constater son innocence; pressé de
questions par le juge aussi bien que par le chef de la

Sûreté qui a le secret de faire parler les criminels les plus endurcis, à force de leur prodiguer de petites douceurs.

Pierre Bussac est donc dans cet enfer, à côté des plus fieffés scélérats de son temps. Jusqu'ici sa vie a été irréprochable, mais il y est tout de même. Si, atterré par son malheur, il ne répond pas d'une manière satisfaisante aux questions pressantes, c'est « un criminel endurci. » S'il proteste, s'il pleure, c'est « un hypocrite ; » s'il se révolte contre l'impitoyable destin, on le met à la raison. Le règlement de la prison est terrible, et le châtiment suit de près la révolte.

Vous me direz que, sans ces sévérités, la discipline serait impossible dans les prisons ! soit ! Ne discutons pas, quoiqu'il y ait bien des choses à dire. Tout ce que je tiens à constater, c'est que ce malheur peut frapper un innocent. Le voici donc au secret. Nous oublions trop vite où cet isolement peut conduire une créature honnête : pour s'arracher à cet enfer, on a vu sous l'Empire une femme avouer un crime qu'elle n'avait pas commis et subir le bagne jusqu'au jour où, par un hasard, on a découvert le vrai coupable ; les travaux forcés lui avaient semblé moins cruels que l'isolement de Mazas. Cela se comprend, car il n'y a pas de système de détention plus barbare que celui qui est si fort en faveur chez les peuples civilisés de notre temps. La loi ne vous condamne qu'à la privation de la liberté. Le règlement de la prison y ajoute la privation de la parole et l'internement dans une cellule. Si un grand criminel subit ce châtiment préparatoire, on l'appelle l'expiation. Mais quel nom donner à cet épouvantable malheur, quand il s'abat sur un innocent?

Comment un honnête garçon comme Pierre Bussac, subissant l'isolement préventif, ne devient-il pas fou de rage et de douleur? Comment résiste-t-on à un pareil martyre? Que peut-il se passer dans le cerveau affolé d'un pauvre homme séquestré, sur une dénonciation? Qui pourrait dépeindre ses angoisses, les déchirements de son cœur, son désespoir cruel? Il n'a même pas la consolation de voir un bout du ciel dont la vue peut soutenir une énergie chancelante. Le jour, une lumière blafarde entrant par un soupirail; la nuit, les ténèbres! Si le malheureux est obsédé par des fantômes, si dans ses rêves il se voit condamné injustement, puis expédié au bagne, s'il appelle au secours, le gardien, qui en a vu bien d'autres, lui impose silence; cet épouvantable malheur n'a même pas la consolation des larmes; les sanglots font du bruit, et le règlement de la prison veut que le silence soit absolu dans les cellules. Comment un innocent survit-il à cette torture? L'instinct de la conservation n'opère pas seul ce miracle : on ne meurt pas aisément dans un cachot. Jadis, j'ai vu l'album des suicidés de Mazas, dû au crayon facile et élégant du pharmacien de la prison. La vue de cette collection d'œuvres d'art fait frissonner. Pas un clou pour se pendre, pas un couteau pour en finir avec la vie ; quelques-uns font un lacet avec un lambeau de leurs vêtements, l'attachent au pied de la table soudée dans le parquet, se couchent sur le dos; et, à force de tirer sur le nœud coulant avec une énergie désespérée, parviennent à s'étrangler.

Je ne suis pas un rêveur qui voudrais imposer à la société l'obligation de donner à tout détenu un appartement complet avec salon, cabinet de toilette et salle de billard ; j'abandonne volontiers à leur sort les gredins de toute espèce que les prisons récoltent tous les jours. Mais ce qui est plus sérieux, c'est qu'un homme irréprochable, séquestré sur une dénonciation injuste, puisse, seulement pendant vingt-quatre heures, être exposé à subir ce régime.

Un beau matin le jour se fait ; l'alibi du pauvre Pierre Bussac est prouvé à l'évidence; son nouveau patron, qui est pharmacien, a été réveillé la nuit du crime ; pour se rendre à sa boutique, il lui a fallu traverser le laboratoire où couche son employé; à l'heure de l'attentat dont on l'accuse, Pierre Bussac était tranquillement dans son lit. C'est simple comme bonjour, n'est-il pas vrai, et on se demande pourquoi il a fallu une semaine pour établir l'innocence absolue du prévenu, quand cinq minutes eussent suffi ?

La justice, me direz-vous, a des devoirs cruels plutôt que de laisser s'échapper un coupable, il lui faut détenir des innocents contre lesquels s'élèvent des charges graves. Soit! Et sur ce point encore je ne veux pas chicaner. Mais ici la situation est des plus simples. A la première nouvelle de l'arrestation de son employé, le patron vient attester de son innocence; l'alibi est éclatant; Pierre Bussac dormait profondément à l'heure où, dans un autre quartier, l'élève pharmacien fut assommé dans sa boutique. Alors, pourquoi ce malheureux est-il resté huit jours au secret? On devrait pourtant savoir que toutes les dénonciations ne sont pas fondées, témoin le cordonnier ·Debaty, accusé par la veuve Trinquet d'avoir tenté de l'assassiner; plus tard, cette estimable veuve a avoué que le cordonnier Debaty n'était pour rien dans l'affaire et qu'elle a voulu se suicider tout bonnement. Sans cet aveu, le cordonnier serait au bagne. Cette histoire combinée avec l'innocence de Pierre Bussac devrait rendre le chef de la Sûreté plus circonspect quand on dénonce un honnête homme comme l'auteur d'un crime.

De concession en concession, je vais encore plus loin : j'admets que le chef de la police puisse être induit en erreur par les apparences. Le cas de Pierre Bussac n'est pas le premier de ce genre, et ne sera pas le dernier. Mais, alors, on a le droit de se demander, comme pour le cas du boucher Lebœuf, si la justice n'a pas le devoir de réhabiliter publiquement la victime de son erreur? Rien de pareil ne se fait. Quand un innocent a fait sa prévention injuste, quand il a souffert toutes les tortures de l'isolement, de la séquestration, du déshonneur que la publicité attache à son nom, on ouvre un beau matin la porte de la cellule, et on lui dit avec une désinvolture charmante :

— Mon garçon, il n'y a rien de fait. Vous pouvez vous en aller! Il y a maldonne, comme on dit au bésigue.

Voilà tout ! Est-ce assez ? Certes vous ne l'affirmerez pas. Quand, sur un soupçon ou sur une dénonciation, on arrache un honnête homme à ses travaux pour le jeter dans une cellule, comme le dernier des malfaiteurs, ce serait bien le moins qu'une déclaration solennelle lui restituât publiquement l'honneur. Le chef de la Sûreté, qui a si rapidement appréhendé au corps cet innocent, devrait être tenu à le reconduire dans son quartier et à proclamer hautement que, cette fois, il s'est trompé. Autrement, après les souffrances de la détention, il reste à la victime d'une erreur comme une tache éternelle que les méchants et les envieux ne tarderont pas à exploiter. Il y aura toujours quelque nigaud qui dira « qu'on n'a rien pu prouver », tant il est vrai que tout homme qui, comme le malheureux Pierre Bussac, passe par les mains de la police, emporte une flétrissure de la prison préventive. Il n'en serait pas ainsi, si la mise en liberté d'un honnête et brave garçon, injustement soupçonné et arrêté, était précédée par un acte public, si de Mazas, par exemple. on le conduisait devant un président qui constaterait l'innocence de l'inculpé hautement, devant le public assemblé. En même temps qu'un acte aussi solennel restituerait l'honneur à un pauvre homme, il engagerait le chef de la Sûreté à être désormais plus circonspect. Dans ma candeur, il me semble que la liberté et l'honneur d'un honnête citoyen sont choses assez graves pour qu'on n'y touche pas d'une main légère. Il faut vraiment avoir une rare énergie pour résister pendant une semaine de prévention injuste à l'isolement terrible de Mazas ; je ne crois pas que, dans la vie, on puisse traverser de plus cruelles épreuves, et il me demeure inexpliqué comment on peut sortir de cet enfer avec la plénitude de sa raison !

VIII

LES FOUS

I

L'ASSASSIN D'UN FOU

Devant le jury des assises de Beauvais comparut, en juin 1880, un sauvage qui avait étranglé et enterré un pauvre être, enfermé dans une maison de fous. Un nommé Estoret commit cet acte et il ne porta pas sa tête sur l'échafaud. Le meurtrier en fut quitte pour dix années de réclusion, expiation qui, d'un bout à l'autre de la France émue par le forfait, parut insuffisante à la conscience publique; en effet, l'homme qui comparut devant les assises était indigne de toute pitié. Les souffrances de l'*oncle Tom* qui firent verser tant de larmes ne sont rien à côté des tortures infligées parfois dans une maison de fous à des aliénés sans défense. Les murs n'ont pas d'oreilles et il a fallu un assassinat pour que la conscience publique révoltée apprît de quel pouvoir féroce est armé un homme placé à la tête d'une maison de fous.

Voici les faits. Un malheureux, irresponsable de ses actes, a un moment de révolte ; il se jette sur son gardien ; on s'empare du fou. Le voici inoffensif ; c'est le moment que choisit l'effroyable planteur pour cingler de coups de canne le corps d'où la raison a fui. Cela se fait au grand jour et il ne se trouve parmi les assistants aucun homme ayant assez de cœur pour arracher le jonc des mains de ce bourreau et pour le lui casser sur la figure. Qu'en dis-tu, société protectrice des animaux, toi qui donnes des médailles à un citoyen qui sauve un chien galeux des mains d'enfants cruels?

Le fou se défend. Alors le planteur ordonne la douche, ce supplice renouvelé de l'Inquisition. On enferme l'aliéné dans une baignoire ; la tête seule émerge, et sur cette tête d'égaré l'eau froide descend, pendant une heure et plus. Aucun médecin n'a ordonné cette douche dans l'intérêt du malade. Le planteur l'applique, non comme un moyen de guérison, mais comme un châtiment ; il est à la fois juge et bourreau. Avant de fourrer le patient dans cette baignoire, Estoret lui casse un bras. Mutilé de la sorte, le fou reçoit l'eau pendant une heure. Mais de quels hommes se compose donc le personnel d'une maison d'aliénés pour qu'ils assistent tranquillement à tant de forfaits ? Il est donc avéré qu'on peut rosser, mutiler et martyriser un fou, qu'on peut laisser la victime pendant de longs jours sans secours médical, que la gangrène peut ronger les os d'un malheureux, sans qu'on lance contre le misérable Estoret la gendarmerie, qu'on appellerait certes au cas où ce pauvre diable, poussé par la faim, volerait un pain d'un sou à un boulanger. Oui, de tels faits peuvent se passer, non chez les Peaux-Rouges, mais aux environs du cerveau du monde que nous avons le bonheur d'habiter, sans qu'il se trouve un homme ayant le courage d'avertir la justice.

Tas de lâches !

Maintenant l'infâme Estoret est devant les assises parce qu'il est allé jusqu'à l'assassinat. Mais devant quel tribunal paraîtront les méprisables témoins des scènes d'inquisition qui ont précédé le crime final? Si aucun article du Code ne punit tant de lâchetés, a-t-on seulement chassé, comme ils le méritaient, les cannibales qui ont exécuté les ordres sauvages de leur chef? Je laisse de côté l'assassinat pour ne pas froisser les belles âmes. Mais alors le directeur d'une maison de fous a donc le droit de casser les bras à ses pensionnaires sans qu'on ait l'air de s'en apercevoir? Où donc est le devoir de la magistrature, sinon dans la protection des pauvres hères privés de leur raison ? Comment, dans un moment de colère, vous donnez un inoffensif coup de canne à un passant et il n'y aura pas assez de sergents de ville pour vous arrêter, pas assez de commissaires de police pour vous interroger, pas assez de juges pour vous con-damner !

Et, dans les maisons de fous, on peut impunément

rosser les malades, leur appliquer le supplice de la douche sans ordre d'un médecin, les mutiler, sans qu'il y paraisse ?

Ne me dites pas qu'Estoret est devant ses juges ; il y est comme assassin ; mais les misérables qui l'ont assisté dans ses exécutions à l'intérieur ne sont pas à ses côtés. Les coups de trique, le bras cassé et la douche, ce n'est donc rien ? Ou, si c'est quelque chose, vous avouez donc que les maisons d'aliénés ne sont pas surveillées par l'État, ou, si elles le sont, c'est donc pour la pure forme. Croyez-vous qu'un Estoret pourrait distribuer de si terribles coups de trique, casser les bras à ses malades, les laisser sans médecin après les avoir mutilés, si, tous les huit jours, il était exposé à la visite d'un commissaire du gouvernement lui demandant compte de ses actes ? Mais, alors, les fous sont donc hors la loi ? On les protège donc moins que le cheval à qui un charretier ivre administre des coups de manche de fouet sur le naseau ? Alors, il se peut donc vraiment que, dans notre admirable société, les hommes qui dirigent des maisons de fous soient les derniers des cannibales, qui, sans être dans le cas de légitime défense, peuvent frapper avec une fourche en bois le malheureux fou, au point de lui casser les os ? Et cette scène révoltante, qui indignerait le dernier des orangs-outangs, paraît donc chose si naturelle aux inférieurs qu'ils n'y prennent pas plus garde qu'à un chien qu'on renvoie d'un coup de pied ? C'est donc qu'ils sont à ce point habitués aux mauvais traitements que subissent les fous, qu'un simple bras cassé ne les émeut même plus !

S'il est sous le ciel du bon Dieu, comme disent les braves gens, un être digne de pitié, c'est bien la créature humaine privée de sa raison, par conséquent inconsciente de ses actes, innocente de ses révoltes, qu'il faut empêcher de nuire, mais qui devrait être placée sous la sauvegarde de tous. S'il en était ainsi, comment un misérable gardien pourrait-il infliger les plus odieuses tortures à un homme en démence, le battre avec une telle furie qu'il lui casse un bras, le laisser sans assistance avec la gangrène qui ronge la plaie sans qu'un témoin de ses horribles forfaits le dénonce et le livre à la gendarmerie ? Le crime serait de moindre importance s'il avait été commis loin des hommes. Mais il a eu des témoins ; les autres gardiens ont vu le fou Appert souffrir le martyre ; ils ont vu le bras cassé et la gangrène, et aucun d'eux n'a averti le directeur qui ne pouvait par conséquent pas informer le Parquet.

Si le pauvre fou ne fût pas mort, si le gardien n'eût pas fait disparaître le cadavre, on n'aurait jamais rien su de cette histoire lamentable ; si le fou Appert se fût guéri par miracle, nous n'aurions jamais appris le premier mot de cette histoire douloureuse et le digne Estoret aurait peut-être eu de l'avancement.

Voilà donc le système en usage dans quelques maisons de fou. Maintenant nous le connaissons : il est joli. Les maisons de fous sont surveillées par le

Parquet, par des inspecteurs et par des commissions spéciales. Le procès a démontré comment; elles sont si bien surveillées qu'on peut se livrer sur un aliéné à des traitements effroyables, sans que le Parquet, premier surveillant, l'inspecteur, deuxième surveillant, et la commission spéciale, surveillant collectif, s'en aperçoivent. S'il n'y avait pas eu assassinat, rien n'aurait transpiré au dehors de l'épouvantable scène dans laquelle un malheureux rossé comme plâtre, avec un bras cassé, a été fourré dans une baignoire. On exhiberait une telle scène, reproduite par des figures de cire, à la foire de Neuilly, sous ce titre alléchant : *Horreur de l'Inquisition*, qu'on ne croirait point qu'à une époque quelconque cela eût pu se faire. On a beau fouiller les siècles ténébreux, on ne trouvera pas facilement une plus grande honte pour l'humanité que cette affaire Appert. Et quels détails ! Accablé sous les coups, inondé d'eau froide, un pauvre diable cherche à se protéger contre la douche avec son bras cassé. On a le cœur serré en lisant la relation de cette scène de cannibales ; seuls les témoins, les valets du bourreau en chef ne se sont pas émus ; ils sont tous plus ou moins complices du bras cassé et des mauvais traitements. Ces lâches sont-ils sur les bancs de la police correctionnelle ? Les a-t-on condamnés ? Ah ! bien, oui ! Les a-t-on chassés ? Je n'en ai pas entendu parler. Tous les jours on envoie en prison de pauvres vagabonds ramassés sous les ponts ; on condamne des bonnes qui ont secoué des tapis par les fenêtres ;

on arrête des ivrognes qui se battent, et le directeur de la maison de fous est encore directeur, les valets de bourreaux n'ont pas été jetés à la porte, que je sache; aucun châtiment n'a atteint les gens qui plus ou moins sont, à divers degrés, moralement responsables.

Il faut cependant se rendre à l'évidence; il ne peut être question dans cette épouvantable affaire ni d'exagération ni de calomnie; elle s'est déroulée devant la pour d'assises, cela est tout simplement une honte Cour notre temps. Le président a interrogé un médecin chargé de la visite des malades; vous allez voir comment ce soi-disant prince de la science a compris sa mission; il arrive.

— Quoi de nouveau ? demande-t-il.

— Absolument rien! lui répond-on.

Et il s'en va sans y regarder de plus près, enchanté probablement qu'il n'y ait rien de nouveau.

Rien de nouveau! Un fou qu'on rosse, rien de nouveau! Un homme à qui l'on casse le bras, rien de nouveau! Un malheureux atteint de la gangrène à la suite des mauvais traitements, rien de nouveau! Un homme qui se meurt dans un coin, rien de nouveau! Un groupe de misérables qui jette de l'eau froide sur un malade, emprisonné dans une baignoire, hurlant comme un chien, demandant pardon comme un enfant, rien de nouveau! Alors si de pareilles monstruosités ne constituent rien de nouveau, c'est donc que c'est de l'histoire ancienne, dont il n'y a pas à s'émouvoir!

Si pareille infamie nous avait été révélée dans l'intimité, on se tairait pour épargner de telles hontes à son époque. Mais tout cela a été dit à l'audience; c'est acquis aux débats. Et vous croyez que tout est fini avec la coupe élégante qu'on vient de faire à la chevelure d'Estoret qui part pour la prison? Et les autres? Ils restent tout tranquillement à la maison des fous; ils se tairont encore quand on cassera le bras à un fou; ils répondront toujours : Rien de nouveau! Alors cette fameuse épuration qui atteint des soldats après une longue carrière où ils ont risqué vingt fois leur vie pour la patrie, cette épuration qui va chercher dans le dernier village le plus humble des fonctionnaires récalcitrants, cette épuration n'épure pas le personnel des hospices d'aliénés, après les révélations du procès de Beauvais?

La condamnation d'Estoret ne dénoue rien; le bourreau lui eût-il coupé la tête que ce ne serait pas encore une solution. Estoret, comme individu, est de maigre importance. C'est un assassin comme un autre. En le condamnant, on n'a fait que punir un crime. On n'a pas flétri l'abominable système des maisons de fous. L'arrêt de la Cour a atteint un seul homme; il n'a rien changé au fond de la question. Avant le procès de Beauvais nous savions tous qu'on n'a pas le droit de tuer son semblable. Mais il nous a révélé un fait inouï, c'est que, dans une maison de fous, les scènes les plus odieuses peuvent se passer, sans que rien ne transpire au dehors; qu'il y a des asiles où

l'on peut casser les os à un aliéné sans que le personnel
prenne sa défense ; qu'on peut séquestrer un malade
atteint de gangrène, à la suite des mauvais traitements, sans que le médecin de service le sache ; qu'on
peut trouver, pour ces exécutions épouvantables,
dictées par une brute, des hommes qui lui obéissent,
des valets complaisants qui assistent ce bourreau en
chef. Tout cela se peut sans que le directeur en soit
informé, sans que le Parquet soit appelé, sans que
l'inspecteur s'en doute, sans que les commissions
spéciales, chargées de la surveillance des hospices
d'aliénés, apprennent quoi que ce soit. Ce que nous
savons, c'est qu'on traite les fous comme des chiens
enragés, que tel employé d'un asile est omnipotent
chez lui, qu'il fait ce qu'il veut, qu'il n'est contrôlé
par personne, ni inspecté par qui que ce soit !

Voilà ce qui ressort à l'évidence du procès de
Beauvais. Donc, la condamnation d'Estoret n'est rien,
si on ne condamne pas le système.

Je sais bien ce qu'on va me dire :

— Croyez-vous qu'on puisse traiter les fous par la
persuasion ?

Non, je ne le crois pas. Mais je pense qu'on peut les
traiter humainement, qu'on ne doit pas les abandonner à la méchante humeur d'un inférieur, qu'on
ne doit pas les corriger à tort et à travers ; que
chaque punition doit être inscrite sur un livre ; que
l'inspecteur, que le médecin doivent faire des visites
sérieuses et que la première cruauté inutile doit être

déférée aux tribunaux. Je demande que l'épuration
donne un coup de balai dans les asiles d'aliénés,
qu'on remplace les bourreaux par des hommes qui
ont quelque pitié des malades, par des hommes qui
comprennent qu'un fou est un être irresponsable qui
refuse d'obéir parce qu'il est fou, qui rit au nez de
ses gardiens parce qu'il est fou, c'est-à-dire un pauvre
hère qui ne fait ni ce qu'il veut ni ce qu'on lui demande, envers lequel il faut se montrer indulgent à
l'excès, bon jusqu'à la dernière limite. Je demande
surtout que, s'il y a lieu de punir un fou comme un
enfant mal élevé, que cette punition soit humaine,
que pour un oui, pour un non, on ne le frappe pas
comme un chien galeux, que pour une bagatelle on
ne le fourre pas dans cette épouvantable prison en
fer-blanc, qu'on ne l'inonde pas à propos de bottes
d'eau glaciale au cours de l'hiver. Je demande que
l'occupation à donner à un fou ne dépende pas du
bon plaisir d'un inférieur, qu'un médecin désigne le
genre de travail qui convient à l'état du malade; je
demande que l'abominable routine du régime omnipotent des maisons de fous fasse enfin place à quelque chose d'humain et de clément; je demande que le
médecin fasse son devoir et qu'il ne se contente pas
du : « Rien de nouveau ! » d'un subalterne, que l'inspecteur inspecte, que les commissions spéciales fonc-
tionnent et que le Parquet surveille tout ce monde
comme un tuteur naturel donné par la loi à ceux qui
sont incapables de se diriger eux-mêmes. On me dit

que tout cela se fait ! Vous voyez bien que non ! Car,
si Estoret s'était contenté de casser un bras au fou,
s'il n'avait pas tué et enterré sa victime, il serait
encore, à cette heure, employé de l'établissement
où l'on rosse, où l'on douche, sans qu'on le sache !

Voilà la surveillance

Et même, en admettant que cette surveillance soit
réelle jusqu'à un certain point, et qu'elle ait été
égarée par les complices d'Estoret, pourquoi n'atteint-
on pas les coupables ? Est-ce donc un délit moins
immonde de servir de recéleur à un monstre qui mal-
traite les malades, que de cacher chez soi une paire
de bottes volées à une devanture ? Aurait-on jamais
une meilleure occasion d'établir un exemple qu'en
faisant défiler, un à un, devant la justice, tous les
subalternes qui ont été témoins impassibles de la
scène de cannibales, depuis l'homme qui a laissé battre
le malade, en passant par celui qui l'a fourré dans la
baignoire et l'autre qui a pompé, jusqu'au misérable
qui a répondu au médecin : « Rien de nouveau ! » Et
si, dans la recherche de la responsabilité qui incombe
à chacun, il faut remonter jusqu'au directeur de l'établissement central, tant pis pour ce directeur !

Cette douche qui constamment intervient dans les
maisons de fous, cela n'a l'air de rien, et c'est une
pure monstruosité. Tout médecin vous dira que, sage-
ment appliquée dans les crises déterminées, elle peut
être un moyen de salut, comme dans certains cas
elle peut causer la désorganisation définitive et irré-

parable du système nerveux, déjà naturellement ébranlé chez les fous : et cette douche dangereuse, on l'applique pour un rien, comme l'empirique donne le même remède pour toutes les maladies. Un fou est récalcitrant : vite sous la douche! Un fou est agité : dans une baignoire! Un fou est mélancolique : allons, de l'eau froide! Et l'on s'étonne encore de ce que si peu d'aliénés guérissent!

De haut en bas, de long en large, le système routinier qui prévaut dans les asiles d'aliénés est détestable. Si, de çà de là, il devient encore odieux par les mauvais traitements, c'est un comble, le comble de l'abject et du cruel. Je ne sais ce qui se passe ailleurs, et pour l'honneur de mon temps je veux bien croire que la ferme de Villers-sous-Erquecy soit une exception. Mais alors qu'on donne un coup de balai définitif, qu'on profite de l'occasion pour faire un exemple, qu'on fasse une enquête sur les faits que probablement nous ignorons encore. Il n'est pas admissible que, par le plus grand des hasards, on ait frappé un fou, qu'on lui ait cassé un bras, qu'on ait laissé la gangrène se déclarer. Les hommes n'arrivent pas à ce degré de férocité un beau matin sans transition. La cruauté et l'insensibilité devant la souffrance se développent graduellement par l'habitude. Allons! en route, les inspecteurs, puisqu'il y a des inspecteurs, et fouillez tous les coins des asiles! En route les médecins, puisque médecins, il y a! Ne vous contentez pas du « Rien de nouveau! » Voyez les malades! Si leur corps est taché de bleus, avertissez le Parquet! En route les commissions tellement spéciales qu'elles deviennent insaisissables! Parcourez les maisons de fous, faites enquête sur enquête. Faites votre devoir! Il n'est que temps!

Quant à moi, je ferai aussi mon devoir jusqu'au bout. En revenant avec tant d'insistance sur les odieuses scènes révélées par le procès de Beauvais, je ne crains pas de fatiguer mes lecteurs ; je sais que la conscience publique est avec ceux qui découvrent les plaies de notre société pour appeler la pitié sur ceux qui la méritent, et le châtiment sur ceux qui, par férocité ou par négligence, ont forfait à l'humanité. Cette conscience publique, outragée jusque dans les moelles, ne veut pas que la condamnation d'Estoret, comme assassin, soit le dernier mot d'un crime où il y a plus d'un coupable ; elle demande qu'on fasse un grand exemple pour démontrer à ceux qui sont les souverains maîtres des aliénés, qu'au-dessus de leur trique, il y a la loi, et qu'au-dessus de leur férocité, plane le sentiment public, comme un protecteur terrible de ceux qui souffrent sans pouvoir se plaindre.

Si maintenant vous croyez que la question douanière ou une interpellation sur un procès de presse soit le couronnement de l'édifice moderne, ne parlons plus de cette petite affaire de Villers-sous-Erquecy. Mais si, au contraire, vous êtes d'avis qu'une pareille férocité envers de pauvres diables privés de leur raison déshonorerait même une société où l'on porte des anneaux dans le nez et des chevelures scalpées à la ceinture,

il convient de pousser un cri d'effroi sur le régime
qui gouverne les hospices des aliénés. Tous les
ans on fête la date fameuse du 14 Juillet, où l'immortelle Révolution a fait sortir de la Bastille quelques
condamnés enfouis dans les caves et dont les peintres
d'histoire ont tiré tant d'effets larmoyants. Mais je ne
crois pas qu'un gouverneur de la Bastille ait jamais
rossé, douché et mutilé ses prisonniers ; dans tous les
cas, s'il l'a fait, la monarchie a payé les bras cassés
depuis tantôt un siècle. Il n'est pas logique que le
gouvernement de la République célèbre par des fanfares et des lampions la date où trois vieux barbus
persécutés ont été libérés par le peuple, et qu'il assiste
tranquillement au régime des maisons de fous où l'on
casse les bras aux malades emprisonnés. L'ange qui
du haut de la colonne de Juillet s'élance dans l'espace
comme une écuyère de cirque saute à travers un cer-
ceau, ne peut donc être considéré comme le dernier
mot de l'art. La Bastille officielle que, cinquante ans
après le 14 Juillet, on a remplacée par une colonne,
n'existe plus que dans quelques vieilles gravures.
Mais elle fut vraiment peu de chose à côté de cette
Bastille, où, à l'abri de ses murs muets, un Estoret
peut rosser les fous.

Tout est donc à recommencer.

II

LE FOU ASSASSIN

En juillet 1880, au lendemain de la fête nationale, rue Montmartre, sans provocation, un misérable a tué d'un coup de couteau un gardien de la paix.

L'ivrogne sanguinaire qui a assassiné le malheureux brigadier Rocxin est un halluciné. Il se peut que son cerveau, envahi par les alcools, ait été exalté par les chants de la veille à ce point que le misérable a voulu abreuver les sillons du sang impur d'un gardien de la paix, mais ce n'est pas une raison pour rendre Rouget de l'Isle responsable du crime d'un imbécile dont, vu son état de démence, on ne peut pas le rendre responsable lui-même.

Réduite aux proportions d'un meurtre commis par un fou furieux dans un accès de *delirium tremens*, la mort de Rocxin n'est plus qu'un malheur dont on ne peut pas demander compte à une fraction de l'humanité. Tout au plus insisterai-je un petit moment sur le danger qu'il y a à faire retentir sans cesse, dans les rues de Paris, un chant national qui est un constant appel aux armes et de nature à égarer les cerveaux faibles auxquels échappe la vigueur de la poésie et l'entraînement de la musique et qui n'emportent dans leurs oreilles qu'un écho de tuerie et dont les yeux, déjà affaiblis par l'alcool, voient partout comme un reflet de sang impur. Cette observation faite, je me garderai bien de donner un caractère politique au crime individuel d'un ivrogne de profession, qui échappe à la responsabilité.

Il y a trois acteurs dans le drame de la rue Montmartre, l'assassin, la victime et le gardien qui a arrêté le misérable alcoolisé. Plus rien à dire du meurtrier, tantôt nous parlerons de Rocxin. Pour le moment je veux m'arrêter au troisième acteur du drame, à qui on n'a pas rendu, il me semble, toute la justice qu'il mérite. Ce vaillant s'appelle Nithard, il a vu tomber son supérieur, frappé par le couteau de l'assassin qui, prêt à un autre meurtre, brandissait son arme. Nithard, d'un coup de sabre, aurait pu abattre cet ivrogne criminel comme un chien enragé. Tout autre à sa place l'eût fait dans un mouvement de colère. Mais quand on est gardien de la paix, on n'a pas le droit d'agir comme tout autre. Nithard, fidèle à la consigne, a marché sur l'assassin toujours armé et lui a tout simplement appliqué un coup de plat de sabre sur la main pour lui faire lâcher le couteau. Après quoi il a saisi le meurtrier au collet sans se demander si l'homme n'avait pas un second poignard à lui plonger dans la poitrine. C'est toujours ainsi que se conduisent les agents de la paix, si calomniés, qu'on tue parfois, mais qui n'ont pas le droit de faire usage de leur arme tant qu'ils ne sont pas entamés, comme ils disent. Si le sang coule dans une lutte avec des malfaiteurs, c'est toujours le sang du gardien qui doit couler le premier ; tant pis pour lui si cette première blessure est mortelle.

Dans un moment, nous parlerons du mort : en attendant, regardons de près le vivant. Pour nous, le gardien Nithard réalise admirablement l'idéal du gardien de la paix ; il a plus que le vulgaire courage qui est pour lui une qualité professionnelle ; il a du sang-froid devant le danger, ce qui n'est pas donné à tout le monde. Si dans un moment de colère, voyant tomber son supérieur, Nithard avait abattu le poignet à la bête féroce avant de l'arrêter, on n'aurait pas manqué de plaindre l'assassin et d'accuser le gardien ; on aurait déterré tous les vieux clichés sur la brutalité de ces humbles agents qui dans quatre-vingt-dix-neuf cas sur cent sont des victimes. C'est pourquoi Nithard, fidèle à la consigne, même dans cette situation dramatique qui aurait troublé un autre, a été assez maître de lui pour se servir seulement de son sabre comme d'une canne pour paralyser la main de l'assassin. Cet agent, me dira-t-on, n'a fait que son devoir. Soit ! il l'a bien fait et c'est déjà quelque chose. C'est l'affaire de M. le préfet de police de s'en souvenir.

On m'affirme qu'il devient de plus en plus difficile de recruter le corps des gardiens de la paix, corps d'élite, car, pour y entrer, il ne faut pas avoir encouru la moindre punition. Les anciens, les vieux soldats qui ont exposé leur peau sur les champs de bataille avant d'endosser l'uniforme de la Préfecture, commencent à en avoir assez ; il leur est facile de trouver un emploi plus calme et plus respecté de la masse. L'honnête homme ne peut pas vivre sans un peu de considération, qui est la base de l'existence. Le populaire voit passer dans la rue le garçon de recettes d'une grande Compagnie, décoré de la Légion d'honneur ou de la médaille militaire, et tout naturellement il se dit : « Voilà un vieux brave. » Mais que ce même homme, avec les mêmes sentiments d'honneur et de probité, endosse l'uniforme des gardiens de la paix, et aussitôt, malgré sa croix et ses médailles, il devient un être inférieur, désigné par le préjugé au mépris de la foule. Il n'est donc pas étonnant que les vieux commencent à en avoir assez et qu'ils préfèrent à leur misérable condition une place de surveillant dans un grand établissement, place qu'on leur offre de préférence, parce que ceux qui les distribuent savent qu'à toute heure et en toute circonstance on peut compter sur de tels hommes.

Il ne faut donc pas s'étonner que les rangs des vieux agents s'éclaircissent. Un service de chien, une rémunération faible et le dédain de leurs concitoyens pardessus le marché. C'est peut-être trop leur imposer. Voici bien longtemps que je vois à l'œuvre le corps d'élite qui est notre sécurité et, comme au premier jour, je reste surpris de leur courage, de leur dévoûment, de leur utilité. Partout où il y a une belle action à faire, on trouve les sergents de ville, puisque ce nom leur est resté ; je les vois constamment se jeter à la tête des chevaux emportés, je les vois marcher à la rencontre du chien enragé, la plus hideuse des bêtes féroces, je les vois au premier plan partout où il y a un danger, dans un désastre quelconque ; je les vois, la nuit, s'acheminer deux à deux, d'un pas mesuré, vers les chemins les plus mal famés, les plus dangereux de Paris, armés d'un revolver, pour la pure forme, car, fussent-ils assaillis par dix malfaiteurs à la fois, il leur est défendu de faire usage de leur arme tant que leur vie n'est pas menacée absolument ; je les vois se jeter dans des bagarres terribles, saisir au collet un être dangereux, recevoir tous les coups de ses acolytes et ne pas se défendre, de peur de lâcher l'individu arrêté avant l'arrivée du renfort ; je les vois par les nuits glaciales de l'hiver, par le soleil ardent de juillet, parcourir les rues, stationner sur les chaussées, répondant poliment au premier venu qui leur demande n'importe quel renseignement ; je les vois apaiser des querelles par-ci, prévenir une dispute par-là ; je les vois protéger toujours le faible contre la force brutale, des espèces de juges de paix ambulants ; je les vois, bons et humains, offrir leur bras robuste à des vieillards pour les aider à traverser le boulevard au milieu des voitures ; je les vois toujours et partout veiller à la sécurité de tous, en serviteurs résignés de tout le monde sans qu'on leur en sache le moindre gré, car ils ne font que leur devoir, pense-t-on.

Et si, par hasard, parmi ces hommes d'élite se glisse

un lépreux, il y en a partout, c'est sur le corps tout
entier que l'opinion publique de la foule fait retomber
l'opprobre. C'est sur les gardiens de la paix que
s'exerce la méchante humeur des mécontents, c'est
eux qu'on rend responsables des mille incidents de
la vie journalière. On les lance sur les cochers récalcitrants, qui les maudissent quand le client qui est
dans son tort ne les accuse pas de manquer à leur
devoir, en ne lui donnant pas raison ; du matin au
soir ils sont tiraillés par les uns et les autres, de gauche à droite et de droite à gauche ; il faut qu'ils aient
toutes les vertus des hommes : le courage, le dévoûe
ment, la patience, l'abnégation, le mépris de leur vie,
le tout pour un misérable salaire. Et ce n'est pas tout
encore. En échange de tant de qualités qu'on leur
impose et de tous les services qu'ils rendent, il leur est
défendu d'accepter aucune récompense, fût-ce un
simple cigare, offert par le passant attendri.

Mais si, d'une part, on exige des gardiens de la paix
toutes les vertus, d'autre part il leur est défendu
d'avoir les faiblesses des mortels bourgeois. L'impatience chez eux devient aussitôt de la brutalité pour
la masse ; la colère, qui est dans le sang des hommes,
leur est interdite ; le moindre emportement fait jeter
te hauts cris à la foule ; on fait étalage des coups que
de çà de là, ils sont obligés de donner, mais on ne s'arrête pas aux horions qu'ils emportent de la bagarre.
Si dans les circonstances les plus périlleuses ils obser-
veut le sang-froid voulu, on ne leur en sait aucun gré ;

s'ils l'oublient, ils perdent leur pain. On les épie pour les prendre en défaut ; ils ont l'air de nous surveiller et ce sont les gardiens de la paix qui, en réalité, sont sous la surveillance de la haute police bourgeoise.

Voilà ce que j'avais à dire à propos de la conduite admirable du gardien de la paix Nithard, qui a arrêté l'assassin de son supérieur après l'avoir désarmé d'un coup de plat de sabre au lieu de lui fendre le crâne dans un mouvement de colère.

Nous arrivons maintenant au mort. L'infortuné Rocxin a reçu le coup mortel sans lutte préalable. Ce malheur aurait pu nous arriver à vous ou à moi, si. dans son *delirium tremens*, l'assassin avait eu soif de sang bourgeois. On a vu des fous entrer dans un restaurant et tuer, sans le moindre motif, la dame de comptoir, ou plonger, au théâtre, un couteau dans la poitrine d'un simple spectateur qu'ils ne connaissaient pas. La folie du sang existe, ce n'est pas douteux : cette fois elle a jusqu'à un certain point un caractère politique, mais elle reste une folie. Si, de ce crime, on accusait tout le parti radical, il nous répondrait avec la même bonne foi que l'assassin est un ancien élève des Jésuites. Ce qu'il y a de plus certain dans le drame de la rue Montmartre, c'est qu'il y a un cadavre d'un honnête homme dans la grande acception du mot.

Je plains moins le malheureux Rocxin, quand je pense que sa mort même nous l'a fait connaître. Ce modeste agent n'était pas seulement un brave soldat, c'était un grand cœur tout simplement. Maintenant

que nous connaissons sa vie, je vous défie d'y penser
sans émotion. Vivant, le pauvre Rocxin était un
humble comme un autre. Mort, il devient quelqu'un
dans la tombe. L'assassin a écrit la vie de sa victime,
avec la pointe de son couteau. Nous savons à présent
ce que fut Rocxin : cet homme de police cachait un
grand cœur sous son modeste uniforme ; il est un
exemple de dévoûment obscur à la chose publique,
d'amour conjugal, de piété filiale. Cet homme obscur
avait l'âme ouverte à toutes les tendresses, et je ne sais
même plus si on paye trop cher de sa vie la gloire de
se voir dans le cercueil entouré de tous les respects.
Si le prix Montyon pouvait se donner à un mort, il
faudrait le déposer sur la tombe de ce modeste serviteur qui, sur son salaire insuffisant à ses besoins,
trouvait moyen d'économiser une pension pour ses
vieux parents. Cet humble secourait de plus humbles
que lui, et sa vaillante et pauvre femme, pour l'assister
dans cette œuvre de bonté, usait ses doigts dans un
travail qui lui rapportait *cinquante centimes* par jour.
Jamais chiffre n'a eu de plus touchante éloquence.

Il faudrait désespérer de son temps si une si belle
vie, mise en évidence par une mort tragique, ne
remuait pas les âmes des braves gens. Aussi, quand
le corbillard de Rocxin a traversé les rues de
Paris, le passant l'a salué, non pas de ce petit salut
sec et banal que l'usage impose pour les morts, mais
avec une émotion réelle, en pensant que cette vie si
utile a pu être brisée par le poignard d'un misérable

alcoolisé, et que le pauvre homme a été une victime
du devoir. Ce n'est pas assez de consacrer un souvenir à de tels hommes, mais encore conviendrait-il de
ne pas oublier leur famille quand ils ont donné leur
vie pour la chose publique. Le soulagement des victimes du devoir, que la presse parisienne semble
maintenant vouloir poursuivre, est un des plus impérieux devoirs d'une société civilisée.

Le jour où il sera bien prouvé que la solidarité
humaine, devant le malheur immérité, est bien assise
dans nos mœurs, la question sociale sera résolue à
jamais. La multitude menaçante ne se compose pas
seulement des mauvais esprits, prêts à toutes les
revendications. rebelles à toutes les obligations ; elle
puise sa force et elle devient un danger par l'association avec les malheureux dignes de notre sympathie.
La vieille devise « Diviser pour régner » devrait gui-
der ceux qui n'envisagent pas l'avenir sans de sombres appréhensions ; il faut diviser cette masse com-
pacte et menaçante par le bienfait. Le jour où nous
serons parvenus à atténuer les douleurs et les révoltes
respectables, l'émeute ne pourra plus compter que sur
le rebut des hommes et il suffira de nos gardiens de
la paix pour en avoir raison.

FIN

TABLE

IV

V

VI

VII

VIII

Corbeil — Imprimerie B. Renaudet.